日治時期

台灣公民教育
與公民特性

林玉体 教授 推薦

王錦雀 著

國立編譯館 主編

台灣古籍出版有限公司 印行

台灣古籍出版有限公司

林　序

　　「公民教育」，顧名思義，就是要藉教育的手段，來培養學生成為「公民」。但「公民」的旨趣何在，且「公民教育」是透過什麼方式來達成，這都是「公民教育」這個研究題目的範圍和內容。各級學校教育，甚至是家庭教育及社會教育，無不以「公民」的養成為歸趨。就台灣的歷史為例，日本統治台灣的時期，大力推行教育，由於當時日本政府之佔領台灣，是把台灣視為「殖民地」，因此，在台灣實施的教育，「政治」色彩非常濃厚。為了要使台灣全島人民及下一代皆變成日本的「皇民」，所以「公民教育」與「皇民化教育」是異名而同實。就實際運作來看，日本在台灣的總督府雷屬風行的進行「皇民化教育」，以落實「公民教育」，其實日本此種教育政策，並非單獨針對台灣學生及台灣人民而來，日本內地之教育，仍然是「皇民化教育」式的「公民教育」。

　　王錦雀教授就讀（現在則任教）於國立台灣師範大學公民教育與活動領導學系，博士班是在同校的教育研究所攻讀，她秉持「公民教育」的良好及紮實底子，在撰寫博士學位論文時，選擇日治時期的公民教育與公民特性為題，本人有幸擔任她的指導教授，如今她早已順利完成博士學位論文，其他口試教授及升等論文審查之教授多給予高分的評價，該論文改寫修訂，如今公諸於世，相信台灣教育學術界尤其是台灣教育史學界必大放異彩，此種際遇本人也與有榮焉！

考試委員　林玉体

序於木柵

①

自 序

願所有讀者開卷有益，
並以身為台灣人能知台灣事和台灣史為榮！

本書完成絕非偶然

　　本書係改編自本人就讀師大教育研究所博士班博士論文而成，當初博士論文方向朝台灣教育史探索，不諱言是受到林玉体教授對台灣主體性和本土意識的重視和堅持之影響。論文指導過程中的獨立研究帶讀，研究計畫成型的指引，寫作過程中遇到思想困頓的解惑，以及論文完稿過程的提醒和更正，總讓學生感受到來自恩師的鼓勵和深切的期許，但在有限的時間，我也戰戰兢兢地抱持著「極盡所能」的自我期許心態。

　　也許時間仍然倉促些，但是口試委員李筱峰教授、溫振華教授、廖添富教授和陳延輝教授提供的眾多意見，著實幫助我釐清很多盲點。也深切感悟「為學要如金字塔，既要能高又能廣」以及「學海無涯」的真意。之後再歷經升等的外審和國編館的出版外審，這期間多位的審查委員們提出很多寶貴建議，都助益於讓本書更臻精確和嚴謹。然而有些建議是現階段或短時程內無法切實加以修改的，只好留待後續研究竟其功。

　　另外，本書的出版要特別感謝五南台灣古籍出版社的編輯人員主動聯繫出書、對出版時程的提醒和掌控，以及積極與國立編譯館聯繫合作，並協助

校稿和協助各項編排事宜，才能讓本書付印。亦承蒙師大公領所研究生王又禾同學盡心協助最後校稿；草根、前衛和時報文化出版社，以及許極燉教授和莊永明先生應允讓渡圖片使用權，凡此種種的協助均讓本書更具易讀性和可讀性。

同時感謝師大教育所眾多師長對思想的啟迪，以及提昇研究能力上的增益；亦感謝服務單位公領系師長們提供進修機會與過程中的鼓舞打氣，以及怡婷、盈萱、雅嵐、子薇、佩蓉、宜儒、庭如和宛萱對於打字、校稿、和勘誤工作的協助。感謝…我遇著好多天使！

是上述眾多的貴人和天使，促成了這本書的出版。

本書主軸摘要論述

基於「回顧與前瞻」的史學觀點，且在追溯根源的動機驅使下，筆者認為，對於日治時期學校相關公民教育之實施政策和當時民間社會所展現的國民特性，實有必要加以探究。故本書致力於從教育相關主題和資料進行探索，包含日治時期殖民和教育政策之演變、學校體系中公民教育的內容、非學校體系中公民教育的內容，社會教化運動、抗日運動以及當時社會民間生活與公民意識等範圍加以探討，以佐證統治者期望透過既定政策達成其特定欲達成之目標，並探析當時台灣人所呈現的公民特性。本書對於公民教育的探討較偏重於「塑造少國民的教育」，而對於公民特性的界定則傾向「具有國家觀念特質」加以探討，與現今之公民教育和公民特性義涵有所差異。

2

為使研究主題和內容能扣緊針對當時台灣社會所呈現之公民特性加以探究，故全書擬分成七章：

第一章、緒論，說明本研究問題背景、研究動機、目的、資料來源、研究方法、回顧相關研究，以及釐清相關研究概念。

第二章、簡述㈠綏撫時期的同化政策－採無方針及漸進主義（1895～1919年）、㈡文治時期的同化政策－採內地延長主義（1919～1937年）、㈢皇民化時期的同化政策－採軍國民主義及皇民化運動（1937～1945年）等三個演變階段和政策方針中，日本統治者之殖民和教育政策的演變。

第三章、簡述日治時期台灣學校體系中教育的內容，包含公學校課程沿革，與培養日本國民精神最直接相關的「國語」與「修身」教科書分析。

第四章、簡述日治時期台灣非學校體系中教育的內容，包含社會鄉土教育、社會教化運動、皇民奉公會組織與活動、以及皇民化期間的文化政策活動。

第五章、日治時期台灣社會民間生活概況與公民意識，包含武裝抗日運動、自治自決運動、臺灣新文學運動、電影活動、台灣民眾對皇民化政策之回應，以及從口述歷史中拾摘當時臺灣人的想法，以了解當時社會的民間意識。

第六章、日治時期台灣教育之影響及比較研究，包含與內地（日本）教育之比較、日治時期殖民教育成效和展現的公民特性以及對台灣戰後公民教育之影響。

第七章、結論，包括對研究課題的回應、研究啟示、研究貢獻、研究困難與不足之處，以及未來課題。

寫在出版前夕的話

　　感謝學界師長的指導和對晚輩的期許！感謝協助本書出版幕後的辛苦工作人員！感謝關愛我的家人！對大家的感謝，遠比我所能表達的多得多！

　　另外，願所有讀者開卷有益，並以身為台灣人能知台灣事和台灣史為榮！

王錦雀　謹誌於台北「水源麗景」
2005 年 10 月

目　錄

日治時期

台灣公民教育與公民特性

表　次

圖　次

第一章　緒　論

日治時期

台灣公民教育與公民特性

自從孩童時代，身為台灣人，使我在心理上愈來愈感複雜。我講的日語完美無缺，在學成績也不錯，但總是太清楚地自覺與日本人同學不同。我的名字也使我尷尬。中文「彭」字，在日語發音為「何」，每次在課堂被叫到，總引起哄堂大笑。母親穿的是旗袍或是洋裝，每當在公開場面，她來到學校，總令我尷尬不已，因為她看起來與其他日本人學生的家長那麼不同。[1]

在那些年，我們知道許多關於日本侵略中國和「上海事件」等事情，這些都引起我們很複雜的情緒。日本報紙登載的都是日本軍人崇高的行為和日本為了正義而征服落後中國的故事。學校的老師和學生都響應這類愛國的情緒。但是，在家裡我們卻聽到父母談論英勇的中國人如何抵抗日本的侵略。[2]

圖 1-1　1945 年日軍佔領台北城圖 [3]
資料來源：莊永明，《台灣百人傳》(3)，台北，
　　　時報文化，2000 年，頁 12。

1. 彭明敏，《自由的滋味》，台北，前衛出版社，1989 年，頁 33。
2. 同上註，頁 31。
3. 日軍佔領台北城，揮軍進入北門，「抹壁雙面光」的台灣人拿著「歸順良民」的旗幟歡迎「新政權」。

第一節　問題提出

　　偶然機會翻到圖 1-1，百感交加；圖中的場景如果不加上圖例說明，讀者也許會誤以為這是民眾夾道歡迎「國民黨新政權」的熱烈場面。另外，從上述彭明敏教授兩段回憶錄的記載中，似乎也可以發現在「日本」和「國民黨」這兩個不同的統治政權下，對於處理「語言」問題，以及發生在上下兩代間對「新政權」看法之歧異和衝突情形，在不同時間內卻有著相似的樣貌。由於執政者刻意地封鎖台灣人民對於戰前歷史的瞭解，因此，多數台灣人對自己生長故土的歷史文化瞭解淺薄，甚至是無知的。但是歷史的影響畢竟是深刻的；不管我們願不願意去探討日本治台五十年期間（1895～1945年）的歷史，「日本經驗」多多少少都潛藏在台灣民眾的精神底層。

　　目前廣為大家所表彰的大多是「日本經驗」所激起的台灣反殖民、反強權精神，但「日本經驗」在台灣造成的影響，是否僅止於此？「日本經驗」對於台灣人的性格養成有何影響？藉由探究這一段歷史，是否可以發現台灣人的特性和精神？這些答案當然值得探索，只是長期以來，政治的因素讓我們忌諱去反省、去探討而已。

　　本書的主要目的在於探究日本殖民統治台灣五十年期間，殖民統治者期望經由教育內容的控制，達到什麼樣的目標？殖民政府藉由學校體系和非學校體系內相關公民教育的實施，灌輸何種意識型態？又透過此一形塑過程，台灣人（包括「漢」人和「蕃」人）展現出何種公民特性？殖民統治者心目中期待培養的理想殖民地國民形象，和日本內地教育官員所期望的理想日本國民形象有何不同？

台灣公民教育與公民特性

　　欲釐清上述疑問，尚須再深刻剖析日本殖民政府在台灣所辦的公民教育和社會教育，是否充分發揮了教育的社會化、選擇與分配的功能？是否無誤地傳達了殖民者預期的價值觀與意識型態？是否激發了在台日本人的優越意識？是否冷卻了台灣人的抱負，使台灣人只能並且甘於扮演被殖民者的角色？再者，在台灣的日本人，因為同時掌控政治、文化與經濟的優勢，是不是有更多的資源去維持、再製，甚至擴充他們的階級文化、意識型態與既得利益，以安定其統治？而日治時期台灣教育的「潛在課程」是什麼？正式教育的學校教些什麼？不教些什麼？傳達了怎麼樣的知識內容？又創造了怎麼樣的價值規範？要回答這些問題，必須實際去瞭解並分析教材的內容。因此分析「修身」和「國語」這二種與塑造公民特性極具關聯性的教材，是必須的研究途徑。

　　至於未能就學之群族，殖民者實施怎樣的社會教育方式和內容，傳達了怎樣的教學材料和意識形態，也是值得探究的分析範圍。此外，殖民者推行五十年的教育目標是否落實？政策推動的目標和台灣人在受過殖民教育後所展現的公民特性是否符應？最後，希望透過耆老的回憶錄和口述歷史，加以檢證分析。凡此均是本書致力的重點。

　　任何一個國家或政府都在不同的程度上，皆希望藉由教育體系傳達該政權所認可的意識型態，以幫助其統治並穩定政權。學校是一個有組織、有計畫的教育場所，藉由在學校中舉行的各種儀式儀典，以及對教育內容的掌控，最能有效且集中地傳達統治者的意圖。日本統治台灣五十年間，當然無不積極地利用學校體系遂行其殖民同化政策，如出現在「本島人（日本統治者對台灣人的正式稱呼）教育三綱要」中即指示教育應「涵養國民性、練習國語、修練實用技能」。另外，於 1919（大正 8）年公佈的「台灣教育令」，其中第二條總則內容為：「教育乃基於教育敕語之旨趣，以育成忠良國民為

目的。」旋即因為朝鮮發生「三一運動」[4]，日本正式對台灣殖民地統治打出了「內地延長主義」政策。因此於1922（大正11）年再公佈「新台灣教育令」，標榜內台一致，採「內台共學制」，其中關於初等教育的主要條文中第四條論及：「公學校以留意兒童的身體發達，施以德育，授以生活必須的普通知識技能，涵養國民的性格，使習得國語為目的。」[5]

　　如上述，日本統治者之學校教育的重點在於涵養國民性格，然而，鑑於當時台灣人入學率並不高，統治者當然尚須利用非學校體系的社會教育，以形塑台灣人具備統治者所期待的國民特性。所以探究學校體系如何影響並形塑台灣人的國民性固然重要，但是研究非學校體系的社會教育如何影響並形塑台灣人的國民性，其重要性亦不容忽視。

　　日本統治台灣長達五十年，這段期間日本殖民政策可概分為三個階段，每一個階段因殖民統治者的目標不同，實施政策也有別，民間的反應以及所展現出的公民特性也就不一樣。凡此均為本書亟欲探討的議題。

　　日本在昭和治台年間（1926～1945年）[6]，認為教育之目的在培養「優良的日本人」，視「國民精神」為日本國民生活指導原理[7]。故而日治時期的

---

4. 朴慶植，《朝鮮三一獨立運動》，東京，平凡社，1976年，第二章。「三一運動」發生於1919（大正8）年，由於朝鮮民族精神之象徵─高宗暴死，韓國的愛國志士藉機掀起反日怒潮，在三月一日公開集會於漢城明月館，組織韓國臨時政府，推舉李承晚為大統領，李東輝為國務總理，宣佈獨立，舉行全民大示威。到四月底為日軍所鎮服，此即「三一運動」。

5. 許佩賢，《塑造殖民地少國民─日治時期台灣公學校教科書之分析》，國立台灣大學歷史學研究所碩士論文，1994年，頁4。

6. 日本昭和年間係指西元紀年1926～1988年，但本文所指招和治台期間僅限於1926～1945年。

7. 台中州教育課，《台中州教育展望》，1935（昭和10）年，頁47。

台灣公民教育與公民特性

公學校教育，向來以培養德行、習熟日語、陶冶國民所需性格為宗旨 **8**，此顯示日本人相當重視對台灣人「國民精神」之培養。尤其台灣風俗習慣及文化傳統與日本差異甚大，日本人認為台灣欠缺珍貴歷史遺產、教育不普及、學校使用的教材又極為貧乏，實有礙於國民精神之涵養 **9**。所以唯有基於同化原則，透過教育，灌輸台籍兒童國民知識，徹底改造心靈才能涵養台籍兒童具備日本國民精神 **10**。基於此，日本總督府為遂行其涵化台灣人具日本國民精神，指示公學校必須加強灌輸日本精神和強調國民教育之實施，以培養適合新興日本及新文化之現代國民。

這也是為何公學校教科書歷來均由總督府控制編纂之因，其用意就是為了適應台灣兒童的需要，以全台為使用範圍，逐步實踐同化政策。學校課程中，「修身」、「國語」（日語）、「地理」和「國史」四科課程被視為與涵養日本國民精神間之關係最為密切。四科課程中之「修身」科更是與涵養日本國民精神最具直接關係的科目。從「修身」科教學活動和教學目標上分析，展現出濃厚國民色彩，顯現它特別重視培養兒童德性及實踐能力。

日本統治者積極期待透過教育體制改造並培養台灣人具備其所希望之公民特性，從下列史料更可得到佐證：1928（昭和 3）年 2 月，台灣總督府鑑於社會思想惡化，為強化國家觀念和國民精神，修正「修身」教科書為「新修身書」**11**，透過教材鄉土化，並佐以真實的範例，強調德性實踐之重要，

---

8. 大正 11 年公立公學校規則，引自台灣教育會，《台灣教育沿革誌》，1939（昭和 14）年，頁 363。
9. 台中州教育課，前引書，頁 50。
10. 台中州教育會，《「教育實際化」第七輯──學校經營》，上卷，1935（昭和 10）年，頁 114～115。
11. 台中州教育會，《台中州教育實際(二)──公學校の修身教育》，上卷，1931（昭和 6）年，頁 361～362。

以糾正台灣舊社會一些不良習俗與現象，如：纏足、吸食鴉片、過房、養螟蛉子、養女，以及家族為爭奪遺產不惜兄弟鬩牆。由此可知，日本人想透過修身教育之鄉土化，強化道德標準，去除台灣社會固有之敗俗，以強化國民精神和國家觀念。使台灣人向心日本，達成「同化」。

　　另外，日治時期統治者以道德教育為名，透過無所不在的意識型態，冀望將台灣仔弟教育成守規矩、服從的「好兒童」；而透過日治時期的歷史教育，在「國史」的框架下，台灣人無法從其中了解自己的祖先歷史，以致形成斷裂的歷史觀；在「地理」教科書中所呈現出的世界秩序，則是以日本為中心的世界觀，因此造成台灣和世界有一層隔閡，無法直接而正確地認識世界；「國語」教育除了支援思想與觀念的改造外，在日治末期更是變本加厲地推行「國語」（係指日語）運動、「國語」家庭和「國語」學校等皇民化措施，使得後來許多台灣人不能流利地使用母語。

　　上述陳述，均顯明地指出：教育在台灣總督府的文治措施中扮演重要的角色。日本人試圖藉教育取得台灣人的合作與信任，並以明治維新所推動的西式新教育取代台灣傳統教育，將台灣社會、政治、經濟和文化中的中國傳統轉化成日本模式，達成同化台灣之目的。台灣的教育主要在貫徹殖民統治方針，其基本原則均以台灣總督府的施政方針為依歸，於是隨著統治政策的變革，殖民體制中的教育政策亦隨之演變。此大致可歸納成三個演變階段和政策方針：㈠綏撫時期—採無方針及漸進主義（1895～1919 年）；㈡文治時期—採內地延長主義（1919～1937 年）；㈢皇民化時期—採軍國民主義及皇民化運動（1937～1945 年）。

　　總督府同化主義的教育政策是採漸進、逐步強化的方針，對日、台學生採取隔離方式，實施差別待遇政策。台灣人子弟所受教育的廣度、深度和高度，與日本人子弟比較起來，始終有所不及，這是身為殖民地人民的無奈。

台灣公民教育與公民特性

但此一兼具「同化」和「近代化」雙重取向的殖民教育，與同為殖民地的東南亞各國比較起來，還是屬於較為進步的。

1931（昭和 6）年九一八事變後，日本當局對台灣人抗日運動進行全面壓制。1937（昭和 12）年中日戰爭爆發，日本人在「非我族類，其心必異」的心態下，對台灣的漢民族懷有極深的恐懼感。因此，1937 年後在台全面推行皇民化政策，企圖透過學校教育與社會教化運動將台灣人同化為忠良的日本臣民，以效忠日本天皇，為日本軍國主義的侵略戰爭效命。

1936（昭和 11）年台南州《社會教育要覽》之前言提及：「本州之社會教育，最近有飛躍的進展，各種設施逐漸建立，而全州皆共同致力於島民之皇民化，向實現真正內台一致之理想邁進」[12]。從上述引言和出處可得知「皇民化」一詞不僅被視為社會教育的重要目的和實施要旨，而「皇民化運動」係指一種社會教化運動，其涵意都在強調透過社會教育將台灣人同化為效忠日本天皇的臣民。1939（昭和 14）年 5 月，台灣總督小林躋造亦發表過：「治台重點為皇民化、工業化及南進基地化。」[13]的論述，可知自 1936（昭和 11）年後，「皇民化」已正式成為日本對台灣的主要殖民政策。

從歷史的發展脈絡可知，殖民地教育政策大都含有特殊的政治目的。同樣地，日本治台後期殖民教育政策所推動的皇民化教育，不僅偏重初等教育，亦擴及社會教育等全民教育。初等教育在教導台灣人基本常識以及「國家」信念，以便供其驅策；而社會教育的重點並非旨在啟發民智，而是進行政治教育。也就是說皇民化政策基本上是同化主義殖民政策的延伸與加強[14]。

---

12. 台南州，《社會教育要覽》，台南，台灣日日新報社台南支局，1936（昭和 11）年 12 月 20 日，頁 1。
13. 台灣總督府情報局，《時局下に台灣の現在ど其將來》，台北，1940（昭和 15）年，頁 9。
14. 何義麟，《皇民化政策之研究─日據時代末期日本對台灣的教育與教化運動》，中國文化大學日本研究所碩士論文，1986 年，頁 6。

　　基於上述的原因，在日本殖民統治下，我們可以做如下的歸納：全台兒童一律讀相同的教科書，統治者漸進地達成了使學童產生共同「集體記憶」，進而激發促進認同的「連帶感」。這種「集體記憶」對於統治者而言是有好處的，因為統治者可以利用「連帶感」對被統治者進行集體動員。對台灣人而言，這未嘗不是另一種「想像共同體」的基礎所在，對於台灣人民一體感之形成具有正面的作用。

　　綜言之，這種同化和皇民化政策，隨著日本的戰敗而停止，但是，實行五十年的同化政策和皇民化政策，對當時台灣人的生活及戰後台灣政治、社會、文化各個層面，甚至目前的台灣社會，仍然有著深刻的影響。

第二節　動機與目的

一、本書出版

(一)汝身為台灣人卻不知台灣史和台灣事之悲哀

　　猶記得 1993 年筆者到英國時，國外友人問及：「妳來自台灣，對台灣的歷史、文化、地理、民俗、風情，知道多少？」經此一問，才發現長期以來所接受的大中國文化主軸下的教育內容，竟讓自己對彼岸（中國）的歷史、地理和文化較從小成長的故鄉熟稔，對台灣不僅不熟悉，而且是陌生的。這樣的感受和迷惑，也是促使現今台灣政治、經濟、社會、教育及文化等邁向更高度發展的阻礙。身為台灣人卻不知台灣史和台灣事，這是何等的悲哀！

仔細分析台灣在升學主義引領下的教材，在正規課程中，從未曾接觸到任何以台灣為主體的歷史教育。即便有，也多是宣揚台灣為大中國的一省，闡述其戰略地位極其重要等等。教科書內容對於我們鄉土周遭的人、事、地、物多未能懷抱深刻之關懷，因此，造成戰後出生的台灣人，對於台灣的記憶是膚淺的、懵懂的，甚至是短暫的。由於欠缺對台灣懷抱生命共同體的堅定信仰，任何相關台灣的古蹟、書籍、史料、書畫……，對我們而言，不具太大意義，也引發不了我們特別的關注情感。凡此導致台灣諸多重要的遺佚典故和本土文化在我們的歷史中逐漸消失。

㈡日本殖民教育對台灣人的影響既深且鉅之省思

日本治台結束至今，已經超過五十年了。這期間因國民黨政府實行「黨化教育」和「仇日教育」，照理來說，隨著殖民時代的結束，台灣人不該存有受日本文化籠罩的陰影，日本文化對台灣人的影響亦應該不再顯著。但不論是老一輩或是年輕一輩，交談間均多少夾雜著日語，這些語言包括日語漢字台語發音，亦有日語漢字日語發音，這些日語都已經台語化了。不只可見語言交融情形，甚至細察台灣人的生活方式和飲食習慣，亦受到過去日本統治的影響。日本人在台灣實行的長久日本殖民教育已在潛移默化中影響台灣人的觀念與思考，甚至引發兩極的評價。

尤其，年輕一代時常聽聞長輩提及日治時代的各種情形。但其對日本統治的評價卻仍呈現兩極。例如部分長輩們因為受過日本殖民教育的浸濡，對日本統治依然抱著相當好感，有人認為日本統治者仍有所「貢獻」，稱「後藤新平是台灣現代化的奠基者」[15]。但受到國民政府黨化教育成長的一代，

---

15. 戴國輝，《台灣ど台灣人》，東京，研究出版，1979 年，頁8。

卻沈痛的說：「我爸爸的想法、看法跟我們不一樣，我們姊妹都說他是日本人」[16]。因為歷史教科書告訴年輕一輩，日治五十年間，台灣人不斷以武力反抗殖民統治。日本人剝削、奴化台灣人，使得在異族殖民統治下的同胞心懷祖國，期盼早日脫離異族統治[17]。

　　日本統治台灣所留下的影響仍存在於部分老一輩的同胞中。這種影響大概可稱作部分台灣人獨特的「日本經驗」；相對的，經歷八年抗戰的中國人，其「日本經驗」則是無比慘痛的，因此，其「日本經驗」意味著日本人代表兇惡的敵人；而戰後，在台灣受教育的年輕一代，提及中日關係史就是一部日本侵華史。這種因受教育背景和成長經驗不同所產生的認知差距，在當今仍造成台灣各世代及族群間的代溝及誤解。此段歷史對現今社會的影響根深蒂固，然而令人感慨的是：日治時期的台灣史就時間而言，距離我們最近，卻也因為諸多因素成為我們最陌生的一段歷史[18]。

　　台灣本島土地並不寬闊，可是居民來源之多元以及政治意識型態之分歧，實令人稱奇。其中日本統治台灣五十年後，所遺留在當時代居民的感受是五味雜陳的。而隨著戰後，國民政府接收台灣迄今，日本殖民統治影響並未完全消除，五十年殖民和同化政策的影響不只潛移默化地表現在生活和思考模式上，現今，一遇到較敏感的政治話題，日本情結儼然成為激化族群對立的重要因素之一。如不同生長背景的老一輩間存在著「親日」與「仇日」情結之糾葛，而年輕一輩則因喜好日本商品的形象包裝，在哈日風潮引領下，對日本流行文化和產品為之瘋狂沈迷，此舉著實令部份年長者感嘆——台灣又再度被日本殖民了！

16. 同上註。
17. 何義麟，前引書，頁1～2。
18. 同上註。

日治時期

台灣公民教育與公民特性

對台灣人而言，這段被日本殖民的歷史對台灣所造成的衝擊和影響，似乎並未隨著 1945 年戰後國民政府接管台灣而結束，其對台灣人之影響是深刻的。筆者對此一現象，深感興趣，認為若對於日治時期五十年間的殖民和教育政策演變加以探究，不但有助於了解史實，更能追溯思想和理論根源，期能獲得啟發。

(三)鑑於台灣教育過重中國式內容之偏頗現象的調整

鑑於筆者長期接受的教育體系內均充塞著關於大中國文化、歷史、民俗習慣之教材，反而對於台灣本身歷史著墨甚少，導致所知有限，實在是身為台灣人之悲哀和憾事！而學界對於日治時期台灣史之研究，從戰後，無論是官方之編修台灣史書，或是民間之台灣史研究，雖陸續成立各種修史機構及組織，但仍以史料的翻譯、蒐集及整理為主。在 1980 年代中期之前，尚缺乏所謂的「台灣史研究」[19]，近幾年則增加不少。此現象的產生，蓋因當時國共局勢尚處於內戰的狀態，國民政府為強調其代表性與法統性，紛紛藉由各種正式和非正式管道，加強民眾之愛國心與認同感。於是以往各中等學校歷史教科書中，都是先由中國史的三皇五帝開始講起，以迄於革命、北伐等史實的敘述，台灣歷史則一筆帶過，僅聊備一格。縱使教材內容提及台灣史，也幾乎皆把台灣與中國的關係說成密不可分，且將台灣附屬於中國之下。此導致居住在台灣的青年學生產生兩種現象，一是對中國歷史多能倒背如流，但對於台灣本地歷史反而不甚清楚；二是存在先入為主的觀念，以為台灣應該、也必將與中國統一。

19. 許倬雲、李國祁主講，李惠華整理，〈近百年來中國的歷史學發展軌跡〉，《歷史月刊》，第 154 期，2000 年 2 月，頁 8～83。

日治五十年間，台灣教育之法規制定和內容深受日本之影響，自不待言。戰後，台灣教育面臨本土「日本式」教育思想與大陸人士帶來的「中國式」教育思想兩者調適的衝擊。其後，隨著政治、經濟、教育各方面的發展，以及配合國民政府所大力推行的「黨化教育」，台灣教育課程內容逐漸轉變為以中國式為主流的偏頗現象，期能有更多台灣教育史專著出版，提供年輕學子，瞭解台灣史而調整該現象。

㈣筆者對於探討相關公民教育議題之興趣

此外，在閱讀部份史料後，發覺日本統治者積極期待透過學校體系和非學校體系涵養其所期望的國民性格，也就是說加強培養「具有國民觀念的人」是日治時期教育的重點。筆者多年來對於相關公民教育和探討公民性的議題始終抱持高度興趣，這也是其中一個促使將著作主題扣緊「日治時期台灣公民教育與公民特性之探討」的誘因。

㈤從歷史研究取向和台灣主體觀點以研究公民教育之論著闕如

1980 年代起，國內學者受西方重視探討「公民資格」議題之論辯所影響，逐漸重視公民特性的研究，但有關歷史研究的論述為數甚少。從追溯台灣本土歷史發展之觀點而著手論著之公民教育相關議題，篇幅更可說是微乎其微。關於教育方面的研究，所提及之資料和書籍亦多偏重於殖民教育史之全貌概述，而少有專章論及公民特性議題。

近二十年來，重視公民教育議題的學者多著重於探討公民資格意涵、國內公民教育之課程和教法、各國公民教育之發展現況、以及各種思潮對公民教育之影響和其關聯性，然而，綜合歷史研究取向和以台灣主體觀點出發探討公民教育的論文尚付之闕如，亦需更多人的投入。

(六)相關台灣教育史的研究較缺乏對教育內容進行分析

睽諸目前日治時期台灣教育史的研究，大多注重教育政策的演變或教育制度的分析，對於學校中的儀式儀典及教育內容在日本殖民統治中所扮演的角色，並未特別重視。

因而，針對歷史現象長期的發展，透過客觀且全面地分析其發展過程，依照過程的發展變化，再劃分發展階段，以區別各個發展的不同特點。這是客觀認識事物本質及其發展規律的必要過程，也是客觀研究事物的基本方法。

為了對自己生長的這塊土地有更深刻的歷史體認，我們必須進一步研究台灣史，提出從台灣主體觀點加以詮釋的史觀。並善用今日台灣有關日治時代的豐富文獻資料，以及可補文獻不足的珍貴耆宿前輩記憶。在如此條件下，日治時代台灣史的研究，實不應任其荒蕪。且研究台灣史既可培養熱愛鄉土的感情，又可加強民族精神，實值得有關單位大力提倡以及吾人的共襄盛舉。

二、本書出版目的

歸結上述研究背景和動機，茲臚列本書出版目的如下：

(一)探究日治時期殖民政策與教育政策之演變。

(二)分析日治時期學校體系內公民教育的內容。

(三)瞭解非學校體系所推動的公民教育內容和方式。

(四)檢視日治時期社會展現的公民意識和民間生活概況。

(五)歸結日治時期台灣公民教育實施成效產生的影響並進行分析。

(六)依據研究發現和結果，提供對研究課程的回應和具體建議。

第三節 範圍與方法

一、範圍和方法

探討此一主題督促筆者深思下列問題：隨著西方於 1970 年代興起探討「公民資格」此一議題後，台灣學界甚至教育界亦注意到——釐清當前我們冀望透過教育培養出具備何種特質的公民，是根本且相當重要的課題。它迫使學界開始重視並探究當前台灣公民所展現出的特性和資質為何？我們應該透過教育培養出具備何種資質的公民？

欲回答這些問題，應先回溯至探究「現行的公民教育發展是建立在何種基礎上？」也就是台灣公民教育實施的根源何在呢？這些問題對於今後我國公民教育發展的走向以及改革，均是息息相關的。故本書基於「回顧與前瞻」的史學觀點，且在追溯歷史發展脈絡的動機驅使下，筆者認為，對於日治時期學校體系內公民教育之實施政策，和當時民間社會所展現的國民特性此議題，實有探究之必要。

基於此，筆者認為有必要回溯至日治時期探討下列問題：

㈠日本治台五十年間，隨著局勢之演變，其所採行的同化和殖民政策是不同的。每個時期既定的教育目標和重要教育政策為何？各時期的差異性又何在？

㈡日本統治者期望透過教育制度和同化政策的控制達到何種教育目標和殖民成效？

㈢日本統治者所欲形塑的殖民地兒童形象為何？

㈣日本統治者所欲形塑的殖民地兒童形象，和日本內地的教育官員所期望的日本兒童形象有何不同？

㈤日本統治者如何透過學校體系及非學校體系灌輸其價值觀念給台灣人民？

㈥接受過長期日本教育的台灣人被形塑出何種公民特性？

㈦台灣人面對各種政策和局勢變遷時，展現出何種公民特性？

㈧日本統治者的意圖和教育策略，在實際運作上遭遇到什麼困難？

㈨殖民統治者的預期教育目標和當時民間社會所展現的公民特性，兩者間的關係又如何呢？

二、組織架構

本書以日治時期台灣社會公民特性為著作主題，探討日治時期總督府預期透過所頒定的各項教育政策和措施欲培養台灣人具備何種特質，以符合其統治目的。因此筆者致力於從教育相關主題和資料進行探索，包含日治時期殖民和教育政策之演變、學校體系中公民教育的內容、非學校體系中公民教育的內容，亦將著作範圍擴及對民間社會運動、社區（地方）運動以及當時社會民間生活與公民意識等議題加以探討。藉此佐證統治者期望透過既定政策所欲達成之目標，相較當時社會情境下之公民實際特性，兩者間的呼應程度為何？

為使著作內容能扣緊當時公民教育和公民特性現況加以探究，故全書分成七章加以論述。

第一章、緒論：說明本書研究背景、本書研究動機、目的、資料來源、研究方法、回顧相關研究，以及釐清相關概念。

第二章、日治時期殖民政策與教育政策之演變：茲簡述㈠綏撫時期的同
　　　　化政策——採無方針及漸進主義（1895〜1919 年）、㈡文治時
　　　　期的同化政策——採內地延長主義（1919〜1937 年）、㈢皇民
　　　　化時期的同化政策——採軍國民主義及皇民化運動（1937〜1945
　　　　年）等三個不同政策方針階段，日本統治者的殖民和教育政策
　　　　之演變。

第三章、日治時期台灣學校體系中的公民教育內容：茲簡述學校體系中
　　　　教育的內容，包含公學校課程沿革，以及分析與培養台灣具備
　　　　日本國民精神最直接相關的「國語」與「修身」科教科書。

第四章、日治時期台灣非學校體系中的公民教育內容：茲簡述非學校體
　　　　系中教育的內容，包含社會鄉土教育、社會教化運動、皇民奉
　　　　公會之組織與活動，以及皇民化時期所推動的文化政策活動。

第五章、日治時期台灣社會展現的公民意識與民間生活概況：簡述五十
　　　　年間民間社會生活概況與公民意識，包含武裝抗日運動、自治
　　　　自決運動、台灣新文學運動、電影活動、台灣民眾對皇民化政
　　　　策之回應，以及從口述歷史中拾摘當時台灣人的想法，藉此了
　　　　解當時社會的民間意識。

第六章、日治時期台灣公民教育之影響及比較分析：此章節探究內容包
　　　　含與內地（日本）教育之比較、日治時期殖民教育成效和展現
　　　　的公民特性，以及對戰後台灣公民教育實施之影響。

第七章、結論：包括對本書研究問題的回應、啟示、貢獻、困難與不足
　　　　之處，以及未來課題等加以簡述。

三、本書研究方法

(一)文獻分析（Documentary Analysis）

　　本書收集日治時期公民教育和公民特性方面的書目、論文、期刊、報紙、官方公報、回憶錄等資料，加以整理，兼顧中英日文資料，探討其意義。

(二)歷史研究（Historical Approach）

　　在本書研究方法上，以歷史研究法為主。所謂「歷史研究法」（historical method）是指有系統的蒐集及客觀的評鑑與過去發生之事件有關的資料，以考驗事件的因果或趨勢，並提出準確的描述與解釋，進而助於解釋現況和預測未來的一種歷程。「歷史研究法」提供一個有價值的觀點來審視我們目前的環境，並且提供一個背景讓我們確認目前環境中許多不為人知的事情，以及哪一個因素可用來區分目前與過去的環境。歷史幫助我們了解當時問題的來源、問題如何出現、問題的特徵、問題經過的時間及發展脈絡。另外，藉由「歷史研究法」也可以確認出過去所用過的解決方法，以及哪些方法是沒有被採用過的。

　　此外，最重要的是歷史提醒了我們人類經驗的豐富性，及實際環境的複雜與不可預測性。因此，透過歷史將有助於人們避免重蹈歷史覆轍，或只以傳統的、狹窄的、膚淺的方式來審視目前的環境。所以藉由閱讀歷史可強化想像力及發現新事物，達成鑑往知來、了解過去以幫助我們預見未來的功效。

(三)比較研究（Comparative Approach）

比較研究是歷史研究的重要方法之一，任何歷史事件或現象，必須經由比較研究的併列分析法—「異中求同，同中求異」—才能顯出其歷史意義。本書應用比較研究分析下列三個問題：1.將日治時期的台灣殖民教育依時間和政策之不同，分為三期，並探討各時期不同的殖民教育政策的形成背景，以及差異殖民教育政策之下，台灣人對殖民教育的接受程度、方式、與結果與影響；2.將本書研究對象分為接受正式學校教育者和未入學接受學校教育者，比較日本統治者如何針對不同體系之台灣人民進行陶冶國民性格的差異作法，而此兩種對象又顯現出何種差異的公民特性；3.同時留意學校和非學校因素對陶冶國民性格的影響。

除利用上述研究方法外，本書並利用社會學、教育學等社會科學相關理論和概念作為討論依據。同時，將部分史料內容以量化統計分析方式呈現，並繪製相關教育成效成長圖等，以增加本書論證及歷史解釋的客觀性。此外，傳記和口述歷史記錄均為一窺當時生活現況難得的史料，因而參閱早年受過日本殖民教育之耆老的傳記和回憶錄，以做為本書的輔佐資料。

四、本書限制

(一)本書研究日治時期所參考之史料來源可分為三種：一為來自日本官方公報，或基於殖民統治需要、個人興趣所留下為數可觀的研究成果與史料（多數史料之記載者為日本人）；二為戰後包括楊雲萍、陳紹馨、方豪、吳新榮、莊金德、黃純青等人依據日治時期所留下之豐富史料為基礎，以「台

灣為中國不可分割之一部份」的觀點,投入研究所得的成果[20];三為晚近學者從立基—台灣主體性之觀點重新詮釋台灣史。

筆者認為上述三方資料來源均有其限制:第一種來自日本人所載之官方公報和史料,難免流於以統治者立場和觀點論述史料。強調政治制度而輕忽社會實際狀況,當然史料之選擇亦難脫離為統治者美化和辦護之嫌疑;第二種資料來源,雖然較切近日治時期史實,但是基於戰後情勢所迫,展現出學術與現實間仍保持相當的距離—重個人而輕群體、重菁英而輕大眾、重思想而輕物質。所以導致政治制度史和學術思想史較發達,且研究方法崇尚實證而輕理論,重在辨識史料的真偽[21];隨著晚進政治的解嚴和重視台灣本土意識之情勢演變,第三種資料來源雖然已展現出矯正第二類史學研究之弊,但是日治初期至今已逾百年之久,日治末期至今亦逾半百年之久,再加上歷經國民政府時期對資料的有意摧毀,此時期的研究者只得藉助日本人所留下的官方公報為主要史料分析來源,仍難脫離以日本統治者為中心之觀點出發。而民間社會、文化不足之處,則透過口述歷史訪問者老獲得不少史料,雖有補足之效,但是隨著重要事件影響者的逝去,來不及留下更多寶貴民間史料殊為憾事。

㈡由於歷史的不確定性,致使史書在特定之時空背景下產生,反之亦在另一個特定時空背景下沒落,往往需不斷地重新改寫、重新詮釋,並以不同的型態出現。如早期相關台灣史研究,係以「自由中國」對抗「共產中國」

20. 方豪,〈台灣史研究的回顧與前瞻〉,收入《國立台灣大學三十週年校慶專刊》,台北,國立台灣大學,1976年,頁6~9。

21. 杜正勝,〈中國史在台灣研究的未來〉,《歷史月刊》,第92期,1995年9月,頁79~80。

歷史背景下之產物，不但視台灣為中國不可分割的一部份，其中國史觀更成為早期台灣史研究的主導意識，深具時代意義與特色。而目前的台灣史研究，在政治解嚴、經濟自由及教育本土化的呼聲之中，已由以往的隱晦不明，進而成為今日史學研究中的顯學。在本土化運動的推波助瀾之下，更強調台灣史研究的自主性、客觀性與獨立性。

即便如此，任何研究或任何事物都不可能是單獨存在的，所以對於台灣史的研究更不應以孤立、封閉心態視之，或將台灣史的相關研究予以特殊化，應該以宏觀而寬廣的研究態度，正視台灣史實的存在，以求得歷史真相。畢竟，每一個時代的史家寫史，必然會受到時代環境與其自身主觀意識的影響與制約。筆者冀以實證性研究的態度為基礎，進一步反省與檢視台灣歷史，回歸歷史的原貌。

㈢日治時期多數史料均為日本人撰寫或以日文記載，筆者雖致力增益提昇日語能力，但對於閱讀古日文書目仍已超越筆者現有之閱讀能力。所幸筆者在研究過程中若遇語言問題，則請益深諳日文者，並請求輔助確認字義內容及協助翻譯事宜。因此，對於日文資料尚能閱讀並引用重要日文資料。

㈣日治時期除多數史料為日本人撰寫或以日文記載外，以日文記載之第一手資料和書目，在台灣尚難以尋覓及購得，尚待透過跨國聯繫和合作以購得或取得更多日文書目。

㈤本書以探討公民教育與公民特性為主軸，然公民特性的形塑過程及其展現層面相當多元，故本書所涉及之議題範圍因十分廣泛，無法對本書範圍的每一問題，作深入的探討；或因受限於史料（如相關文獻和日治時期教科書）均有缺漏，有部份議題無法詳述分析，尚待後續研究之努力。

第四節　資料回顧與運用

一、資料回顧

　　回顧台灣過去一百多年來，前五十年受日本的殖民地統治，後五十多年受國民黨政權之支配。這一百多年來言論、著作之自由多所限制，並且對歷史的解釋權也受到剝奪。上述情事尤以九一八事件（1935 年）至日本投降（1945 年）期間和戒嚴統治期間（1949～1987 年）最為嚴重。解嚴以來，隨著本土意識之抬頭，台灣近代史之研究備受年輕學者關注。由於言論之開放，這股「歷史熱」也帶動老一輩（1900 至 1929 年生）紛紛發表回憶錄等傳記作品 [22]。雖然這些作品大都記述個人經驗和對時代之感受，但因詳實記載口述歷史者身歷其境的教育和生活經驗內容，此對日治時期被湮沒、被壓制的歷史提供了極豐富的第一手資料。本書為探究日治時期民間社會所展現的生活型態、想法和公民意識，這些耆老的著作及回憶錄，提供了本書許多回顧歷史真相所需的參考資料。

　　經過戰後五十多年來國內外學者的努力，日治時期台灣史的研究已經漸有成果 [23]。關於日治時期台灣史的研究，台灣人反抗異族殖民統治是極為重

---

22. 林莊生，《一個海外台灣人的心思》，台北，望春風文化，1999 年，頁 118。
23. 專論日據時代台灣史研究成果較少，以介紹台灣史研究成果之文章來看，包括：
　　《思與言》，〈台灣史研究的回顧與展望〉，卷 23，期 1，1985 年 5 月。
　　台灣近代史研究會編，〈戰後の台灣近代史研究文獻目錄〉，《台灣近現代史研究》，
　　第 3 號，1981 年 5 月。

要的一部份。國內對於抗日運動的關注，1970 年代以前較注重武力抗日時期
之研究，而近年來逐漸重視政治社會抗日運動的探討 [24]。大致看來，研究台
灣武裝抗日運動是藉以證明台灣人反日愛國、為回歸祖國之懷抱而犧牲奮
鬥，以及說明台灣與中國的一體性，甚且台灣人的抗日精神適足以作為民族
精神教育的最佳教材 [25]。但亦有不同的研究興趣和論點，如海外及越來越多
學者卻以不同的立場來分析台灣人抗日運動史，強調台灣人在歷史上一直處
於被統治的地位，而且不斷在反抗 [26]，這些不同立場的論著亦應值得注意 [27]。

　　1970 年代，由於國內經濟成長、社會結構變動，加上保釣運動 [28]、退出
聯合國、中日斷交等國際局勢的轉變，造成戰後成長的新生代逐漸產生認同
本土文化的傾向，以致研究鄉土人物之風氣逐漸興起。1977 年以後，國內政
治運動浪潮激盪，復有鄉土文學論戰 [29]，各類雜誌紛紛刊載有關日治時期台
灣史事 [30]。此後日治時期政治社會抗日運動、新文學運動等各方面問題逐漸

張炎憲，〈簡介日本對日據台灣史的研究概況〉，《思與言》，卷 17，期 4，1979 年
　　11 月。
24. 張炎憲，〈日據時代台灣政治社會運動史研究的回顧與展望〉，《思與言》，卷 23，
　　期 11，1985 年 5 月。
25. 國民中學、高級中學之歷史教科書以及許多日治時代抗日運動史著作，皆給予台灣
　　人武裝抗日活動及肯定的評價，其目的乃作為民族精神教育。
26. 這類著作不少，惜國內不得發行。例如，王育德，《台灣─苦悶の歷史》，東京弘文
　　堂，1970 年；史明，《台灣四百年史》，東京，音羽書房，1962 年。
27. 何義麟，前引書，頁 2。
28. 1960 年中日雙方爭奪位於台灣東北部海上釣魚台列嶼（日本人稱：尖閣列島）之主
　　權，引發海外青年學生的保衛釣魚台主權運動，通稱「保釣運動」。
29. 陳正醍，〈台灣の鄉土文學論戰（1977～1978）〉，《台灣近代史研究》，第 3 號，
　　1981 年 5 月。
30. 這類雜誌以政論性為例有：《夏潮論壇》，《八十年代》，《亞洲人》，《深耕》，
　　《生根》等。

受到學術界重視，而有一些研究成果產生[31]。由是日治時期台灣史之研究蔚為風氣[32]。

如上述，現今關於日治時期台灣史料已臻豐富，筆者經蒐集及閱讀相關日治時期台灣教育史的資料，進而歸納分析其特徵和缺失，以為筆者撰寫本文之參考。

(一)日治時期台灣教育研究的特徵

關於日治時期台灣教育的研究或資料具有下述特徵：[33]

1. 偏於教育制度的敘述

吉野秀公之〈台灣教育史〉（1929 年）和台灣教育會之〈台灣教育沿革誌〉（1929 年），是戰前有關台灣教育研究的最完整資料，可以媲美矢內原

---

31. 以碩士論文（1977～1981 年）為例有：

簡炯仁，《日據時期台灣知識份子的抗日運動—台灣民眾黨之研究》，台灣大學政治研究所碩士論文，1977 年。

吳文星，《日據時期台灣師範教育研究》，師範大學歷史研究所碩士論文，1979 年。

張正昌，《林獻堂與台灣民族運動》，師範大學歷史研究所碩士論文，1980 年。

黃樹仁，《日據時期台灣知識份子的意識形態與角色之研究》，政治大學政治研究所碩士論文，1980 年。

周婉窈，《日據時代台灣議會設置請願運動析論》，台灣大學歷史研究所碩士論文，1981 年。

陳三郎，《日據時代台灣留學生之研究》，東海大學歷史研究所碩士論文，1981 年。

張勝助，《日據時期台灣報界的抗日運動》，文化大學政治研究所碩士論文，1981 年。

32. 何義麟，前引書，頁 2～3。

33. 歐用生，〈日據時代台灣公學校課程之研究〉，《台南師範學報》，第 12 期，1979 年 12 月，頁 88～89。

忠雄在 1929 年的研究。吉野秀公的〈台灣教育史〉將台灣教育的發展分成教育的發端期、基礎教育期、教育發展期、台灣人教育確立期及台灣教育確立等五段時期，各以教育制度的變遷為中心，敘述教育事業的發展；而〈台灣教育沿革誌〉則蒐集有關台灣教育之一切法令、規章、訓令、敕令等，並依學校類別予以區分，由此敘述台灣之學事行政、初等教育、師範教育、中等教育、高等教育、特殊教育及社會教育等問題。

　　兩書研究台灣教育的方法不同，但是均採以教育機構（如公學校、小學校）及教育階段（如初等教育、中等教育）的區分，來概觀台灣教育的歷史發展。亦即，二者都偏於教育制度的敘述或批評，而忽視了教育內容的探討或分析。其他的研究，或追溯台灣教育制度（史）的發展，或批判日治時期台灣教育制度的優劣，但內容都不出上述二者的範疇。因此，有關教育制度敘述的研究極多，而有關學校教育內容，課程、教材的研究卻幾乎沒有。

　2. 教育資料多屬於綜合研究中的一部份

　　許多有關日治時期下之台灣教育的資料，多屬台灣總督府行政官僚彙編、教育工作者撰述、日本內地來台考察者之見聞錄，或個人回憶錄中的一部份。這些資料如同矢內原忠雄對伊能嘉矩之〈台灣文化誌〉的批評一樣，都是「網羅歷史、地理、政治、經濟、宗教、教育、人種、民族、學藝等百般文物之綜合研究」[34]。

　　教育或許須包含於「教化」的項目內，或許與宗教、衛生並論，但綜合性的研究都只是對學校教育做現狀的表面描述，未能就教育問題做深入探討。其他如細川嘉六（1943 年）、山川均（1966 年）等的研究均有這種傾

---

34. 矢內原忠雄，《帝國主義下の台灣》，東京，國家協會，東京帝國大學，1928（昭和 3）年，頁 79。

向。這些資料對了解當時的社會背景、政治狀況有所助益，但以何種架構來深入分析這些資料，得出更具體論點，則有待努力。

3. 統計資料的堆積或羅列

許多教育資料或教育研究似乎把影響學校教育的諸多制度和社會因素排除掉，視教育處於真空狀態，只描述台灣教育之表面現象，而忽視其與當時之台灣政治、社會、經濟環境的關聯。如台灣總督府發行的許多資料（1923年，1939年，1941年）或刊登於「台灣教育會雜誌」和「台灣教育」內，許多教育者對教育法令的引申或解釋，以及山口重知（1927年）、吉田巖（1927年）、新島淳良（1963年）、林進發（1942年）等的研究都陷入這個弊端，僅是教育法規的堆積或教育統計的羅列。

尤其是這些研究或資料都忽視殖民地台灣與宗主國日本間之關聯，容易變成提供掩飾帝國主義之定義或本質的資料[35]，或成為「權力者做為正式和合理化解釋的資料」[36]。就此而言，渡部宗助（1966年，1969年）探討台灣公學校成立的歷史背景，以及弘谷多喜夫和廣川淑子（1973年，1976年）分析台灣教育令成立的政治過程，都是從日本政府之政治權力的機制作用來檢討台灣的教育，實有重大意義。

4. 意識型態的色彩極為濃厚

殖民政策的評價易流於極端，不是美化殖民地的經營與成果、頌揚殖民國的德政，就是批評其壓搾、奴化或譴責其罪行。殖民地教育的研究亦是如

---

35. 春山明哲，〈台灣における皇民化政策〉菅孝行編，《叢論 日本天皇制Ⅱ》，東京，拓植書房，1987年，頁84。

36. 許世楷，《日本統治下の台灣―抵抗と彈壓》，東京，東京大學出版社，1972年，頁4。

此，更具意識型態的色彩。在台灣，曾經接受日本教育之知識分子如蔡培火（1929 年）、吳濁流（1973 年）、鍾肇政（1976 年）等都一致指責日本的殖民地教育為「奴化教育」或「愚民教育」。尤其是戰後的殖民教育研究更是同聲譴責日本，批評其治台以「民可使由之，不可使知之」為教育方針，教育重點在進行奴化思想的灌輸，與基本生產知識的適應。

　　因此，日本政府在台僅實施最低限度的基礎教育，對於中等及高等教育的設立則嚴加限制。這些史料所展現出的濃厚意識型態實增加了對殖民政策評價的困難。

㈡日治時期台灣教育研究的缺失

　　分析有關日本統治下台灣教育的研究具有下列缺點[37]：

　　1. 研究方法方面：多屬片段的、技術的和敘述的研究，較缺少系統的、分析的和解釋的研究。

　　2. 研究對象方面：忽視台灣歷史的主體性，只注重日本統治之權力過程；只看到光明、成功的一面，而忽略了陰影、壓制的部分。

　　3. 研究內容方面：多偏於教育制度的敘述和教育法規、教育統計數字的說明，而忽視了教育內容的深入分析。因此，有關公學校的課程、教科書、學校文化、學校生活等本質問題都未被探討。

　　日治時期台灣公學校之教育內容（如課程、教科書、學校文化及學校生活等學校非形式制度）的研究之所以如此貧瘠，或許導因於下列原因[38]：

---

37. 歐用生，前引書，頁 91～93。
38. 同上註。

　　1.天災、人禍等因素造成資料的喪失和資料蒐集不易。

　　2.戰後,行政長官公署教育處(1946 年)以「掃除皇國教育思想」為主要政策之一,導致日治時期使用之教科書、補充教材、課程表等或繳交、或自行焚毀而無存。

　　3.日治初期,教育並非總督府的重要事業,因此未致力於教育史料的保存。此時,治安的維持、抗日運動的鎮壓、經濟資源的開發等措施都遠比教育來得重要。亦即,產業開發主義造成了對台灣教育的偏頗性和忽略性。

　　4.教育研究本身的困難。在學校研究上,非形式制度(如課程、教科書、學校文化、學校生活等)的研究是較困難的領域,再加上研究學校生活的價值不為傳統的教育學者所接受,而且學校文化的氛圍於學校組織特徵中,並不明顯,均因容易被忽略而漠視之。

　　綜合上述評述,本書將研究範圍擴大到對教育體系和非教育體系,以及當時民間社會所展現之生活狀況,加以歸納並做分析。

(三)日治時期台灣教育相關研究之回顧

　　為回應前面所提的問題,臚列出與本書議題相關之既有研究,作一重點式的回顧與檢討,以便釐清本書在整個研究史中的定位。睽諸目前關於日治時期台灣教育史的研究,因研究對象不同而採深入分析的研究不少。但是採兼重學校體系及非學校體系觀點,切入探討公民教育、探究當時社會所顯現之公民特性,以及殖民統治者期望培養的公民特性之論述,則尚無直接相關的研究。本書即是基於這樣的問題意識和研究旨趣,立基在許多先驅研究的成果上,嘗試對學校體系和非學校體系試圖採行何種措施,以影響日治時期國民特性的形塑,作進一步的分析和探究。

關於當時公民特性之詳細論述，無論是中文或日文史料，均未能有一專著或較完整資料的探究。多數的論著（如分析公學校課程、女子教育、鄉土教育、體育教育或電影、文學、新文化運動等）其研究旨趣較著重於單一議題做深入探討，而較少將研究面向擴及探討學校教育體系和非學校教育體系的政策及運作，以分析當時的國民特性。

除此之外，統治者所欲培養之預期的公民特性與實際民間社會所呈顯的公民特性，兩者的差距亦是值得探究的範圍。故本書的研究主題實為一個尚待開拓的研究領域。而且從回顧與前瞻的史學觀點言之，研究日治時期台灣公民教育發展甚具重要性，而對日治時期公民特性加以探究亦有其必要性。

在日治時期台灣教育史的研究中，特別具有先驅性意義的是 E. P. Tsurumi 之論文＜ Japanese Colonial Education in Taiwan ＞，1895～1945[39]。Tsurumi 的論證在許多方面都有開創性的地位。其中發現，日本兒童使用的國定教科書強調進取及開展個人成就能力的培養，而台灣兒童所使用的公學校教科書則強調誠實、與家庭和鄉里和睦相處能力的養成。此僅為研究發現之一例，她認為，日本對台殖民教育的確比歐洲諸國的殖民地教育更注重普及與平等，但終究仍是一種為配合殖民地當局意圖之措施罷了！亦即，教育體系只是做為差別地對待和訓練殖民地人民的道具。

而在日本的教育影響上，都市又較農村明顯，尤其在 1930 年代就學率提高以後，仍使台灣年輕人的精神態度產生了變化，這對「台灣意識」的初步形成發揮了影響。Tsurumi 的論著雖為日治時期台灣教育史研究奠定一個極高的標準，但是後來許多研究要不是未能立於其基礎做深入探討，就是探

---

39. E. Patricia Tsurumi, *Japanese Colonial Education in Taiwan, 1895～1945*. Cambridge Mass, U. S.A. and London, England ；Harvard University Press，1977。

台灣公民教育與公民特性

討的廣度常顯不足，尤其對教育內容的研究更顯得貧乏。致使有「見樹不見林」和「遺珠之憾」的情事產生，因此本書將立基於 Tsurumi 卓偉的研究貢獻和下列相關研究成果加以探討。

日治時期相關台灣教育的研究中，特別著重於教育內容的研究者，僅有林茂生《日本統治下台灣的學校教育─其發展及有關文化之歷史分析與探討》、許佩賢《塑造殖民地少國民─日治時期台灣公學校教科書之分析》、鄭淑梅《日治時代台灣公學校之研究》、何義麟《皇民化期間之學校教育》、詹茜如《日治時期台灣的鄉土教育運動》、歐用生《日治時代台灣公學校課程之研究》、張壽山《日治時期台灣國民教育之分析》、磯田一雄《皇民化教育與國史教科書》與駒込武《異民族支配的「教義」─台灣漢民族的民間信仰與近代天皇制之間》等數篇[40]。分述各研究主要內容和目的如下：

何義麟的《皇民化期間之學校教育》[41] 分析了 1937（昭和 12）年起發行的「公學校用國語讀本」。他將卷三以上各課課文依教材內容性質分為皇國思想、軍國主義、台灣統治、台灣風土、日本文化及一般教材等六類，計算出各類教材的比例，進而指出這些教材不外是配合統治的需要，以加強台灣人效忠日本天皇的觀念。尤其隨著戰局的演變，加入了不少軍國主義的教材，以激發台灣人為戰爭效命的意識。

詹茜如的《日治時期台灣的鄉土教育運動》[42] 對於日治時期的鄉土教育，有詳盡的討論。文中指出，國史科是學校教育中鄉土化程度最低的教

---

40. 許佩賢，前引書，頁 9～11。

41. 何義麟，前引書。

42. 詹茜如，《日治時期台灣的鄉土教育運動》，國立台灣師範大學歷史研究所碩士論文，1993 年。

科；修身科和國語科鄉土化的程度亦低；而地理、理科、實業、家事等科，則強調以科學方法認識鄉土，藉此途徑讓台灣學生習得科學基本知識，獲取科學的國民知識。

歐用生的《日治時代台灣公學校課程之研究》[43]是少數針對「修身」作全面分析的論述。其試圖將課程理論應用在歷史研究中，為日治時期的教育史研究開啟了一個新方向。研究指出，「修身」科是日本治台進行社會控制最主要的工具，其首要目的不在培養台灣人成為真正的日本人，而在塑造服從的、勤勉的日本臣民。

磯田一雄的《皇民化教育與國史教科書》關注同在日本殖民統治下的朝鮮、台灣與滿州三地的國史教育與教科書之比較。該文主要以朝鮮為研究對象，台灣只是拿來與朝鮮做對比的次要研究對象。磯田指出，台灣的國史教科書中欠缺台灣史的講授，這是因為日本殖民地統治的最高原則即是將台灣與中國切離。再加上台灣人的民族意識薄弱，也沒有展現像朝鮮人民對民族史教育的強烈要求。因此，台灣公學校自開設國史科以來所使用的教科書，在內容上幾乎等同內地小學校所使用的國定教科書；到日本統治末期，更將國定的「初等科國史」教材原封不動地拿來台灣使用。研究發現指出，由於國史教科書中幾乎沒有台灣史內容，因此研讀這種「外國史」教科書的兒童，很難透過國史教科書培養正確的台灣意識[44]。此明確指出日治時期歷史教育的基本問題。

許佩賢的《塑造殖民地少國民—日治時期台灣公學校教科書之分析》[45]經

---

43. 歐用生，前引書。
44. 許佩賢，前引書，頁9～11。
45. 同上註。

時期

台灣公民教育與公民特性

由對總督府編纂的修身、歷史、地理及國語教科書的內容分析，研究發現日本統治者以道德教育為名，用無所不在的意識型態，把台灣兒童教育成守規矩、服從的「好兒童」。歷史教育方面，在「國史」缺乏教授台灣史的框架下，台灣人無法從其中了解自己，以致形成斷裂的歷史觀。而在地理教科書中呈現的世界秩序是以日本為中心所建構的世界觀，因此造成台灣和世界存在一層隔閡，台灣人無法直接認識真實世界的樣貌和現況。國語讀本除了文字內容支援各種機能外，國語教育，尤其是日治末期為配合皇民化教育政策，變本加厲推動的國語（日語）運動，使得許多年輕一代的台灣人不能流利地使用母語。

但是，教科書的內容雖然如上述呈現強烈的意識型態，卻也不乏近代知識的教授。台灣兒童在吸收了這些近代教育的知識，也使得他們對近代文明和文化有所瞭解，進而發展潛力成為一個近代公民。此外，文中對於教學方法與教學理念的改進也有所分析，並闡述了日本老師所展現的教育熱心及對學生的愛護之情。除此之外，日本在台灣建設近代的教學體系，普及了初等教育，使得台灣人能具有基本的「學力」。這或許可以算是日治時期教育對台灣人的正面意義。

林茂生的《日本統治下台灣的學校教育—其發展及有關文化之歷史分析與探討》[46] 以近代民主主義教育理念檢視日本在台的殖民教育，強調近代教育之目的在於從學生的內在啟發其創造力。他指出日本固然以其現代化的經驗致力於台灣的現代化，但以同化為依歸的教育顯然違反了民主的精神。其研究目標除了對教育制度、教育制度發展過程及主導教育制度發展之方針作

46.林茂生著，林詠梅譯，《日本統治下台灣的學校教育—其發展及有關文化之歷史分析》，台北，新自然主義，2000年。

歷史的探討外，並分析教育活動中文化衝突與和諧的原因及影響，提出建設
性的改善之道。

　　此本書更以實證的研究提出供總督府採擇的改進意見。以比較方法觀察
台灣、朝鮮、菲律賓等殖民教育制度和措施之異同，進而提出較為客觀的看
法。資料的掌握和利用相當周延，雖然礙於規定無法利用政府的基本檔案，
但充分利用英、日文的官方出版品、研究論著、報紙、雜誌，可說言必有
據，論述十分嚴謹紮實。此外，亦針對同化教育、日語教學、台日共學、差
別待遇、義務教育、中等以上教育機會嚴重不足等重大教育問題，一一進行
實證性檢討和批評。進而提出研究建議，如認為小學低年級應當以母語作為
教學用語，中年級以上才漸以日語作為教學用語；開放台日共學固然值得讚
揚，但台灣人所渴望的乃是「同一制度但學校分別」措施，以利保留台灣文
化；以同化做為教育最終目標的教育制度和措施，並未能完全改變台灣人的
本質等論點。此書肯定日本統治下台灣的現代化有顯著發展，同時呼籲總督
府宜盡快解決台灣人、日本人教育機會不平等問題，和採積極措施以廢除差
別待遇。

二、資料蒐集來源和方式

　　本書的研究方法，係採用文獻分析、歷史研究及比較研究；資料蒐集則
以官方檔案、專書、期刊、報紙、論文、傳記、採訪稿和回憶錄為主。
　　㈠報紙、期刊、雜誌：
　　《台灣民報》東方文化書局複刊版。
　　《台灣新民報》東方文化書局複刊版。
　　《台中州教育》，以昭和10年至昭和14年為主。

《台灣青年》（東京，1920～1922年），（台北影印，東方文化書局，
　　　1974年）

《台灣》（東京，1922～1924年），（台北影印，東方文化書局，1974
　　　年）

　　㈡政府出版品：專書記載相關教育資料，從官方公報如《台灣總督府公
文類纂》、《台灣總督府府報》和統計資料中整理；各縣市統計要覽、年鑑
及各縣市志有關教育之統計資料。

　　㈢日本人所著相關日本殖民時期台灣教育概況之專書。

　　㈣有關台灣史之英文相關書目和資料。

　　㈤近年國內相關此一議題之專書、文章以及碩、博士論文。

　　㈥曾接受日本殖民體制教育之耆老之回憶錄、著作、傳記、專書、採訪
稿。

　　本書利用上述史料，探討前人未曾述及之日本統治下各階段教育所呈現
的特色，以及民間展現出之公民特性。

第五節　相關概念的釐清

一、在時間斷限和劃分方面

　　本書的時間斷限始於1895（明治28）年，終於1945（昭和20）年。筆
者基於關注五十年內因應時勢之改變而存在的各種階段變化，依各時期的殖
民政策變異特色劃分成三大時期：

㈠綏撫時期—無方針和漸進主義（1895～1919 年）

㈡文治時期—內地延長主義（1919～1937 年）

㈢皇民化時期—軍國民主義和皇民化運動（1937～1945 年）

二、名詞釋義

㈠公民教育

在日治時期「公民教育」係指「道德教育」和「塑造少國民教育」[47]。相較於今日之公民教育，日治時期的公民教育是指塑造日本國國民特性的教育，其內容包括日本的言語、習俗、風氣、制度、國體等特有成分的學習，特別是以奉戴萬世一系的天皇為身為日本國國民最大榮譽與最大幸福之事。由此可知，在初等教育階段所要培育的不是近代市民社會中具獨立自主人格的個人，而是在日本這個具有特殊風俗、傳統的「天皇制國家」中的天皇臣民。日治時期的公民因此不具有「市民」性，這種國民即使歷經後來大正時期（1912～1925 年）的民主洗禮，也只是徒具民主主義外衣，將民主主義轉成空洞化的「公民」，進而利用各種途徑順利地由公民轉為臣民，再轉為皇民。

不管是日治初期的國語傳習所，或是後來的公學校、國民學校，都相當重視「尊皇室，愛本國，重人倫，養成本國精神目標之達成」，而且視其為日治時期公民教育的重要內涵。同時，統治者也希望透過現代教育培養具備

---

47. 日治時期「少國民教育」意指針對台灣人子弟（含孩童和少年）進行日本殖民教育，以養成認同日本意識和效忠日本天皇的國民。

現代公民潛力的國民。歸結言之，日治時期的教育，尤其是「公民教育」重要目標在於：加強培養「具有效忠日本天皇之國民觀念的人」。日本統治者透過學校初等教育教導台灣人基本常識及「國家」信念，以供其驅策；而社會教育的主要目標亦非旨在啟發民智，而是在進行一種政治教育；學校教育與社會教育均旨在強化亦達成「鍊成皇國民」的目標。

㈡公民特性

在日治時期的「公民」意涵當然異於今日現代公民的特質。日治時期所指的「公民」是指「具有國家觀念的人」以及符合各種良好道德規範之行為者。本文對於「公民特性」一詞之探討，較傾向於檢視「具有國家觀念」特質加以闡述。

三、在研究對象方面

日治時期台灣住民已超過四百萬人，其中包括四種成員，分別為日本人、漢人、原住民（「蕃人」）和外國人。日本人約佔全人口的 5%；漢人幾佔全人口的95%，其中五分之四的人稱作「福佬」，來自廈門及其附近地區的移民後裔，其他五分之一的人是「客家」，由汕頭和廣東地區來的；第三種人口成員即是原住民，分為「熟蕃」和「生蕃」；外國人是第四種成員，其數量少之又少，影響力非常微小。本書將僅針對漢人做為研究對象加以探討。

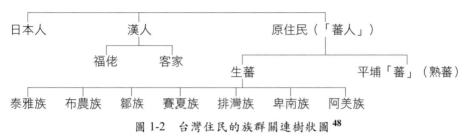

圖 1-2　台灣住民的族群關連樹狀圖 [48]

資料來源：竹越與三郎，《台灣統治志》，東京，東京博文館，1905（明治 38）年，頁
119。

四、在本書內容方面

內容涵蓋學校體系內之初等教育（公學校）、非學校體系之社會活動和
運動，以及民間生活習俗等層面，涉及範圍廣泛。

五、在慣用詞方面之釋義

本書中「台灣人」（Formosan People）此一名稱，主要是指當地的漢人，
台灣四百萬住民中他們佔 95%。為了引用歷史文獻方便起見，當提到原住民
時使用「蕃人」（savage）一詞，蓋因在日本文獻中，稱台灣漢人以外的原
住民為「蕃人」，因此在使用「蕃人」時，都加上括弧。本書將使用「原住
民」一詞敘述，若需要引用日本官方所使用的名稱，則保留原用語「蕃人」。

---

48. 竹越與三郎，《台灣統治志》，東京，東京博文館，1905（明治 38）年，頁 119。

第二章　日治時期殖民與教育政策

台灣公民教育與公民特性

由 1895 年到 1922 年，日本人為住在台日本人子弟，採取與台灣人隔離的小學教育。在日據時代初期，台灣人兒童不懂日語，這種隔離政策還算有正當理由，但二十五年過去後，情況不同了。然而，隔離政策仍基於偏見而繼續存在。第一次世界大戰，使得台灣人發動第一次有組織的要求實施地方自治並廢除經濟、社會和政治上的歧視……[1]

日本在凡爾賽會議中要求國際正式承認種族平等。在東京的台灣留學生，便立即要求日本停止其對殖民地學校的種族歧視。1918 年，日本史上第一次出現了平民首相，而東京當局在台灣也開始稍做讓步，例如經過二十五年的軍人總督之後，第一位文官總督受派任了；而於 1922 年，學校的種族歧視在理論上廢止了。在日本統治下的第一代台灣人開始成熟了，而他們大都懂得兩種語言。[2]

圖 2-1　台灣總督府國語學校「清國人」圖[3]

資料來源：莊永明，《台灣百人傳》(3)，台北，時報文化，2000 年，頁 67。

---

1. 彭明敏，《自由的滋味》，台北，前衛出版社，1989 年，頁 29～30。

2. 同上註。

3. 台灣總督府國語學校時代，大部分同學仍留著辮子，還是「清國人」的打扮。

在清代，台灣的教育是為科舉功名做準備；到了日治時期，台灣總督府建立了近代西式新教育制度，開啟了台灣教育史的新紀元。雖然改變了台灣社會長久以來，藉由教育以追求科舉功名的做法和價值觀，但此一制度主要目的仍在貫徹統治者的殖民政策。因此無論是教育制度、教育內容、教育機會或品質均具有特殊性，對台灣社會變遷的影響值得進一步探討。

第一節 日本教育的現代化

一、日本現代化的歷程

對日本人而言，十九世紀末是個激烈變遷的時期，新思潮的傳播、新法律的公佈、新制度的出現，在顯示日本領導者競相為創造一個現代化國家而努力。其領導階層為了促使日本達到歐美的工業、軍事和殖民成就，所以在1887年提出「我們必須做的是轉化我們的帝國和人民，進而使得帝國能如同歐洲的國家，而我們的人民則如同歐洲的人民。不同的是，我們必須在亞洲之畔建立一個類似歐洲型態的新帝國。」[4]

日本自明治維新以後，對外須對抗歐美列強的殖民地化壓力，對內須力圖國內的安定，因此必須鞏固明治維新政權的財政基礎，進而推行近代資本主義國家的建設。為了達到上述目標，其採取「富國強兵」和「殖產興業」

---

4. E. Patricia Tsurumi，*Japanese Colonial Education in Taiwan, 1895-1945*, Cambridge Mass, U. S.A. and London ，England ；Harvard University Press，1977，p.1。

台灣公民教育與公民特性

的政策,而為了逐步落實兩大政策,推動啟蒙國民和普及教育措施變得日益重要。於是積極地在 1871(明治 4)年設置文部省,翌年頒佈「學制」,開始了近代的學校制度。「學制」的教育理念,表面上是希望獎勵學校教育,使「邑無不學之戶,家無不學之人」,然而實際上是一種功利主義或實學主義的教育觀。亦即,以個人之立身治產興業為目標,然後在此基礎上達成國家和社會的富足強盛。「學制」的理念及措施在當時並不能立刻為日本一般國民所接受,甚至引發了不少的反彈[5]。

由於沒有顧慮到民眾的實際需求,強加推行劃一的教育制度後,各地也因此紛紛發生拒絕上學的風潮。至 1879(明治 12)年始廢除「學制」,公佈「教育令」,針對縮短就學年數和配合各地實際情況以設置學校等措施,作了大幅修正。經修正後所頒佈的教育令因較具有自由主義的色彩,所以被稱為「自由教育令」。

但另一方面,由於全球自由民權運動高漲,日本政府中支持儒學者開始批判施行「學制」以來的教育政策,認為自實施「學制」及「教育令」後,教育的成效只注重文明開化、偏重知識。他們主張國民教育的根本目標不在於知識才藝,應該以道德為優先,而所提及的道德,係指祖宗遺訓之仁義忠孝。這股反彈聲浪促使教育令在公佈翌年(1880 年),即進行改正,加強教育之中央集權統制,並導入了儒教主義所強調的道德規範。政府內部雖也有一批主張近代立憲主義的開明派官僚對此主張加以反對,但在內外緊迫的全球政治情勢中,及朝向鞏固天皇制的中央集權國家之目標下,日本教育逐漸加強儒教主義思想[6]。

---

5. 許佩賢,《塑造殖民地少國民─日據時期台灣公學校教科書之分析》,國立台灣大學歷史研究所碩士論文,1994 年,頁 26。

6. 許佩賢,前引書,頁 27。

二、日本教育現代化的內涵

　　明治時代（1868～1911 年），日本統治者具體指出，教育是獲得西方技術和管理技巧的手段和方法。國民學校不僅是引介新生活方式與工作到日本社會的重要途徑，亦被期待為把人民強烈的地域情節，鑄煉成具備統一且忠貞於國家意識的機構。具忠誠團結意識的日本人民，將忠於統治者和國家目標，這對促進近代國家發展是絕對必要的。因此，日本統治者規劃發展出兩套學程以實踐上述目標，上層包括設立少數的中學和更少數的高等學術機構（包含專門學院和高級技術學校），少數優秀的國民學校畢業生經由中學，或是高等女子學校，進入高等學術機構。而較低等的教育，提供了幾近90%以上的人就學於小學校。如此的教育體制設計，使得日本整體受教育人口結構呈現了啞鈴形狀。

　　明治時期，教育規劃者周詳地發展這種雙軌教育，形成「日本教育的『啞鈴』結構：上層是少數的、高等的、甚至是開放的、受教育的學者、技術人員和官僚；下層的國民則接受文字和經濟實用之學，以及養成政治上的服從性；而兩者之間幾乎沒有其他的教育機構進行銜接。」[7] 雖然一次世界大戰後，高等教育大量擴張，約20%的人接受中學或以上教育，但直到1945年，仍「只有390,000 名學生就讀於高等教育機構……約為學齡人口的5%」[8]。這種在明治時期設計來啟蒙、訓練和教導日本人民的下層教育機構[9]，被拿來

---

7. Ivan P. Hall，*Mori Arinori*, Cambridge: Mass., 1973, p.411。
8. Nagai Michio，*Higher Education in Japan：Its Take-off and Crash*, Tokyo，1971, p.45.
9. E. Patricia Tsurumi, op. cit., p.9.

當作經營台灣的典範[10]。

教育的目的在使個人的人格能得到充分的發展，這也是西方近代教育的本質之一。然而在日本此一中央集權國家，雖仿效西方現代教育作法，其目標和方法卻完全不同。日本現代教育是以國家利益為最基本的前提，國家利益才是一切價值的泉源，個人的發展反而被置於國家目標之下。因此日本自明治維新之後，雖引進西方的教育制度，但是，在本質上與歐美近代教育的精神是大不相同的，尤以初等普通教育階段更是如此。近代日本這種獨特的教育體制發展特性，在「教育敕語」發佈（1890 年）後更加確立。

明治時，文部大臣森有禮大力進行同化政策，主旨是：1. 初等教育強調基本能力的培養，使「日本臣民能為皇室效勞」；2. 高級科技必須加強，大學准許充分自由，進行學術研究，確保學術創新和進步，並注重應用科學，強調批判理念；3. 師資機構單獨設立[11]。明治維新後，日本即積極模仿西方，建立統一的學制，進而於 1886 年確立國家主義教育政策，旨在教育國民維護日本固有的語言、習俗、制度及國體等，以奉戴萬世一系的天皇為最大榮譽和幸福。亦即，培養全日本國民養成忠君愛國思想為其最終目標，以此為目標建立近代日本國民教育制度。

10. Ibid., pp. 9～12 依據 Tsurumi 的說法就是，明治日本的設計者將教育體系分為兩種。在小學教育和士兵教育上，採用以日本國家神話為主軸的世界觀；在最高學府的大學與此並行的高等教育中，則採用以歐洲為典範的教育方針。前者屬於國家宗教的顯教部分，後者則屬於密教部分。其原意是想以密教領導顯教，以達富國強兵的目的，但不幸地，國體教義宣傳日久，乃由欺人進而自欺，本身也慢慢神秘化，到了 1930 年代，顯教部分終於吞噬了密教部分，而走向對外侵略的戰爭。參考鶴見俊輔著，李永熾譯，《日本精神史》，台北，學生書局，1984 年。

11. Nagai, Michio, The Development of Intellectuals in the Meiji and Taisho Period, *Journal of Social and Political Ideas in Japan*, Vol.II,28～32, April, 1964.

44

　　在教育制度呈現「啞鈴」狀之特徵下，一方面造就具備指導政經所需技術和管理能力之社會精英，一方面則透過普及的初等教育，使國民具有基本的識字能力、經濟知能及政治服從性。結果，中日甲午戰爭前，逐步邁向現代化的日本社會，已逐漸產生「進步的日本」、「落後的亞洲」之民族優越意識。

　　日本統治者從推動教育現代化的過程中，深刻體教育是確保民政統治的基礎，因此對台的殖民和教育政策亦大量依賴日本明治時期教育制度的理念和經驗，加以制訂台灣的教育計畫。對明治時期的統治者而言，透過教育制度的現代化促使日本不僅學習到西方科學和管理技巧的方法[12]，亦改變教育體制始能發揮培養具備忠貞和順從性格國民之做法。

第二節　日本治台的政策基礎和法源依據

一、分期方式的概述

　　為了研究日治時期台灣史之需要，許多台灣史著作提出一些分期法。然而，「分期的目的只是為了研究上的方便，分期本身其實談不上任何學術的意義。」[13]因此，為達比較和分析之便，並利於閱讀之理解，筆者亦採分期

---

12. E. Patricia Tsurumi, op. cit., pp. 8～9.

13. 黃秀政，〈台灣武裝抗日運動：研究與史料（1895～1915）〉，《思與言》，卷23，期1，1985年5月，頁56。

台灣公民教育與公民特性

的方式概述日本治台五十年的殖民和教育政策之演變,期對於研究及敘述上
都能得到助益。關於日治時期的分期方式,向來未有一致的標準,此導因於
研究目的和範圍的不同,分期方法也就有所差別。如在研究「抗日運動史」
方面,大抵可分為「武裝抗日時期」與「非武裝抗日時期」[14];在研究日本
殖民統治方面,則可分為「綏撫政策」、「同化政策」與「皇民化政策」三
個時期[15]。

又如 1927(昭和 2)年,吉野秀公的《台灣教育史》,乃根據學制的變
遷,將日治以降台灣的教育細分為五期,亦即是 1895~1898 年為第一期,稱
為台灣教育之發端;1898~1906 年為第二期,稱為台灣教育基礎時代之一;
1907~1918 年為第三期,稱為基礎時代之二;1919~1921 年為第四期,稱為
台灣人教育確立時代;1922 年起為第五期,稱為台灣教育確立時代。而 1939
(昭和 14)年,台灣教育會編《台灣教育沿革誌》,則以 1919(大正 8)年
台灣教育令的頒佈為界限,劃分為前後兩期,前期稱為台灣教育之試驗時
代,後期稱為台灣教育之確立時代。另外,1943(昭和 18)年,佐藤源治的
《台灣教育の進展》,雖然沿用台灣教育會沿革誌之分期,惟又另闢〈向興
亞教育躍進〉(興亞教育の躍進)一章,專論 1937(昭和 12)年以降「戰時
體制」下之皇民化教育。

大體而言,本書採佐藤源治(1943 年)和國內學者吳文星(1979 年)之
劃分法,即根據施政方針之演變而導致教育政策及制度之更迭,作為分期標

14. 林柏維,《台灣的民族抗日運動團體—台灣文化協會之研究(1921~1927)》,中國
    文化大學歷史研究所碩士論文,1984 年,頁 7~9。
15. 何義麟,《皇民化政策之研究—日據時代末期日本對台灣的教育與教化運動》,中國
    文化大學日本研究所碩士論文,1986 年,頁 11。

準。其中尤以 1919（大正 8）年「台灣教育令」的頒佈，以及 1937（昭和 12）年因「中日戰爭」的全面發動採行皇民化教育，為重要教育政策的分水嶺。因此略分為三期，分別為 1895～1919 年綏撫時期的同化政策—採無方針及漸進主義；1919～1937 年文治時期的同化政策—採內地延長主義；1937～1945 年戰時體制下的同化政策—採軍國民主義及皇民化運動。

二、日本殖民統治台灣的政策基礎

　　日本自 1895（明治 28）年治台，同年也是日本推動明治維新的第 28 年。明治維新帶來了日本日漸強大的國勢。甲午戰後（1894 年），日本更邁入所謂「向外發展膨脹期」。根據馬關條約，日本獲自滿清政府的兩萬萬賠款，相當於當時日本國家財政四年歲入的總合。依賴這筆巨額賠款，甲午戰後第三年（1897），日本便確立金本位的貨幣制度。在馬關條約中，日本取得了中國大冶鐵礦的經營權，利用由中國輸入的鐵砂，日本於 1901（明治 34）年建立了遠東最大煉鋼廠—八幡製鐵場。總之，甲午戰後，日本因獲得賠款、擴充新領土（台灣），以及戰後巨額的增稅，促成了日本近代資本主義的發展、工商業的進步，也更加催化了日本企圖對外擴張的帝國主義行徑[16]。

　　台灣為日本首次獲得之殖民地，然而當日本接收台灣時，卻受到了在台官民組成台灣民主國激烈反抗。不願接受日本統治的台灣住民，在 1895 年 5 月 25 日宣布成立「台灣民主國」，五萬人台灣防衛軍自 5 月 29 日起至 10 月為止，在台灣各地武裝抵抗日軍，期間被日軍殺害者不下一萬四千人，犧牲

---

16. 李筱峰、劉峰松著，《台灣歷史閱覽》，台北，自立晚報文化出版，1994 年，頁 122～123。

台灣公民教育與公民特性

圖2-2　台灣民主國國旗圖 [17]

圖2-3　台灣民主國國璽圖 [18]

圖2-2和圖2-3資料來源：許極燉，《台灣近代發展史》，台北，前衛出版社，1996年，頁10。

慘重 [19]。當日軍完成軍事接收後，各地義民依然不斷展開游擊戰 [20]。

　　日本治台初期，各地此起彼落的武裝抗日行動還在持續著，因此日本總督當局除了以武力鎮壓抗日游擊隊以外，還一方面部署其統治機構，建立開發基礎 [21]。由於台灣人反抗激烈，故第三任總督乃木希典特別訓令須尊重台灣人的生活習慣：「其如辮髮、纏足、衣帽之與否，聽任土人之自由」 [22]。

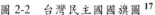

17. 許極燉，《台灣近代發展史》，台北，前衛出版社，1996年，頁10。
18. 同上註。
19. 張國興，〈日本殖民統治時代台灣社會的變化〉，《台灣史論文精選》，1996年，頁55。
20. 抗日義軍北部有陳秋菊、林大北、簡大獅，中部有簡義、柯鐵，南部有黃國鎮、林少貓等。
21. 李筱峰、劉峰松著，前引書，頁122～123。
22. 竹越與三郎，《台灣統治志》，東京，東京博文館，1905（明治38）年9月，頁259。

建立台灣統治基礎的兒玉／後藤政治，特別避免急進，從事舊慣調查，欲在舊慣調查的基礎上實行適應於台灣特殊環境的政策，這就是後藤自稱的在生物學基礎上，決定其政治的方針，建立行政的計畫[23]。其施政方針除了設法「安撫」台灣居民，對台灣人原有之風俗、宗教和習慣，採取放任態度。所以治台前期（1895～1918年），日本對台一切措施寬猛並施，以台灣殖民地基礎的樹立為要[24]。

　　也就是說，其統治政策的根本，是在認識台灣社會的特異性後，進而加以承認。但是，日本統治台灣主要目的是在達成「拉開台灣與中國關係而與日本結合」[25]，並使台灣人徹底同化為日本人。因此，其殖民政策可說是建基在懷柔及綏撫政策，採漸進式做法逐步淡化台灣人反異族的意識，然後再以內地延長主義為核心，逐步續行內台一體政策，期能達成同化台灣人之目的。當然，邁入戰時體制的教育更是無所不能、無所不在地推行皇民化運動，期能為日本天皇培養出效忠天皇，驍勇善戰的軍隊。

　　上述的說法從幾位日本統治者的言論中，即可窺出一二：如後藤新平曾說：「以國語同化性質相異之人民雖頗為困難，但將來如欲對台灣施行同化，使之成為我皇之民，浴我皇恩澤，此事任何人皆應無異議」[26]。1985（明治28）年2月，內閣直屬的台灣事務局確立統治方針為：「將它（台灣）視為不同於內地之殖民地」，將來要達到「與內地毫無區別」的殖民統治成

---

23. 何義麟，前引書，頁15～16。
24. 李筱峰、劉峰松著，前引書，頁122～123。
25. 矢內原忠雄著，周憲文譯，《日本帝國主義下之台灣》，台北，帕米爾書店，1985年，頁169。
26. 白井朝吉、江間長吉著，《皇民化運動》，台北，東台灣新報社台北支局，1939年，頁11。

49

台灣公民教育與公民特性

效[27]。

　　首任台灣總督府學務部長伊澤修二認為：「除以威力征服其外形外，還必須征服其精神，俾袪除其懷念故國之思，發揮新國民精神」[28]。伊澤在台確立以推廣日語為重點的國家主義教育方針[29]。然而，當時日本也瞭解到台灣與中國大陸過於接近，對中國大陸歸屬意識太強，同化政策的推動將極為困難。因此，日本治台初期雖已確立「同化主義」的統治方針，但基於考量當時的實際狀況並未積極推行，僅採消極應對方式。

　　如上述，日本治台之初雖抱著「同化主義」的理想，但因初期統治基礎尚未確立，中國與台灣又具有密切的關係，因此，除嚴禁台灣人與中國大陸往來外，只能採取綏撫政策的權宜措施。直到第一次世界大戰結束，民族自決思潮興起，世界各殖民地情勢改變，為緩和台灣人民族運動，才確立「同化主義」的殖民政策，採文治政策，更積極地推行以普及「國語」（日語）為主的教育政策，逐步推展同化台灣的措施。這些措施原本採取緩慢漸進的方式，但當日本對外發動侵略戰爭後（1937年），卻改採積極強迫性的同化政策，以期達成使台灣人「皇民化」之目的[30]。

　　日本佔有台灣以後，在用人統馭上，以任用軍人為土皇帝來統治台灣，如首任總督樺山資紀上任後的1895（明治28）年5月至1919（大正8）年10月期間，共任命七個武官總督，以軍事統治台灣。其中以兒玉源太郎任內（1898年2月～1906年4月）起用後藤新平擔任民政長官，對殖民發展最具

27. 秘書類纂，《台灣資料》，秘書類纂刊行會，1936年，頁302。
28. 「國家教育」第三十三號，國家教育社，1985年1月18日，轉引自「台灣省通志搞整修辦法」，土沼八郎一文，頁134。
29. 國府種武，《台灣における國語教育の展開》，台北第一教育社，1941年，頁73。
30. 何義麟，前引書，頁16～17。

貢獻。第一次世界大戰結束後，「民族自決」之聲震撼全球，日本國內也出現「大正民主浪潮」。1919（大正 8）年 10 月至 1936（昭和 11）年 8 月，台灣總督從軍人改由文人擔任，台灣社會在此期間步入近代化路程。直至 1936 年 9 月至 1945（昭和 20）年 8 月，台灣又恢復由軍人總督統治[31]。

　　1894～1895 年的甲午戰爭後，台灣割讓給日本，日本領導階層始警覺到做為第一個非歐洲國家，而欲擠身於十九世紀殖民強權地位所將面臨的困難與挑戰。基於與歐洲強權國家一較殖民成效的心態，使得日本領導階層高度

圖 2-4 日本領台後的首任台灣總督樺山資紀圖[32]　圖 2-5 日本宣告「接收」台澎的諭示文圖[33]

圖 2-4 和圖 2-5 資料來源：許極燉，《台灣近代發展史》，台北，前衛出版社，1996 年，頁 12。

---

31. 張國興，前引書，頁 56。

32. 許極燉，前引書，頁 12。

33. 同上註，頁 12。

關切台灣的殖民統治。然而日治初期的殖民政策其實是不確定的，如重要統治者後藤新平（1857～1920 年），就曾經回憶道：

> 值得我們注意的是，關於台灣的改造，日本是處於毫無治理該島之準備的狀態下必須面對，而其他國家面對類似的事件，則於事前詳細規劃以面對佔領新領土的種種狀況。在此情況下，有充足的理由讓人質疑日本能否勝任作為本島的統治者。對於經驗過統治新領土，以及了解管理新領土將遭遇困難的人都傾向做如下的預言，日本可能像古代的斯巴達，雖然在戰爭中獲勝，但必定是和平統治者的失敗者。[34]

三、日本殖民統治台灣的法源依據

如上述，雖然統治台灣前日本毫無殖民經驗，然而對於台灣的統治，日本人卻努力地摸索著殖民統治的方針和政策。在佔有台灣後，日本政府向帝國議會提出「有關施行於台灣之法令」一案，目的在使台灣總督取得特殊立法權。因此，日本治台的翌年，1896（明治29）年3月30日便以台灣治安不靖、交通不便、風土人情迥異於日本為理由，發布了法律第六十三號（簡稱「六三法」），係以此法的法源依據頒佈「有關施行於台灣之法律」。國會以三年為期限而予以通過，並規定自同年4月1日起施行。「六三法」共六條，第一條規定：「台灣總督得於管轄區域內，公佈具有法律效力之命令」，

---

34. E. Patricia Tsurumi，op. cit., pp.1～2。

第三條更規定臨時緊急時，台灣總督得逕行發佈第一條之命令[35]。

　　總之，「法律第六十三號」，採委任立法制度，授權台灣總督准其「不經敕准，公佈命令律令，以代替法律。」從此以「六三法」作為台灣立法制度之基礎，進而建立了台灣總督總攬行政、立法、司法及軍事大權的殖民統治體制[36]。有了此一法源依據，台灣人要和日本軍人鬥法，其困難可想而知。

　　當「六三法」期限快到時，日本帝國政府又尋找藉口主張延期。結果，該法的有效期限由1896（明治29）年3月延到日俄戰爭後的1906（明治39）年12月31日為止，長達12年之久。由於台灣本島內外人士的反對，加上台灣的治安已有改善，日本帝國政府於 1906（明治 39）年以第三十一號法律（簡稱「三一法」）取代「六三法」。「三一法」稍微削減總督的立法權，其中第一條規定：「台灣必要之法律事項，台灣總督得以命令規定之」，但緊急時的先斬後奏權仍然存在。該法的立法期限為五年，然而帝國議會仍照樣再三予以延期，結果，該法自1907（明治40）年持續到1921（大正10）年，共達15年之久[37]。

　　1919（大正8）年日本決心「同化」台灣人，並於1921（大正10）年，以法律第三號（簡稱「法三號」）取代「三一法」，此項「法三號」自1922（大正11）年實施到日本戰敗為止。「法三號」原則上使日本本土的法律適用於台灣本島，但台灣總督仍擁有律令制定權[38]。

---

35. 張國興，前引書，頁57。
36. 吳文星，《日據時期台灣領導社會階層之研究》，國立台灣師範大學歷史研究所博士論文，1986年，頁1。
37. 張國興，前引書，頁57～58。
38. 同上註。

日治時期

台灣公民教育與公民特性

　　終日本殖民統治台灣五十年，「六三法」成為日本統治台灣的根本法源。「六三法」雖然後來在1906（明治39）年另以「法律第三一號」（簡稱「三一法」）取代，再變成1992年實施的「法三號」，但基本上仍與「六三法」相同，皆屬行政立法，其中沒有一點台灣民意的成分，殖民統治的本質亦毫無改變[39]。也就是說，台灣雖然有「法」，但台灣人從未自行制定過法律，未曾當過掌控主權的國家主人。

　　如是以「六三法」為基礎的殖民統治體制，至1920（大正9）年大抵均維持不變，結果使得台灣成為日本明治憲法體制中的政治異域。其中，委任立法制度使台灣被摒除於日本國內諸法令的法域之外，影響層面尚牽涉到日本帝國議會的職權亦受到限制，而台灣人的權利和義務均掌握在台灣總督手中。另外，武官總督制度更強化了台灣政治上的異域性[40]。

　　武官總督對台肆行軍事高壓的「獨裁統治」制度，直至1919（大正8）年，原敬內閣進行改革殖民地官制，才取消以武官出任總督的規定，並解除總督的軍事權，進入所謂的「文化統治」時期。接著，再提出「漸進的內地延長主義」，作為殖民統治的基本政策。自文官總督田健治郎以降，便以內地延長主義政策，逐步強化同化主義的統治方針，標榜日台融合、一視同仁。1937（昭和12）年，日本製造「盧溝橋事變」後，為使台灣人亦能具有日本國民愛國心及為天皇犧牲的精神，總督府進而推動「皇民化運動」，企圖使台灣人能徹底被同化成為日本的「皇國民」。

　　儘管皇民化運動在日治末期如火如荼地推行，但這並不意味著總督專制的殖民統治本質有所改變。正如矢內原忠雄指出的：「總督的權限雖較過去

54

---

39. 李筱峰、劉峰松著，前引書，頁122～123。
40. 黃昭堂，《台灣總督府》，東京，教育社，1981年，頁225～226。

削減若干，但這主要是從日本中央政府與台灣總督的關係分析言之，至於就台灣內部關係而言，則依然實施總督專制政治」。若與前期（1919 年以前）相較，總督的任用資格雖然取消以武官專任總督的規定，但並非改為純文官總督制，而是所謂「文、武總督並用制」。故 1919（大正 8）年修訂的「台灣總督府官制」仍規定，若總督為陸軍武官時，得兼任台灣軍司令官，此顯示並未完全排除武官任總督的可能性 [41]。

　　1936（昭和 11）年 9 月，日本果然因應戰時體制的需求，再度以武官出任台灣總督。亦即實質上，台灣總督與朝鮮總督仍掌握有相當的權力，使得台灣和朝鮮在日治時期始終是日本的政治異域，日本殖民地儼然是「帝國中的帝國」（Empires within an Empire）[42]。

　　檢視日本五十年治台的殖民統治基礎，在總督專制體制下，地方行政機關也深具官治主義和從屬性色彩。行政官員完全是承奉上級機關的指揮監督，以執行法律命令和管理行政事務；各級地方行政機關並無所謂自治權和自主權可言。1920（大正 9）年，雖有所謂「地方自治」的實施，惟自主權和自治立法權均極其有限，官制主義色彩仍頗為濃厚。

　　同時，值得注意的是，為了壓制反抗，以及加強對台灣人的控制，地方行政係以警察為中心。總督府以充足的警力在全島建立嚴密的警網，授權警察監督保甲事務、鴉片行政、戶籍事務、犯罪即決、笞刑處分、管理蕃人蕃務等；甚至連徵稅、水利和土木工程、獎勵工程、教育及救恤等，均見警察

41. 吳文星，《日據時期台灣師範教育之研究》，國立台灣師範大學歷史研究所碩士論文，1979 年。

42. Chen I-te, *Japanese Colonialism in Korea and Formosa : A Comparison of its Effects upon the Development of Nationalism* (Ph. D., Dissertation, University of Pennsylvania, 1968), p.76.

介入，造成若不藉警察之力，則任何事情均行不通的現象。

　　日本治台五十年期間，警察始終以令人畏懼的權威方式加以干預處理和嚴密掌控台灣人的日常生活。由下列耆老口述當時生活概況可得到應證：

> 　　師資方面，正式的老師很少（在蕃人教育實施方面，師資多由警察管理、包辦），教學方法是填鴨式的。就這樣教、教、教，也沒有作業，不會的就用粗木頭打，痛得要命，或者是罰跪舉手。訓導方面，由學校主管全面管理，相當有權威。要是學生違規，馬上就會受到嚴厲的懲罰。[43]

> 　　老師全著警察服裝。教學方法就是打得很凶，一點小錯就會被打手心，不守法不認真就會被打。[44]

> 　　日治時期的社會方面，警察經常到村落去巡邏，有問題就帶回派出所處理，因此村民就沒有打架、偷東西的事情發生，工作勤奮不偷懶，也很少喝酒，大家都很守法。[45]

　　此一殖民統治體制與中國傳統地方政治結構形成鮮明的對比，公權力的控制和影響力直接深入社會的基層。而對教育的影響更為廣泛和深遠。日治時期，教育一直是日本治台的最佳工具和手段，也是貫徹其同化政策的主要管道。以下將以分期方式針對各時期的歷史背景、殖民政策和教育政策簡述之。

---

43. 許阿福先生發言，宜蘭縣立文化中心編，《宜蘭耆老談日治下的軍事與教育》，1996年，頁227。

44. 同上註，李慶台先生發言，頁229。

45. 同上註，許阿福先生發言，頁232。

第三節　綏撫時期—無方針及漸進主義（1895～1919 年）

　　1895（明治 28）年中日馬關條約簽訂，台灣被割讓給日本，邁入長達半世紀的殖民統治時期。此期間為了貫徹殖民政策，台灣總督府的教育施政在形式或內容上均有其特殊性。一般而言，日治時期為因應殖民政策的演變，教育政策和措施亦隨之做修正調整，所以筆者在簡述不同階段的歷史背景（較偏向政治、社會情勢）和殖民政策後，再就教育政策加以簡述。

一、政治和社會情勢

　　1895～1919 年，日本國內及國際間所發生的驟變情況如下：日本治台的第一年（1895 年）也是日本推動明治維新的第廿八年。除了明治維新帶來了日本逐漸強大的國勢外，甲午戰後，又新增台灣此一新領土，再加上獲自滿清政府的兩萬萬賠款（相當於當時日本國家財政四年歲入的總合賠款），促成了日本近代資本主義的發展、工商業的進步，也更加催化了日本企圖對外擴張的帝國主義行徑，使得日本邁入所謂的「向外發展膨脹期」。

　　1904（明治 37）年 2 月，日本因滿洲與朝鮮權益問題，對俄宣戰。日俄戰爭之後，日本獲得了來自於朝鮮與滿洲政府的許多利益。1906（明治 39）年底，「南滿鐵道會社」成立；翌年（1907 年），日本迫韓國簽下「七條約」，進一步控制了韓國，至 1910（明治 43）年正式併吞韓國；1914（大正

3）年 7 月，第一次世界大戰爆發。翌月，日本對德國宣戰，旋即派兵控制中國山東半島鐵路全線，佔領青島，並佔領赤道以北的德領南洋諸島；1915（大正4）年，日本向中國袁世凱政府提出二十一條要求，覬覦中國的野心，表露無遺；1918（大正 7）年，日本出兵西伯利亞，同年，第一次世界大戰結束。至此，日本國勢頂盛，幾達巔峰。

治台初期，台灣各地此起彼落的武裝抗日行動仍持續著。對於台灣各地發生的抗日事件，總督府視之為「匪徒騷擾」行為，於是動用軍隊和警察做武力鎮壓。先是 1895（明治 28）年樺山資紀施行軍政；繼之 1897（明治 30）年，乃木希典採用「三段警備法」；1898（明治 31）年，兒玉源太郎頒佈「匪徒刑罰令」，制定「保甲條例」，充實警察力量，鎮壓與誘降雙管齊下。因此在 1902（明治 35）年時，早期的武裝抗日行動全遭滅絕，台灣人私有武器悉被沒收，從此，日本的統治地位乃漸強化。

總而言之，此時期日本總督當局除了以武力鎮壓抗日游擊隊外，一方面並部署其統治機構、建立開發基礎、設法「安撫」居民，並對台灣人原有之風俗、宗教和生活習慣，採取放任的態度。所以治台前期（1895 年至 1919 年），日本採取寬猛並施為統治策略，並以台灣殖民地基礎的樹立為其首要任務[46]。

二、殖民政策

1895 年至 1919 年間是日本人在台樹立政權基礎的時代。由於缺乏政治殖民地的經驗，且尚未充分了解台灣的歷史背景和現況，加之 1920（大正

---

46. 吳文星，前引書，頁8。

9）年以前，各地武裝抗日活動前仆後繼，因此，在治台前二十數年期間，日本統治者在千頭萬緒中摸索著治台方針，前幾任總督[47]以寬猛並濟的方式展開治台工作。

　　相對於日本內地逐漸強盛的背景，對於 1895 年根據馬關條約新取得的台灣、澎湖殖民地之治理，日本則處於「做中學」的統治狀態。故於統治初期採「懷柔主義」、「無方針主義」及「漸進主義」的統治政策。但是這並不代表日本治台政策如同英國對待其殖民地般給予充分的自主權。實際上，日本人假藉台灣之歷史背景、語言、風俗習慣和社會狀態等均迥異於日本為說詞，乃仿照列強統治殖民地之方法，在台灣實施民族差別之殖民統治制度。所以在 1896（明治 29）年，台灣總督府民政長官水野遵向日本帝國議會提出頒佈「六三法」以為治台之法源依據時，明白指稱：[48]

　　　　台灣歸帝國版圖為時不久，尚屬草創時期，而且動輒有匪徒
　　蜂起之虞。台灣距首都東京遙遠，交通亦不方便。加以島民之人
　　情、風俗習慣迥異於日本，若施行與日本國內一致之法令，統治
　　上不得其宜。故必須順應時地，頒佈適宜之法制。

　　如上所述，治台之前日本不僅缺乏經營殖民地之經驗，亦無心理準備，直至 1918（大正 7）年，明石元二郎任總督時才發佈了明確而一貫的統治方針。也就是說，日本的施政方針是受到客觀環境、本國利益和時代殖民思潮

47. 1895～1919 年間，歷任台灣總督依序為：樺山資紀、桂太郎、乃木希典、兒玉源太郎、佐久間左馬太、安東貞美、明石元二郎，其任期詳見附錄資料。
48. 東鄉實、左藤四郎共著，《台灣殖民發展史》，台北，晃文館，1916（大正 5）年，頁 67。

等因素之影響漸成型並隨之轉變。

其殖民統治的法令基礎建基於 1896（明治 29）年所頒佈的「六三法」。旨在確立總督在行政、司法和軍事上的專權地位，並建立嚴密的地方行政組織，如強化警察力量、頒佈「匪徒刑罰令」、「保甲條例」，以鎮壓抗日勢力。同時採取懷柔手段，對台灣舊習慣、戶籍、土地、林野等進行一連串調查工作，並建立公共衛生制度、交通運輸、金融機關和專賣制度。表面上是尊重台灣的傳統、價值觀和風俗，事實上，乃為其治台政權奠定基礎。

上述的鎮壓或懷柔手段，均以 1898（明治 31）年屢任的總督兒玉源太郎及其民政長官後藤新平的措施為主，在兩人的合作下，建立了一個漸進和不極端同化的施政模式。

在後藤新平的推動下，總督兒玉源太郎任內，已完成土地、林野、戶口的調查，以及度量衡、貨幣的統一。此外，對於郵政、電信、航運、港灣、鐵路、道路等，也加緊進行擴充。在產業方面，特將製糖提升為近代化的工業生產（1900～1910 年間，台灣製糖、新興製糖、鹽水港製糖、明治製糖、大日本製糖及帝國製糖等株式會社相繼成立），並且振興水力發電事業（1905年建設了第一座發電所）……再者，台灣的財政，到了 1904（明治 37）年以後，也開始自力更生。總之，在後藤新平的時代（任期自 1898 年 3 月～1906 年 11 月）奠定了日本在台灣殖民統治的基礎[49]。

後藤為了有效地統治台灣，1901（明治 34）年設立「臨時台灣舊慣調查會」，請京都帝國大學的教授來台負責調查工作。另外，發行台灣事業公債，以 2,880 萬日圓公債做為建設台灣縱貫鐵路的基金，1899（明治 32）年動工興建，1908（明治 41）年 4 月縱貫線正式接通；後藤對道路的拓寬及路

---

49. 李筱峰、劉峰松合著，前引書，頁 122～123。

線的延長也大力推動，至 1906（明治 39）年時
路面寬度在 1.82 米以上的道路比 1899（明治
32）年時多了三倍，總長 6,388 公里；其中路
寬 7.27 米以上的道路也增加一倍。鐵道及公路
的建設，對台灣經濟和社會的近代化有莫大的
影響。振興製糖業、建設北部發電所（1905
年）等等建設，為的都是要增加稅收；而測量
全島土地，也使得地租收入大為增加[50]。

　　而兒玉、後藤時期頒佈的「匪徒刑罰令」
（1898 年），則相當於戰後國民政府治台所頒
的「懲治叛亂條例」。自 1898（明治 31）年至
1902（明治 35）年 5 年間，被總督府所殺害的
「匪徒」共 11,950 人。1905（明治 38）年台灣
實施「第一回臨時戶口調查」，可以說是一項
保安措施。而同年，台灣財政已能獨立，1907（明治 40）年起通過關稅及砂
糖消費稅，日本統治者便以台灣財政來豢養日本國內的支出[52]。

　　台灣財政上的大進展，是總督兒玉源太郎與同享盛名的民政長官後藤新
平同心協力的結果。他們在台灣本島上施行的政策為：首先確認稅率，進而
建立徵稅制度；接著他們鼓勵製糖業的開發，製糖業因此大大地發達；此

圖 2-6　後藤新平圖[51]

資料來源：許極燉，《台灣近
代發展史》，台北，前衛出版
社，1996 年，頁 13。

61

---

50. 張國興，前引書，頁 57。
51. 後藤新平為開啟台灣現代化建設的總督府民政長官，其任期從 1898（明治 31）年 3 月
　　至 1906（明治 39）年 11 月。
52. 張國興，前引書，頁 57。

時期

台灣公民教育與公民特性

外，他們完成了鐵道，鐵道在島上縱貫南北，除了解決運輸上的問題，同時促使工業在各方面大大地開展。再者，他們制定一專賣制度，由中央專賣局經營；又注意到台灣衛生情況極需改進，立即在此方面從事許多改善工作[53]。

　　基於上述背景，此一時期日本的統治方針遂有「無方針主義」之主張，所謂「無方針」，其本質乃是順應現實需要而制定隨機應變之政策言之。至於統治基礎，先有 1895（明治 28）年樺山資紀總督受遣來台，在設置台灣總督府後即開始主持統治台灣的各種業務，並提出「恩威並行」的統治政策。亦即，對於台灣居民，反抗者予以武力鎮壓，歸順者則給予安撫扶育[54]。

　　繼之於 1898（明治 31）年上任的後藤新平民政長官提出無方針主義原則，對台灣人不施以極端的同化主義或破壞主義，而是採尊重台灣人的風俗習慣和社會組織為最高指導方針，以籠絡人心，消弭反抗。此種漸進政策被認為是日本人統治台灣收效原因之一[55]。

　　後藤採漸進主義治台是最明智的政策。後藤可能在少年時代深受社會達爾文主義的影響，他曾謹慎地表示：作為一個受過科學訓練的醫生，他只是在實行所謂的生物政治學[56]。亦即，他的殖民統治哲學，是以達爾文及其他19世紀偉大科學家的進化論做為基礎。根據後藤的說法，人類社會和大自然一樣，必須經過長時間的緩慢進化，因而意欲採取急速改變台灣人生活及社會的措施是不智的，因為這種作為將違反了自然及文化的運作[57]。

---

53. 林茂生著，林詠梅譯，《日本統治下台灣的學校教育—其發展及有關文化之歷史分析與探討》，台北，新自然主義，1994 年，頁 109～110。
54. 台灣總督府，《詔勒、令旨、諭告、訓達類纂》（1985-1940 年），1941 年，頁 1。
55. 吳文星，前引書，頁 9。
56. 鶴見祐輔，前引書，卷二，頁 38。
57. E. Patricia Tsurumi 著，林正芳譯，《日治時期台灣教育史》，宜蘭，財團法人仰山文教基金會，1999 年，頁 67。

　　而 1905（明治 38）年日俄戰爭後日本的國際地位更加提昇。又在日本統治者以「六三法」和「匪徒刑罰令」等法令的牽制下，台灣人反日力量漸弱，為了求生存，只能屈服於日本的強權統治，忍受著差別的待遇。於是在 1906（明治 39）年，日本政府以「三一法」又訂立了新的「在台灣必須施行的法令之相關法律」，藉此做為統治台灣的法源依據[58]。「三一法」的內文規定，台灣總督依然有律令制定權和緊急命令權，總督的命令僅在日本國法律及天皇的敕令之下而已。「三一法」依然是苛刻的、差別的法律[59]。

　　總結言之，因為缺乏經營殖民地的經驗，加上台灣人抗日的緊張情勢，日本治台初期的統治政策是以總督兒玉源太郎的「漸進主義」和民政長官後藤新平的「無方針主義」為原則[60]。在兩人的合作下，建立一漸進和不極端同化的施政模式。日本統治者順應現實需要、適度尊重台灣人的社會習俗，並運用舊有的保甲制度，以籠絡人心，維持安定。而此一寬猛並濟的鎮壓和懷柔治台手段的確顯現其功效，並奠定日本殖民統治的基礎。

三、教育政策

　　雖然新統治者以戰勝者身份來到台灣本島，但是，日本統治者同時也負起了教育者的責任。從事實可證明，日本統治者願意負起教育責任的意識是很清楚的，如當第一任總督（樺山資紀）啟程前來台灣之前，便選了一位當時在日本很傑出的教育家—伊澤修二，派他擔任新成立的學務部長的重要職

63

58. 黃昭堂，前引書，頁 225～226。
59. 蔡禎雄，《日本統治下台灣における初等學校教科體の歷史的考察》，筑波大學博士論文，1991 年，頁 163～164。
60. 吉野秀公，《台灣教育史》，台北，台灣日日新報社，1927（昭和 2）年，頁 120。

位。這開啟了台灣具有現代意義之學校教育的開端[61]。

　　教育為貫徹統治方針重要的手段之一，因此教育政策的基本原則必須與統治方針相配合，自不待言。1895～1919年期間，台灣的教育亦呈現隨機應變及漸進主義之特質，由是被稱為台灣教育之試驗時期[62]。治台之初，日本對殖民地教育可謂經驗與知識兩相缺乏，唯其抱負則不小。1897（明治30）年，國語學校（按：「國語」即日語之意，此處因係機關名稱，故襲用原名，下同）的開學典禮中，校長町田則文演說詞中即曾表示：「二千五百年來，我國對外國人施予日本式教育，以本島為嚆矢，……成功與否，乃為世界教育家所注視。」[63]

　　1898（明治31）年，兒玉總督在地方長官會議訓詞中，亦表示台灣教育宜採漸進主義政策，略謂：

> 　　教育雖一日不可怠忽，為漫然注入新文明，養成追逐權利義務之風氣，則新附民難免有陷於不測之虞，因此教育方針必須十分考究。……將來與其徒然偏向積極方針而誤了潮流，不如確實地採取漸進主義，方為卓見[64]。

　　1900（明治33）年3月15日台灣總督兒玉源太郎，邀集台灣各地文士於台北答其「策問」，這一會稱為「揚文會」[65]。在「揚文會」席上，民政長

61. 林茂生著，林詠梅譯，前引書，頁105。

62. 吳文星，前引書，頁3。

63. 同上註。

64. 同上註，頁12。

65. 林品桐，〈日據初期之「國語」（日語）教育政策及措施〉，取自《台灣文獻》第50卷，第2期，1999年6月，頁124。

官後藤新平也上台做了一場冗長的演講，大談日本人據台以後的學政，以及
預期的目標。後藤新平是輔佐兒玉源太郎奠定統治台灣的功臣，也是歷任台
灣總督幕僚長中最「能幹」和「傑出」的一人，他的演講大要如下[66]：

> ……自本島歸以我大日本帝國之版圖以來，各位與我們都是帝
> 國的臣民，於誼時有兄弟之關係。而今上天皇陛下一視同仁，是
> 斯新附之民，與我們一樣，猶如赤子，甘於愛育本島人民之道，
> 夙夜軫念，優渥聖旨，我們常不禁為之感激。……我們如果要上溯
> 我國教育的淵源必須首先知道其歷史。本來，我們的教育是跟我
> 們的國土始終一貫，沒有分離的，……
>
> 回顧帝國治台以來，雖然只經過五星霜，兵馬倥傯之際，教
> 育設施雖然尚未能顯著，不過我們早鑑及島民化育之緊要，並以
> 此為先，正在進行國語的傳習，以途既啟，語言倘若相通，那麼
> 自然就會得到師弟授受之便，也可以逐漸教授以日常有用之學科，
> 子弟教育一進步起來，教育的程度也可以提高，而一方面既可以
> 施以德報，另一方面也可以授之以實學，庶幾將來得成為有用的
> 人才。現在的國語學校、師範學校、公學校等都是培養人才之所，
> 其中尤其是公學校是國民普教育的基礎，故特加扶植，以便他日
> 於全台各街庄普遍設立，俾學者得到方便，以冀消滅不學之民。……
>
> 我國自明治維新以來，早就建立普通教育制度，因此子弟的
> 教育日益進步，殆與歐美並駕齊驅，不過本島的書房教育方法，
> 顯然不合時宜，也非養成國民、造就有用之才之途徑，所以早晚

---

66. 同上註，頁 124～125。

必須加以改良，逐漸作為興起公學校的階梯。……

　　教育就是左右這思潮的原動力，當然是不能沒有一定的原則。由此，斯學也始能進步，凡百事物也才可以變通運用，幸而我國民教育有最寶貴原理原則，如明治 23 年 10 月 30 日頒下的教育敕語就是屬此，這實在也是我國萬代不易之原則，為臣民者都應經常遵奉這聖旨，對教育努力傾心不懈怠才是。……[67]

　　以上所說的只是我國教育的大要。概括言之，教育與國家是不可分離的……各位是本島的先覺者，足為後進子弟的模範，所以冀望各位歸鄉之後應讚襄此趣旨，益奏揚文之實務，以副總督閣下之優待美意。[68]

　　我們從後藤新平這場冗長的演講，可以窺見日本統治者趾高氣昂地誇示他們的「國力」，又可從這一篇演講稿看出當時政策的大概 [69]。

　　日本統治者表面上雖然宣稱對台灣的教育體系及政策並無一定方針，然而事實上，則採漸進主義政策以推行教育。治台初期有些教育措施是明確且積極的，如日本在 1895（明治 28）年治台灣之初，因為急需通譯人才，設置了一些臨時性的教育措施，以語言訓練為主要目的。自 1896（明治 29）年起先後在全島設立「國語傳習所」及「國語學校」，開始較正規的近代式教育。「國語學校」以培育初等教育的師資為目的，即後來的師範學校；「國語傳習所」在 1898 年擴大發展為「公學校」，成為教育台灣人子弟的初等教

67.轉引自林品桐，前引書，頁 124～125。

68.同上註，頁 124～125。

69.林品桐，前引書，頁 125。

育機關；而日本人子弟就讀的初等教育機關，則仿其本國作法，稱為「小學校」[70]。

　　歸結來說，國語學校是為培訓教員而設立，而國語傳習所則是為將來設立一般公學校的基礎而計畫的，其設立目的在於傳授學生（台灣人）國語，並給予日常生活的基本教育，同時培養台灣人具備母國（日本）的精神[71]。

　　在日治初期，教育政策如何推進亦引發才是爭議。以下是在1898（明治31）年2月26日，兒玉總督向地方長官會議上演講中的一段話：[72]

　　　　教育是一日也不能忽略，然而，浮漫地注入文明的潮流，致使權利與義務之理論風氣之養成，對新附屬的人民而言，會陷於預想不到的弊害。因此，定下教育方針必要慎重考究。當今島上的教育方針與程度是仍待考慮的問題。[73]

　　另外，後藤民政長官在1903（明治36）年11月4日學事諮問會中，發表有名的「無方針」訊息，同樣地對主題可見其端，他一番話的大意：[74]

　　　　這天前有人問我:「主導台灣教育的大方針是什麼？」雖然我並不完全了解所謂「大方針」的意思，事實上，我還不能確定地說明大方針。……當世界列強佔領殖民地之前，通常會有軍事佔領前

67

---

70. 許佩賢，前引書，頁2～3。
71. 林茂生著，林詠梅譯，前引書，頁105～107。
72. 吉野秀公，前引書，頁122。
73. 林茂生著，林詠梅譯，前引書，頁110～111。
74. 同上註。

必要的預備時期。派遣傳教士，或使用其他方法，在佔領前了解
當地的種種狀況。但是，佔領本島，全然沒有作這種預備。更甚
的是，大多數的內地人（譯者按：日本人以此自稱）對殖民地或
新版圖統治，過去毫無經驗。……

　　因此，就教育方針之確立，必要多大的預備，要有科學調查
資料，並詳細研究新民族的風格、習慣等資料，根據這些新的資
料才會有明確的立場。然後我們必須經過一個階段，就是一實驗
時期，也是無方針時期。這不應認為是推託或迴避，因為這暗示
在產生一明確的方針之前，是有預先的思考與精密的研究。這並
不表示，現在什麼事都不做、沒有目標、什麼都不教。我肯定地
說，雖然教育的基本方針還未建立，但是，已明白說出設立公學
校的目的，就是要普及國語。[75]

　　後藤民政長官對這點更進一步說明：「有許多不同的方針主導殖民統治。
同化主義可能是其一，抑壓主義可能是另一，我要說普及國語與培養國家特
有的品德是邁向同化的第一步。」[76]

　　雖然沒有明確宣佈，但是，同化主義似乎是最符合後藤心意的。為了達
成這個目的，則需要推動普及國語政策。由於行政當局對教育措施採行無方
針的態度，致使當時的教育進展就不如物質成長的快速。也就是說，行政當
局躊躇與小心的等待態度，與台灣人民消極的順從及欠缺合作心態，無疑是
妨礙教育推進的兩大因素。雖然台灣人民無法全面接受日本人所引進的新型

---

75. 吉野秀公，前引書，頁 122～130。
76. 同上註。

文化，是有理由的。但是這種保守的態度與固守中國古老文化，以致對日本政府產生反感的現象，才是導致政府採用這種消極教育政策的主因[77]。

雖然這種消極的「無方針」政策表面上是無目的的，但對將來卻具更明確的指引功效。並以此無方針政策為基礎，下令所有的小學、中學以及實業學校強制教授國語。同時把日本人的理想與國民特性傳授給人民，並以此預備性的教育手段，到處強制推行國語。同時，更長遠的教育工作已在計畫中，而且一個真正的指導方針也在形成中。

在 1906（明治 39）年，兒玉總督與後藤新平民政長官的統治權力結束，佐久間將軍被任命為總督，他的任期直到 1915（大正 4）年。在他統治的這段長時間裡，推行了幾個重要的政策。他的第一個政策即是征服那些一開始便難以受控制的原住民[78]。

台灣的初等教育分為三部分，就是日本人教育、台灣人教育及蕃人教育。日本人在小學校受教育，台灣人則在國語傳習所接受初等教育（1898 年以後改在公學校受教育）。蕃人教育起先設在國語傳習所，於 1905（明治 38）年廢除國語傳習所得，改設蕃人公學校取代之。以後原住民就讀的學校都在 1914（大正 3）年蕃人公學校規則下運作[79]。

公學校教育在「本島人[80]教育三綱要」[81]的方針指引下，不以升學為前提，刻意將對學科和基礎理論認知的程度壓低。因此，台灣有錢階級，為了

69

---

77. 林茂生著，林詠梅譯，前引書，頁 111～112。

78. 同上註。

79. 林茂生著，林詠梅譯，前引書，頁 114。

80. 日本對台灣漢族的正式稱呼。

81. 「本島人教育三綱要」中，宣示以涵養國民性、練習國語、修鍊實用技能，為對本島人實施教育的三大方針。

子弟的教育，不得不在完成初等階段後，就將其子弟送到日本內地的學校留學，或到由歐美傳教士所辦的中國中等學校就讀。由於留學生人數每年增加，而且有監督不及、不能完成學業等弊害，於是台灣的上層階級，漸出現要求和日本人共同就讀小、中學校或設立台灣人就讀的中學校之呼聲。這個運動和訴求，最後並未能如台灣士紳的希望設置私立的台灣人中學，而改由總督府設立「公立台中中學校」收場。但台灣士紳這種積極的教育要求，使日本統治者不得不正視台灣殖民地的教育問題[82]。

在上述各種政策下，可明顯察覺到差別待遇教育和同化教育的存在。以差別待遇教育而言，初等教育固為日治初期較具系統的學制，卻有台灣人、日本人和原住民三種學制之分；提供台灣人子弟就讀的中等以上教育，不僅教育機會有限，且修業年限和程度均低於日本人，例如師範教育以培養日籍師資為主，台籍師資為輔；而職業教育僅訓練台灣人學習低級的技術。以同化教育而言，根據後藤新平表示：「教育方針雖尚待研究，公學校乃是有目的之設置，其目的即在推行日語。」事實上，普及日語的終極目的即在於同化台灣人民。由此可知，總督府於各地的增設公學校之目的即在達成同化教育。不過在漸進主義和差別待遇的教育下，此期的同化教育並未積極展開。如是的推論，可從下列舉證得到佐證，如公學校未採義務教育，書房和私立學校，亦未受到強制禁止而下令就除，僅在課程、師資或設備上加以管理，甚至書房在漸次管理下，反而發揮成為公學校輔助機關的功效。

日本非常重視教育制度，1897（明治30）年對台頒佈的教育敕語[83]，相

---

82. 許佩賢，前引書，頁3。

83. 「教育敕語」頒佈於1890（明治23）年，為之後日本內地教育理念和目標等的基準。
　　「教育敕語」是在儒教主義者與近代國家主義者的妥協下成立的，形成了日本特有

當於日本的憲法，也是治台殖民地教育的主要宗旨。耆老林洪焰曾回憶道：

> 日本的教育敕語對做人做事的影響很大，每逢節日各學校都
> 會朗讀教育敕語，因此日本的教育思想很容易就灌輸到每個人的
> 思想當中。[84]

　　從上述可知，透過教育敕語的頒佈，多少在達成同化台灣人民的目標上，發揮了相當的功效。然而於日治初期影響台灣教育推動最具影響力者應首推伊澤修二。伊澤為台灣總督府首任學務部長，曾求學於美國 Boston 之 Bridgewater Normal School，後世稱他為啟發主義教育家。赴台前，首相山縣有朋曾向其徵詢關於台灣教育之意見，伊澤表示台灣教育方針當依循孔孟主義，尊重四書五經。

　　就任後，伊澤隨即向樺山總督提出台灣教育方針意見書，其中重視普及日語、培養師資及尊崇學者，成為教育主要方針。更積極設立國語傳習所（按：「國語」係指「日語」）與國語學校，始成為台灣最早的教育機關。前者以教授日語為主，後者最初主要在於訓練講習員充任國語傳習所師資，對於各地士紳所開設之書房則採不干涉態度。也就是說，此時總督府當局之教育方針及設施呈現應變的特徵，但是已經具有同化目的之傾向[85]。

　　歸結日本治台之初，雖然總督府對台政策搖擺不定，但是在教育方面，

的家族國家觀。敕語的發布，實現了一些日本教育者們長久以來要求國民道德觀統一的希望。

84. 宜蘭縣立文化中心編，《宜蘭耆老談日治下的軍事與教育》，1996 年，頁 176。
85. 吳文星，前引書，頁 10～11。

則按照伊澤修二力主在台辦教育應強調下列數項措施加以進行：[86]

㈠要日本人學台語，台灣人學日語，以溝通思想意念。

㈡要尊重孔廟，不急於破壞原科舉措施，以示尊重台灣本土文化。

㈢優待西洋傳教活動，並邀請日本宗教家（神道及佛教）來台傳教，以教化民心。

㈣深入考察本土社會之民情風俗，逐漸以教育醇化之。

亦即，此一時期的教育係以首任學務部長伊澤修二所提出如上的建議和1898（明治31）年「台灣公學校規則」為重心。除此外，伊澤亦極力主張殖民教育慣有的（種族）差別待遇，不應在台灣出現。但是，最後雙軌制度卻比伊澤原先計畫的更加明顯地分隔，也更為不平等[87]。在因地制宜和尊重中國文化議題上的看法，伊澤和兒玉、後藤是一致的，當他看到日軍利用孔廟作為野戰醫院時，會立刻要求醫院遷走，恢復並加以保護，即使不贊同書房私塾的老師專心投注於古文，但他卻認同漢文經典裡大部份的道理[88]。

然而，一旦論及同化台灣人這個問題，伊澤與後藤新平、兒玉的看法便有所不同。伊澤認為同化將會實現，因為日本人和台灣人有太多共同的文化。因此伊澤不是一個漸進主義者，他不認為教育設施只能被付得起的人使用，或小心設限以防止製造出過度教育的本地人。由於他主張教育至上，拒絕其他事物的優先權，導致他和上司衝突而被迫離開台灣[89]。因此，可以歸

---

86. 徐南號，〈日本統治時期對台灣教育之影響〉，載於徐南號主編《台灣教育史》，台北，師大書苑，1996年。

87. E. Patricia Tsurumi 著，林正芳譯，前引書，頁43。

88. 林茂生著，林詠梅譯，前引書，頁36。

89. E. Patricia Tsurumi 著，林正芳譯，前引書，頁443。

結地說，這段時期總督府並未有明確的教育方針，僅以兒玉源太郎的「漸進主義」和後藤新平的「無方針主義」為導向[90]。

　　日本人認為台灣與日本間，民族與文化雖非完全相同，但極為相似；另外，台灣靠近日本，兩地人民通商來往方便，接觸機會亦多，有助於同化的進展。故初期的台灣教育即立足於同化目的之上，期望台灣人能迅速日本化。同時一般的意見都認為教育方針不須陳義過高，宜以簡易、普及為原則，以喚起忠君愛國觀念、培養善良臣民為目標。故總督府遂決定以「普及日語及涵養台灣人具備日本國民之智慧」為教育方針。至於實施原則，亦配合實際情況採取漸進及消極主義。

　　此教育方針，影響所及直至 1906（明治 39）年佐久間左馬總督和 1915（大正 4）年安東貞美總督的統治策略，均以兒玉和後藤已奠定的基礎再發展。根據數據顯示，日本治台到了此時期，以台籍兒童為教育對象的公學校在質和量上都呈現穩定發展。1907（明治 40）年有 34,382 名台灣學童就讀公學校，到了 1918 年則有 107,659 名。這 11 年期間公學校校數亦從 190 所躍升為 394 所[91]。另外，統計亦顯示，1907 年（明治 40）公學校學生佔本島人國校學齡人口的 4.5%，1918（大正 7）年就讀於公學校的學生佔國校學齡人口的 15.7%，而絕大多數的學生來自於富裕的家庭[92]。

　　如上述，本地兒童入公學校就讀之人數穩定成長固然令人欣喜，但因升中等教育的管道受限嚴重，造成公學校畢業生熱衷於進入中、高等教育。如

73

90. 游鑑明，前引書，頁 41。
91. 台灣教育會編，《台灣教育沿革誌》，台北，台灣教育會，1939（昭和 14）年，頁 409。
92. 台灣總督府，《台灣總督府第三十（1925）統計書》，台北，台灣總督府，1928（昭和 3）年，頁 29。

內田嘉吉民政長官即指出：「殖民地的教育，不全然是以升學教育為主要目的，殖民地教育必須配合社會情況和人民的文化水平。提供升學管道絕對是不智的……事實上所有殖民國家都鼓勵職業教育，提供學生實用的技術，台灣人民也應該要授予實用技術，使他們可以安身立命」[93]。上述談話傳達了日本統治者制止台灣人經由教育而向上流動的可能性。

於是公學校規則分別在 1907（明治40）年和 1912（大正元）年做了兩次的修正。1907 年公學校規則的修正，使公學校課程的年限和內容都有了彈性。其中並將農業、商業和手工等變成必修，旨在根除台灣讀書人嫌惡勞動的觀念，在施行上，總督府要求教師使台灣兒童習慣於勞動，以克服這種成見；而 1912（大正元）年的修正在使公學校教育更實用、更職業化、更直接地適合學生的日常生活經驗[94]。

綜觀此時期的教育政策，係配合漸進主義的施政方針，以致擴展甚緩，並以建立初等教育和訓練低級技術人員為主，故一切設施均在試驗階段[95]。另外，歸結此時期著重的教育政策重點，主要有：差別待遇政策、同化政策、後藤新平的教育無方針主義和普及國（日）語教育政策。呈現的特徵如下：[96]

1. 初等教育學制較完整，卻區分為台灣人就讀的公學校、原住民就讀的「蕃人公學校」與日本人就讀的「小學校」，形成三個系統分軌進行的差別

---

93. 台灣總督府警務局，《台灣總督府警察沿革誌》，4卷，台北，台灣總督府，1933～1941年，頁 182。

94. E. Patricia Tsurumi 著，林正芳譯，前引書，頁 49～50。

95. 台灣教育會編，《台灣教育沿革誌》，台北，台灣教育會，1939（昭和 14）年，頁 2。

96. 吳文星，《台灣教育史展示規劃研究》，國立台灣師範大學教育研究中心專題研究成果報告，2000 年 6 月，頁 18。

待遇教育。

2.台灣人接受中等以上教育的機會極為有限，並且修業年限比日本人短，所學內涵也比日本人少。此時中等以上的教育設施只有「國語學校」、五年制醫學校，以及農事試驗場、工業、林業、糖業講習所；直至 1915（大正 4）年才因為台灣士紳林獻堂等人的請願，而設立四年制的公立台中中學校。

3.教育目標以普及日語、訓練初級技術人員為主。

總而言之，日治初期之重大教育措施，略可舉例如下數則：

第一：推行國語（日語）教育。

第二：1896（明治 29）年設立「國語傳習所」與「國語學校」。

第三：1897（明治 30）年頒發教育敕語。

第四：1898（明治 31）年頒佈「公學校規則」，公學校成立以取代「國語傳習所」。

第五：1905（明治 38）年設立蕃人公學校。

第六：1914（大正 3）年頒佈「蕃人公學校規則」。

治台初期，日本殖民政府表面上宣稱對於台灣的教育體系及政策並無一定方針，但其實這只是總督府為了避免不必要的輿論喧騰而作的遁辭。總督府非常清楚太過重視殖民地教育的結果可能使被殖民者覺醒，甚至造成其殖民統治上的困擾[97]。因此，公學校教育在「本島人教育三綱要」（涵養國民性、練習國語、修練實用技能）的方針下，不以升學為前提，並將重視升學程度降低。所以，在 1910（明治 43）年代之前，總督府並未在公學校之上，設置更高級的普通教育機構。當時台灣人子弟從公學校畢業後，除了幾個實業學校之外，就只有總督府國語學校和醫學校。而為日本人子弟所設立的

97.鶴見祐輔，《後藤新平傳》，卷 2，頁 38。

小、中學校,則不承認日台人共學的制度,更不願意讓台灣人子弟入學。所以,1910年代,一群台灣士紳擔心在與日本人所受教育不同的差別待遇殖民地教育體制下,他們的子女受教機會受到限制,因而發起設立私立台中中學校的運動,才讓台灣人有接受延長教育的機會。

又檢視1898(明治31)年公佈的「公學校規則」所代表的意涵及影響層面,其開宗明義第一條即指出:「公學校以對本島人子弟施德教,授實學,以養成國民性格,同時使精通國語為本旨」。闡釋其要義,旨在將施德教放在授實學之上,承認了道德教育的優越性,而精通國語則放在附屬地位。總督府企圖將教育變成一種手段,重視道德教育的結果,則使道德成為一種養成台灣人效忠天皇、服從統治的護身符[98]。

然而,到了1904(明治37)年,規則改正為教國語變成最重要的順位,其次為施德育和授實學;到了1912(大正元)年,公學校規則又作了修正,增加了「留意身體發達」此一項目。分析其理由,不外乎為了因應日本明治維新以來「富國強兵」的要求。於是,留意身體的訓練成為公學校的基本要求,其重要性尚且排在教授知識技能之前。

歸結來說,教育是日本人安撫台灣人民的重要手段之一,其殖民和教育政策實施成效至1910(明治43)年代對台統治已經上了軌道,並且在教育上特別注重學童體能發達,以作為往後大量徵收台灣人勞動力的預備。簡言之,1895~1819年此一時期,所展現的教育政策主要特色如下之總結:治台初期,總督府即設立教育行政機構—學務部,以推動殖民教育事業,惟在1919(大正8)年台灣教育令頒佈之前,受漸進主義治台政策的影響,未曾建立確切的教育方針和完整的學制系統,且此時期的教育政策,充滿了濃厚

---

98. 許佩賢,前引書,頁39~40。

的壓抑和差別待遇特色。

第四節　文治時期—內地延長主義 （1919〜1937 年）

一、政治及社會情勢

　　第一次世界大戰後，全球瀰漫著民主自由和民族自決思潮，有些國家發起民主運動，以改革其國內政治和社會問題，有些國家則掀起排外的獨立運動。另外，受帝國主義列強欺凌宰割的國家或殖民地亦受此思潮的影響，紛紛掀起了民族復興運動或獨立運動。歐美等殖民國家鑑於此反動情勢，遂不得不改變以犧牲殖民地人民福祉為主的殖民政策，改採讓殖民地人民漸漸享有自治權的自治主義政策。

　　其中，日本內地發生的社會主義運動、朝鮮的三一運動、中國的五四運動和印度的獨立運動，帶給留日台籍學生莫大的鼓舞，於是結合島內的知識份子，掀起波瀾壯闊的民族運動和社會改革運動。這些留日學生透過結社組織、請願運動、言論刊物和巡迴講演，要求真正的自由和平等[99]。

　　另外，就世界局勢對日本的影響程度而言，第一次大戰期間（1914〜1918 年），日本受戰爭之賜，資本主義空前發達，更加刺激日本帝國主義之發

---

99. 同上註。

展。然而勞工、農民及薪水階級之生活並未得到合理的改善，於是勞工運動及社會主義運動在日本盛行。在上述背景下，乃有吉野作造等一派學者提倡民主主義，積極展開宣傳，對知識份子產生了深遠的影響。此一時期，日本內地亦有不少開明的學者及政治家頗為同情台灣人之遭遇，時常著論批評總督府種種不當之施政，甚而鼓勵或支持台灣人之文化及民族運動的開展[100]。

1910 年代，台灣社會尚處於進入自覺時代前之過渡時期。在總督府的漸進政策下，台灣社會既存的舊習慣並未遭禁絕。另一方面，雖然教育體制仍嚴重地存在著差別待遇，但公學校入學兒童漸增，有些地區甚至發生公學校設備不足，不能收容全部申請入學者之現象。而中等以上教育機關之不完備，迫使有志升學之台籍青年不得不遠渡重洋，負笈日本留學。公學校兒童和留日學生人數激增，顯示台灣社會接受新知識之風氣漸開，以及受外界思潮之影響亦逐漸加強。於是台灣人對日本人種種不合理之殖民統治之反動，乃漸由激烈的武裝反抗改採較為溫和的政治、社會及文化運動。

而這些運動之推行則由受過新教育的青年知識份子所倡導。先後有 1914（大正 3）年倡組「台灣同化會」，訴求「享有與日本人同樣之權利待遇」的宗旨；隨後於 1919（大正 8）年，先後成立「應聲會」、「啟發會」；1920（大正 9）年，組織「新民會」，發起「撤廢六三法運動」，成立台灣青年雜誌社，創刊「台灣青年」；1921（大正 10）年，發起「台灣議會設置運動」，並於台北成立「台灣文化協會」，於是掀起向日本統治當局要求自由平等權利，尊重民族性之民族運動[101]。1920 年代可說是台灣人自覺且積極爭取政治參與權的時期。

100.吳文星，前引書，1979 年，頁 38～40。

101.同上註。

二、殖民政策

　　1919（大正8）年至1937（昭和12）年間，總督府的治台政策趨於明顯，一向消極的同化主義轉為積極，加上內地延長主義的倡導，這二個主義成為此時期治台的基本方針。總督府殖民政策之所以強化之因，除與1916（大正5）年新任總督明石元二郎揭示的同化主義方針有關之外，更受到第一次世界大戰後世界局勢改變的影響。

　　在這段時期裡，台灣人無論在表面上或實質上，已逐漸被轉化或改變成為「日本人」。主要原因是統治者在實施「內地延長主義政策」之後，不再把台灣看成是一殖民地，認為台灣是日本內地的一部分。因此，在法律上，除了少部份特殊情況之外，均採行與日本內地相同的法規。所以就法的立場而言，大體上台灣人和日本人是平等的。在此政策的推動下，不少台灣人已逐漸認同日本，並認定自己就是「日本人」，這也算是統治者在統治策略上的成功[102]。

　　誠如矢內原忠雄所言，1918（大正7）年以前，台灣的施政方針，是以兒玉、後藤政治為基調，「根據對台灣社會特殊性之認識，社會方面尊重舊習慣；政治方面則對台灣人施予差別的警察專制統治，其內容為治安之安定、島內產業資本主義之發達、日本人官僚及資本勢力之確立，以及對教育設施之漠視。」[103]但面對民族自決的思潮、日本帝國主義的昂揚，民主運動之盛行，以及台灣人民族自覺所造成的新威脅，在在都迫使日本不得不改變對台

102.蔡禎雄，前引書，頁107。
103.矢內原忠雄，前引書，頁375。

灣統治之方針，進而鞏固並強化其對殖民地的控制。

受到民族自決思潮的影響，在 1916（大正 5）年之際，東鄉實等一方面歌誦日本挾武力餘威，以完成秩序整頓和產業經濟發達等輝煌的殖民成果；一方面則鑑於其他殖民地之先例，認為民族自覺之產生乃是必然的趨勢，故建議總督府確立更明確的統治方針。摘錄部分內容如下：「現在台灣應展開第三期之殖民政策，即已面臨所謂以對人政策為目標的新時代，因此除一面繼續改良產業及發展經濟，另一面應確立統治異民族之根本政策。排除因民地公族自覺所生統治上之不安，以振興台灣內政，使台灣之領土更為穩固，同時完成經營南方各種必要措施，以期帝國南進政策無所遺憾的發展。」[104]

就在日本面對新威脅，迫使日本對台改採強化殖民地控制去統治方針時，適明石總督於 1919（大正 8）年 10 月去世，日本原敬內閣改變向來由武官總督治台之慣例，任命田健治郎男爵為首任文官總督。田總督赴任前，即已向原首相表示「將以教化台灣人使成為純正日本人為大方針」。針對田總督就任後發表的施政方針，摘錄其主旨如下[105]：

夫台灣係帝國領土的一部分，當然屬於帝國憲法統治之版圖。不可視為相同於英法等國只當作政治策園地及經濟利源地之殖民地。因此，統治方針概以此大精神為出發點，而從事各種設施與經營，使台灣民眾成為純粹帝國人民，效忠於我朝廷，且須施予涵化與指導，使涵養對國家之義務觀念。……關於施行方法應慎重查核，以其不貽誤緩急先後之序。……首先，努力普及教育，……

104.吳文星，前引書，1979 年，頁 40～41。
105.同上註。

使達到與日本人在社會接觸上無任何逕庭地步，最後須施予教化
與指導，使進於政治平等之境界。[106]

　　由上可知，田總督一方面強調台灣係日本領土之一部分，故台灣的統治
必須使台灣人成為日本人；另一方面則揭櫫重視教育及提高台灣人政治地位
的政策。顯然地，其目的乃希圖安撫台灣人，以消除台灣人積極參與的民族
運動的狂潮。亦因考量當時世界的情勢發展，故田總督提出如下的宣示：
「思潮動搖殊甚，歐美各國正值多事之秋，大勢所趨，難免受到一些影響，
………保持社會秩序之安寧，乃為當前一大要事。」[107]

　　歸結上述所言，1919（大正 8）年可以說是日本對台殖民和教育政策的
重要轉捩點。在此之前，兒玉／後藤政權的教育政策是主調，它強調承認殖
民社會的傳統特性，而適當地尊重當地的文化與生活習慣。然而，在 1919
（大正 8）年之後，則以明石元二郎總督（任期自 1918 年 6 月～1919 年 10
月）和田健治郎總督（任期自 1919 年 10 月～1923 年 9 月）的積極同化政策
做為標準方針[108]。之後，田總督以降，歷經七任文官總督，採行積極同化政
策方針一直未曾改變。以下將簡介此時期歷任總督的重要政策宣示和主張。

　　明石（任期自 1918～1919 年）主張必要時，可以用武力和恐嚇方式以維
持日本對台灣的統治，他也相信台灣人終將被日本統治者同化。對明石之前
的總督而言，同化也許只是個遙遠的政策性目標[109]，但明石則認為「同化政

106.同上註。
107.轉引自吳文星，《日據時期台灣師範教育之研究》，國立台灣師範大學歷史研究所
　　碩士論文，1979 年，頁 41～42。
108.矢內原忠雄，前引書，1928 年，頁 103～106。
109.佐久間佐馬太和他的民政長官內田嘉吉比兒玉和後藤更不排斥同化作為政策目標。

策」勢在必行。因此我們可以這樣說,促使總督府對台採強化同化政策的原因,除了因為受到戰後世界變局以及朝鮮三一運動震撼之影響外,明石強力推動同化政策也是重要的因素。1919(大正8)年改以文官治台後,首任文官總督田健治郎(任期自1919~1923年)提倡「內地延長主義」,以革新殖民地的政策和制度[110]。

1920年又導入日本內地所施行的地方自治制度。一來淡化台灣的特殊法域,二來對台灣總督的獨裁性予以大幅度的抑制。除了部份情形外,台灣人和日本人在法律上的立場,至此時大致已有了平等的地位[111]。

而第十四任台灣總督太田政弘於1931(昭和6)年2月3日來台就任後的隔天,即對府內的高官提出訓示,除對歷任總督的治績加以讚美之外,並就當時的情勢發展,提出了「一視同仁」、「日台人融合」的主張[112]。同樣的,在後任的台灣總督中川健藏(任期自1932~1936年)上任的訓示中,亦強調日台融和、一視同仁的政策,他主張在台日本人和台灣人應該是「一體化」[113]。中川總督所提倡的日台一體化政策,展現在法制上最重大的改變是「通婚法」的實施和「地方制度」的改正[114]。

在1932(昭和7)年,總督府(亦即中川總督來台就任的當年)以敕令

雖然他們曾強調漸進主義。佐久間的態度見《台灣總督府警察沿革誌》,卷4,頁116~117、125、163;內田的態度見《台灣總督府警察沿革誌》,卷4,頁128。

110.游鑑明,前引書,1987年,頁42~44。

111.蔡禎雄,前引書,1995年,頁84。

112.有關太田總督的訓示原文,請參閱台灣總督府,《太田總督著任的訓示》、《詔敕、令旨、諭告、訓達類纂》,1941(昭和16)年,頁601。

113.台灣總督府,《中川總督著任的訓示》,前引書,頁613~614。

114.蔡禎雄,前引書,頁108。

第 360 號公佈了有關日本人和台灣人通婚的規定 [115]，同年，再以敕令第 2 號公佈了有關台灣人戶籍的規定，允許日本人有條件地和台灣人結婚，並自1933（昭和 8）年 3 月 1 日起開始實施 [116]。此規定可說是從日台融和，進一步形成日台一體化的具體措施 [117]。

　　除此外，中川總督亦著手從事地方制度的整頓，並對州、市、街、庄的分合，住民的權利與義務，選舉權與被選舉權，地方政府與議會之間的關係等做了規劃，並全面進行改革 [118]。一切改革完全倣照日本內地的地方制度做為施行依據，日台一體化已然成型 [119]。但是，經由吳濁流回憶錄中所論述的當時日台融合情況，卻與制度和法規所期待的目標仍有一段差距：

　　　　所謂一視同仁、內台融合、內台結婚，口號倒蠻像回事，實
　　則為政者不時都在暗地裡阻止著內台融合。這當然不外是發自民
　　族偏見，日本人的那些為政者都是認為大和民族的血比漢民族的
　　更優秀。[120]

　　概言之，同化主義乃是立基統治者本位的統治方針，並不以謀求殖民地人民之幸福安寧為目的。戰後（1918 年後）歐美各殖民國家鑑於同化主義可能產生的反彈，故紛紛採取自治主義以適應殖民地人民之要求。而日本獨反

115. 井出季和太，〈台灣治績志〉，《台灣日日新報社》，1937（昭和 16）年，頁 878。
116. 同上註。
117. 蔡禎雄，前引書，頁 108。
118. 同上註，頁 168。
119. 同上註，頁 108。
120. 吳濁流，《無花果》，台北，草根出版，1995 年，頁 75。

此一潮流,仍堅持採行「同化政策」,究其原因,大約為:其一、認為台灣不同於歐美之殖民地,台灣在民族、風俗習慣及文化程度等方面均與日本較為相近,具有可能同化於日本之基礎;其二、認為戰後台灣在日本經濟及民族發展上佔相當重要地位,故以「內地延長主義」,強調台灣為日本領土之一部分,台灣人終究必須成為日本人;其三、藉同化政策所標榜的日台融合和一視同仁理念,以求抑制或安撫殖民地之民族運動,鞏固殖民地與本國之結合,更以殖民地為根據,向外擴展世界經濟,以進行帝國主義之發展。

但是這種以日本為本位,並不重視殖民地的利益和幸福的同化政策,實在與西方國家倡導的殖民地自決主義大相逕庭。又此時期,台灣人因為受到世界思潮和新知識的影響,漸已自覺到應該向日本統治當局爭取更多的權利,因此當同化主義付諸實施時,產生的效應,反而不如日本統治者所預期的順遂,台灣民間社會的各項抗爭運動一時風起雲湧。

三、教育政策

如上所述,受到世界各殖民地所掀起的反帝國主義、要求獨立聲浪之影響,日本遂改採「內地延長主義」,強調普及教育、提高台灣文化,藉以強化對台灣的統治。1919～1937年期間的教育施政,為了貫徹同化主義政策而建立一些較為明確的教育方針,因而被稱為台灣教育史的「進展時期」。尤其從1918(大正7)年美國總統發表「自決宣言」後,對於台灣人的自決意識起了莫大的鼓舞作用。如吳濁流曾在其著作《無花果》中提及:

> 第一次世界大戰後,民族自決、自由民主主義的思潮澎湃地
> 湧到這個孤島,使本島人知識階級的血液沸騰起來。在東京。有

《台灣青年》雜誌的發刊，也寄到我的分教場來。我讀了之後，
有不少地方發生了同感。因而意識到所謂六三法案的壓制，並加
強了對差別待遇的不平等意識。我同時又愛讀《改造》雜誌，對
自由平等的欲求更為熾烈起來。**121**

　　但由於日治初期，台灣人民向日本人採取數十次的體制外武裝激烈抗
爭，在無法滿足訴求後，乃改採體制內的改革以代替無謂的犧牲。除了議會
請願運動、台灣文化協會的成立，以及留日台灣學生向日本國會和學界領袖
請求支援外，另也透過台灣人的報紙發表闡明台灣人立場的教育要求。上述
各種手段較初期的武裝抗爭是溫和的且漸進的。受過較高教育的台灣人士，
還不敢公然地與日本政府做正面的衝突，達爾文的《演化論》仍是學術界的
圭臬 **122**。

　　於 1915（大正 4）年設立公立台中中學校的同時，體制內改革的這些努
力也逐漸展現了成效。日本政府內部開始著手調查，進而起草規範台灣殖民
地教育的基本法令。經過中央政府內部的一番折衝 **123**，於 1919（大正 8）年
1 月，在明石元二郎總督任內，以敕令公佈「台灣教育令」，其基本的「總
則」如下 **124**：

第一條　　在台灣的台灣人教育依本令。

第二條　　教育乃基於教育敕語之旨趣，以育成忠良國民為目的。

121.吳濁流，前引書，1995 年，頁 48。

122.林玉体，《教育改造與政治革新》，台北，師大書苑，2000 年，頁 123。

123.吳密察，〈從日本殖民地教育學制看台北帝國大學的設立〉，《台灣近代史研究》，
　　台北，稻鄉出版社，1991 年，頁 157～159。

124.台灣教育會編，《台灣教育沿革誌》，台北，台灣教育會，1939（昭和 14）年，頁 324。

第三條　教育應適合時勢及民意。

第四條　教育分為普通教育、實業教育、專門教育及師範教育。

「台灣教育令」主要企圖在統一台灣人的學校體系。但「台灣教育令」發佈不久後，朝鮮旋即發生「三一運動」（1919 年 3 月）。面對這種情勢，日本總理大臣原敬決定正式對殖民地打出「內地延長主義」政策。因此，1919 年公佈的台灣教育令實施未滿三年，在 1922（大正 11）年，在田健治郎總督任內，又公佈了「新台灣教育令」。

新教育令導入內地延長主義的原則，標榜「內台一致」，中等以上學校在形式上均採「內台共學制」。新教育令不再像舊令明白分成普通、實業、專門、師範四個系統，僅有初等教育和師範教育的條文，其他像高等教育、實業教育、專門教育等，皆根據內地的「中學校令」、「高等女學校令」、「實業學校令」、「專門學校令」和「大學令」等。關於初等教育的主要條文有：

第一條　在台灣的教育依本令。

第二條　常用國語者的初等普通教育依小學校令。

第三條　不常用國語者的初等普通教育的學校是公學校。

第四條　公學校以留意兒童的身體發達，施以德育，授以生活必須的普通知識技能，涵養國民的性格，使習得國語為目的。

雖然，初等教育階段仍以「常用國語與否」分成小學校和公學校，而且事實上，僅有很少數的日本人子弟在公學校就讀，進入小學校就讀的台灣人也極為有限，但是日台人共學受到了法令認可[125]。

此時期的教育政策以 1919（大正 8）年頒佈的「台灣教育令」，及 1922

125.許佩賢，前引書，頁4。

（大正 11）年頒佈的「新台灣教育令」最具代表性。「台灣教育令」由明石元二郎總督於 1919 年公佈，雖確立了台灣的學制，但仍維持日台差別待遇，台灣人的教育機會仍不如日本人，只有實業教育與女子教育較受重視。而於 1922（大正 11）年，由提出「內地延長主義」的首任文官總督田健治郎所公佈的「新台灣教育令」則標榜「內台共學」、「撤廢日台灣人差別教育」。就法令表象而言，台灣的中等以上教育機關雖可比照日本增設，但實際上，對台灣考生仍存在多方限制，反而更加保障了日本人的支配地位[126]。

　　事實上，教育施政的主要參考方針是依據同化政策，它指導了每一項教育措施的開展。雖然兒玉／後藤政權期間，教育還未定型，卻也主張同化的路線。正如後藤民政長官提出從基層開始加強傳播國語，便是教育綱領的第一政綱條款。即使沒有公然宣佈「同化」政策，但是其教育作為確實是依此為施政指引方針。然而，當明石元二郎總督於 1918（大正 7）年就職時，同化政策就不只是想法而已，也常表露在言語中。他明白地宣佈對台灣的殖民政策是同化政策，因此普通教育必須以國語為基礎，並培養人民對國家的忠貞和順從品德。也就是以教育作為同化的工具，使殖民地學校教育成為推動政策的主要工具。

　　明石的同化政策並不代表著台灣人與日本人享有平等的地位，他相信有一天台灣人和日本人勢必合而為一，台灣人終將被同化成為「日本人」，而處於社會金字塔的最底層和中下階層。1919（大正 8）年「台灣教育令」的頒佈的確擴展了台灣人的教育機會，但並未完全滿足台灣人長久以來渴望接受高等教育的期待。因為明石在台灣推行的教育制度忠實地仿傚日本的國民

126.矢內原忠雄著，周憲文譯本，《日本帝國主義下之台灣》，台北，帕米爾書店，1985年，頁 144。

台灣公民教育與公民特性

學校和低級技術機構的實際措施，卻缺少中學校、高等學校和大學的設立。因此在就讀高等教育機會受阻情況下，台灣中上階層家庭只得繼續送其子弟到日本的小學校、中學校、高等女學校、專門學校或大學就讀。

　　台灣第一位文人總督田健治郎於 1919（大正 8）年就職後，對台灣的統治做了劃時代的改革。他公然宣佈「內地延長」理念將是他的施政方針，而且他還強調台灣是日本帝國實質的一環，台灣人民經過優質的教育洗禮後，將成為日本名副其實的國民 [127]。田健治郎並要求他的部下為正式實施容納日台人的學校制度作準備，致力於本島教育制度的改正，一直是田健治郎最優先的施政項目之一 [128]。當 1919（大正 8）年 11 月 11 日，他以總督的身分第一次來到台灣時，從發表的演說辭中，清楚地顯示他的教育與政治意向：

> 　　最先，必須盡一切力量使教育普及化，一方面啟發其智能與德操，一方面使其感受我朝廷之撫育精神及一視同仁的聖旨。使之醇化融合能直接與內地人有社會接觸的地步。最後教化善導他們達到政治均等的境界。[129]

　　從上述可得知，文人總督田健治郎施政期間（1919～1923 年），同化政策又被重新宣佈為主要施政方針，並更加廣泛地在台推行，日台共學新構想便是明確的具體配合政策 [130]。日本統治者決心使台灣成為日本本土延伸的轄地，而採以與日本內地相同方式加以統治台灣。又鑑於同年（1919 年）3 月

127.林茂生著，林詠梅譯，前引書，頁 175。
128.E. Patricia Tsurumi 著，林正芳譯，前引書，頁 76～77。
129.同上註。
130.同上註，頁 208。

因朝鮮爆發反抗日本統治的大規模叛亂，所以原敬內閣（內閣任期 1918～1921
年）更堅信日本的殖民政策，必須採行徹底的統合和同化政策[131]。因此，田
健治郎就任前配合原敬內閣的殖民政策，做了如下宣示：台灣的日本化及台
灣人的同化是他施政的目標。因此他認為：同化政策很重要的一部份是教育
台灣人成為道地的日本人。而這種教育必須在政治、社會生活和教室中進
行。例如，一個人有資格在總督府中任職，一定不會因為他是個台灣人而受
到阻礙。又如禁止日本人、台灣人通婚的法律也必須修改，因為日本人可以
與外國人通婚，更何況台灣人是大日本帝國的臣民[132]。

　　但是即便田健治郎做了如上的宣示，當時日、台灣人禁止通婚現況，仍
然根深蒂固地影響著日本人、台灣人兩性間的交往，這樣的現象可以從吳濁
流《無花果》著作中可得到驗證：

　　　　她對本島人抱有好感，在一般家長間也很受好評。不久，有
　　人為她和一位本島人教員提親，她好像也很樂意。然而這婚事偶
　　然給郡視學聽到了，此人為此大發雷霆，馬上把她調到新竹近海
　　的一所學校，把這椿婚事破壞了。我的文學熱也因她的離去而忽
　　然洩了氣，再也提不起勁兒了。

　　　　所謂一視同仁，內台融合，口號倒蠻像回事，實則為政者不
　　時都在暗地裡阻止著內台融合。這當然不外是發自民族偏見，日
　　本人的那些為政者都是認為大和民族的血比漢民族的更優秀。[133]

131.E. Patricia Tsurumi 著，林正芳譯，前引書，頁 75～77。
132.同上註。
133.吳濁流，前引書，1995 年，頁 75

日治時期

台灣公民教育與公民特性

田總督為了達到他的統治基本方針，於 1922（大正 11）年改正了教育令，頒佈了「新台灣教育令」，使台灣的教育實施與日本內地平行，台灣人與日本人的差別教育就此廢除[134]。雖然「新台灣教育令」的頒佈是因為田總督覺察到「台灣教育令」實際的措施無法達成他的基本方針。但是無可置疑的，田總督頒佈的「新台灣教育令」（1922 年）之統治方針，與實現明石總督於 1919（大正 8）年所頒佈的「台灣教育令」，兩者間仍存在著重要的關係[135]。

從「新台灣教育令」的頒佈後，至少形式上的日台共學制度才開始存在。日本統治者分析共學制度的優缺點。優點是：撤除差別待遇以達成種族和諧、增加族群了解以促進全面和諧、減少族群衝突和節省經費的支出。缺點則是日本統治者擔憂：日本人兒童會學到台籍同學的習氣、台灣兒童低劣的日語能力會降低日本兒童的學習標準、基於語言基礎和文化背景的不同，教師無法用同一種方法教日籍和台籍兒童；又上述種種阻礙，將導致日本家長對於共學措施產生更多的敵視，進而影響日本人來台定居的意願[136]。因此，日本統治者基於上述的擔憂，即便已頒佈了「新台灣教育令」，並宣示「日台共學」制度，但是種族隔離政策一直根深蒂固地存在於公立學校中。

「新台灣教育令」規定真正的共學是從中等學校開始實施，新命令宣佈所有學校公平地招收台日人子弟。但是上述日台共學的障礙，仍然深為日本統治者所擔憂，因此藉語言障礙為由，界定公學校為招收不常使用日語之兒童教育機構，小學校則招收常用日語之兒童，此措施無關乎種族之差異。也

134.林茂生著，林詠梅譯，前引書，頁 175～176。

135.同上註。

136.E. Patricia Tsurumi 著，林正芳譯，前引書，頁 78。

就是說，日本子弟可以就讀公學校，而日語達到標準的台灣子弟也准予進入小學校就讀。所有的中等以上學校（師範學校除外）在新教育令頒佈後，其措施和日本學校一樣，亦受文部省的法令管理。另外，此令公佈後不久，除職業和特殊學校外，明石取消了新設私立學校的禁令。就形式而言，新的共學令從法律面觀之，的確展現「廢除教育的差別待遇」的理念[137]。

對於新的共學令展現濃厚的「廢除教育差別待遇」之意涵，田健治郎樂觀且自信地發表下述看法：

擔任總督期間，我認為給予本島人和內地人同樣的教育，及以實驗方式為部份台、日童引進共學制度的時機已然成熟。因為成果輝煌，所以教育令於 1922（大正 11）年 2 月修改，完全去除教育上的差別待遇，常用日語兒童在小學校接受教育其他兒童則就讀公學校。共學在中等學校是基本政策，初等教育仍然有的差別待遇，我深信遲早會隨著文明的進步和教育的普及而消失，改正教育令已經在 1922（大正 11）年 4 月生效，至盼此舉能對本島人產生深遠的教化作用。[138]

共學令發佈之後，部份台灣人對此法令的詮釋，與日本人期待中的相類似。他們誤以為獲准台灣人入學就代表承認台灣人與日本人的平等地位。殊不知，此措施在具有父權心態的日本人眼中，無疑只是仁慈的統治者賞賜給殖民地人民的虛假平等待遇。對田健治郎來說，此措施促使台灣成為母國的

137.佐藤源治，前引書，25。

138.轉引自 E. Patricia Tsurumi 著，林正芳譯，前引書，頁 86。

延伸,同時使殖民地人民同化為日本人的一大進步 [139]。

1922（大正 11）年之後,中等學校儼然成為日本政府的禁臠,日本人大量就讀職業和師範學校,剝奪了這些學校中原屬於台灣人的名額。雖然 1922 年的新台灣教育令取消了以種族作為入學審核的條件,但是只有相當少數的台灣考生進入中學校,而且幾乎沒有任何台灣人就讀所謂的純日本人學校。想接受普通中等教育的人都知道:學校的入學考試標準與知識能力和優秀的表現無關 [140],如果具日本人血統則代表一種絕對的優勢。

由表 2-1 和表 2-2 顯示,雖然台灣人的教育機會較前增加,但其修業年限和程度仍在日本人之下。同時為配合正在積極推展的資本主義,乃偏重培養技術人才的職業教育。反觀在台日本人的教育,不僅比照日本國內地的制度,且採均衡發展的模式。正因為如此,至 1936（昭和 11）年止,各級學校的入學狀況,除兩年制職業補習學校中的台籍生多於日籍生之外,其餘均以日籍生佔大多數 [141]。

139.同上註,頁 87。

140.同上註,頁 92～97。

141.游鑑明,前引書,1987 年,頁 43。

表 2-1　1896～1917 年台灣學校系統簡表

學校別＼類別	台籍生	修業年限	山地生	修業年限	日籍生	修業年限
初等學校	國語傳習所乙科			4 年	國語學校第四附屬學校	6 年
	國語學校（第一～三附屬學校）	4～6	蕃人公學校	3～4 年	小學校	6 年
	公學校	4～6～8	教育所	4 年		
中等學校	國語傳習所甲科			2 年	國語學校第四附屬學校中學科（後稱台灣總督府中學校）	5 年
	國語學校國語學科			3 年		
	台灣公立中學校			4 年		
	國語學校附屬女校技藝科（手藝科）			3 年	國語學校第四府屬學校（後稱台灣總督府高等女學校）	4 年
師範學校	台中、台南、台北師範學校			3 年	國語學校小學師範部	2 年
	國語學校公學校師範部乙科			3～4 年	國語學校公學校師範部甲科	1～2 年
職業學校	農業試驗場			半～1 年	台灣總督府商業學校	5 年
	糖業講習所			2 年	台灣總督府工業學校	5 年
	林業講習所			半年		
	工業講習所			3 年		
專科學校	台灣總督府醫學校			5 年	台灣總督府醫學校醫學專門部	4 年
備註	1. 國語學校附屬女校包括國語學校第一附屬學校女子部甲組、第三附屬學校手藝科、第二附屬學校技藝科。 2. 台北、台中二師範學校廢於 1902（明治 35）年，台南師範學校則廢於 1904（明治 37）年，均歸入國語學校師範部乙科。 3. 國語學校第一附屬學校為六年制，第二~三附屬學校為 4 年制。					

資料來源：游鑑明，《日據時期台灣的女子教育》，國立台灣師範大學歷史研究所碩士論文，1987 年，頁 43。

台灣公民教育與公民特性

表 2-2　1916 年台灣學校系統簡表

學校別＼類別	台籍生	修業年限	山地生	修業年限	日籍生	修業年限
初等學校	公學校	4～6年	蕃人公學校	3～4年	小學校附屬小學校	8年
	附屬公學校	6年	教育所	4年		
中等學校	高等普通學校（一所）	4年			中學校（二所）	5年
	女子高等普通學校（兩所）	3年			高等女學校（四所）	2～4年
師範學校	師範學校（二所）					5年
職業學校	台北工業學校（一所）台中商業學校（一所）嘉義農林學校（一所）	3年			台灣總督府商業學校（一所）台灣總督府工業學校（一所）	5年
專科學校	農林專門學校（一所）商業專門學校（一所）	6年			高等商業學校（一所）	3年
	醫學專門學校					8年
備註	1.高等女學校（日籍女生）以四年制為主，共兩所；另兩所屬實科高等女學校性質，故採二年制。2.附屬小、公學校設於師範學校內。					

資料來源：游鑑明，《日據時期台灣的女子教育》，國立台灣師範大學歷史研究所碩士論文，1987 年，頁 45。

　　由上表的資料分析可知，1922（大正 11）年新頒佈「台灣教育令」，以「撤廢日台灣人差別教育」和「日台共學」為特色，並比照日本國內制度增設中等以上教育機關，然真正受惠者仍是在台日本人子弟。如矢內原忠雄就曾客觀地批評在日台共學美名下，實則貫徹日本人有意限制台灣人的結果：

　　　這些結果，當然是高等教育機關大部份為日籍學生所佔有。

名為教育制度之同化，其實等於是剝奪台灣人受高等專門教育。
1922（大正 11）年以前，係藉降低台灣人之教育程度，使日本人
取得領導者與支配者之地位，現在則制度上名為平等，台灣人亦
可接受高等教育，實際上，卻是多方限制，使更得確保日本人之
支配地位。[142]

此種徒具「同化」之名的教育制度誠難令台灣人滿意，如吳濁流回憶道：

　　校長常說內台融合，一視同仁，可是事實好像不完全是那麼
一回事。

　　請看這教員名牌張掛的情形，這不是差別嗎？日本人就掛在
上段，這用得著嗎？青年團訓練，大隊長和中隊長都由日本人當，
同樣是師範畢業的，本島人的前輩當小隊長，後輩的日本人當中
隊長，這豈不是天大的矛盾嗎？[143]

於是有識人士紛紛經由報章雜誌發表具體性的建議，而日本的開明人士
亦與之桴鼓相應。在內外交相指責下，總督府唯有改革教育制度以迎合各界
的要求。

林莊生回憶這段台灣人第一次的（教育）自救運動感慨地說：

　　台中一中創辦於 1915（大正 4）年。當時日本在台實行「愚民

台灣公民教育與公民特性

教育」（限制台灣人接受中等以上之教育），很多先覺者目睹日本人欺人太甚，認為如此下去台灣人永無前途；因而發動全島性的募款運動，建立一所謂教育台灣人子弟的中學。日本政府深怕台灣人自己辦中學，將來教育出來的學生勢必缺乏「日本精神」（反過來說「台灣精神」會太重）。因而提出折中辦法，勸這些先覺者將募款（二十五萬）所得建立的學校捐給政府，由政府負責經營，並示意此校將以教育「本島人」子弟為重點。這是台中一中創立之由來。該校歸公後日本政府還遵守諾言，一直保持台灣人為主（約90%）的原則。日治時代全島只有九所公立中學：台北、台中、台南各二所，新竹、彰化、高雄各一所。其中台中一中是最早設立的中學之一。通常有兩所中學之地，「一中」是以日本人為主；「二中」則以台灣人為主。惟獨台中之名稱顛倒，即為此因。（戰後台北一中改名為建國中學，台北二中改為成功中學，台南二中改為台南一中，當時台南一中改為台南二中；台中一中則始終未改名。）**144**

此時期的教育政策，除中等、高等教育機關的增設、共學制度的繼續推進外，並無特殊變化。台灣人的政治運動依然存在，不過重點在強調地方自治。也由於總督府適時提出日台灣人通婚法，以及地方制度的改革措施，使得在台各項政策期向日本內地化，日台一體化已然定型**145**。

144.林莊生，前引書，頁122。
145.蔡禎雄，前引書，1995年，頁117~118。

　　台灣人的初等教育，在法令保障下實施共學制度，加上時局的演變，在修正學校規則之後，台灣人就讀的初等教育體制無論在教育目標、教材內容、方法還是授課時數上，儼然和日本人的初等教育機關一樣，反映了日台一體化的政策。而日益強化日語教育和對以勞動生產為取向的職業教育之重視，使得漢文教育被迫廢止，顯現總督府奴化和同化台灣人，徹底實施皇民化教育，以鞏固其統治基礎的決心[146]。

　　1922（大正 11）年頒佈的「私立學校規則」，將私人設置的教育機關亦納入管理，並加強同化思想的灌輸。其中如立案學校必須參拜神社的一項規定，導致以宗教教育為主的私立學校無法獲准立案，造成教會與總督府的直接衝突，例如 1933（昭和 8）年，總督府即指責長榮中學具反愛國思想；1936（昭和 11）年強迫加拿大長老教會轉讓淡水中學校和淡水女學校的經營權[147]。

　　由上述可知，「台灣教育令」的頒佈，主要在於配合統治政策的確立、貫徹同化主義的一貫方針。歸結此時期的教育政策，其重要部份如下：

　　1. 1919（大正 8）年發佈「台灣教育令」以確立學制。明定在台灣的一切教育設施、以此為根據，各級教育機關的系統，至此乃告確立，但仍維持台日差別待遇。

　　2. 1922（大正 11）年發佈「新台灣教育令」，明定中等以上學校（師範學校除外）取消台、日人的差別待遇及隔離教育，標榜並實施所謂的「內台共學」政策，以撤廢日台灣人差別教育。

　　1922 年 2 月，總督府另頒佈「新台灣教育令」，這是為了配合此時期所謂的「同化政策」，視為「內台共學」為同化的最佳途徑。形式上，允許台

---

146. 同上註。
147. 游鑑明，前引書，1987 年，頁 46。

台灣公民教育與公民特性

灣人可以接受與日本人程度相同的中等以上教育,實際上「共學」的結果,
只是提供在台日本人子弟有更多的教育機會,而台灣人子弟因為在起跑點上
仍居劣勢,故難以和日本人子弟競爭。再者,在所謂「內地延長主義」與
「同化政策」之下,台灣的語言與歷史皆遭抹煞摧殘。所以,誠如林茂生博
士說的:「共學的理想應基於兩個民族接受平等的教育機會為假設前提;然
而在真正的實際操作中,共學的結果,並沒有實現此種假設。」[148]

他發現殖民統治者所揭櫫的「同化」政策,雖然標榜一視同仁,實則是
對被殖民民族有違人本精神的一種傷害。林茂生就上述現象提出如是的批評:

> 以同化為目的的坦率聲明,使得這兩方人民(指台灣和朝鮮)
> 在心理上都同樣地感受到民族尊嚴受傷害。
>
> 對一個擁有文化自尊的民族如台灣人,教育的缺失是如此的
> 明顯……當一個有心智與文化的個人或民族,對自己努力範圍被強
> 迫設限,必定會振作而超越限制,或至少向設限者要求發展的機
> 會。[149]
>
> 喪失一個人的文化是很不利的,因為這預示著性格的粉碎與
> 損傷個人生存的根基,尤其是受到外來的逼迫。……[150]

綜言之,雖然此時期(1919 年以後)總督府治台政策轉向明顯,且基於
積極的「同化主義」為原則,加上「內地延長主義」的倡導,以期培養忠良

148.林茂生著,林詠梅譯,前引書,頁 56。
149.同上註,頁 58。
150.同上註,頁 158。

國民或服從之順民。欲達成此目標，教育被視為完成同化政策的主要工具，尤其從 1919（大正 8）年台灣總督府頒佈的「台灣教育令」即是表徵之一。透過此令確立了台灣人的教育制度，適用範圍包括普通教育、師範教育、職業教育和專科教育，揭示教育目的在涵養德行、普及日語和培養忠良國民之性格。但另一方面又以台灣人尚未具國民精神為由，堅持維持差別教育的原則，致使台灣人與日本人的學制仍呈現截然分開狀況。

　　這時期所實施的教育政策和措施對日本人而言是有利的，但對於台灣人民的自主意識則傷害至深。因為同化政策的本質是不鼓勵被殖民者享有平等權的，故可知日本統治者僅是假藉同化政策之美名而高唱「日台共學」，實則徒具虛名罷了，台籍學生始終未獲得與日人學生一視同仁的教育機會。

99

第五節　皇民化時期——軍國民主義及皇民化運動（1937～1945 年）

一、政治及社會情勢

　　日本自第一次世界大戰後，受到世界性經濟恐慌的影響，經濟持續不景氣，國民的生活、思想也混亂不安。對外關係，由於世界性國際協調的氣氛高張，高唱縮小軍備，迫使日本乃採取同一步調連合。然而此舉卻引發日本軍部對此強硬反對，批判政府的外交政策。另就國內局勢而言，民眾對政黨政治的不滿情緒高漲，軍部的勢力日漸增強，在這種情況下又爆發了 1931

台灣公民教育與公民特性

（昭和 6）年的滿洲事變。此後，軍部勢力逐漸強化。軍部中，特別是青年少將，甚至有主張以暴力推翻政黨政治的人，因而陸續發生了 1932（昭和 7）年的五一事件和 1936（昭和 11）年的二二六事件。國內外局勢，都促使軍部的發言權漸強，日本的政治因而產生了急速變化，實質權力逐漸變成由軍部支配。在此背景下，爆發了 1937（昭和 12）年的盧溝橋事變，日本從備戰時體制正式進入戰時體制[151]。

當時在思想上反對軍部行動者，都被以妨害國運發展的理由加以壓制，社會主義運動、民主主義、自由主義的思想也都被壓抑。因為如是的背景，可顯而易見地看出第一次世界大戰後日本帝國主義正向著兩大途徑邁進：其一是強化殖民地的控制與壓制國內勞工運動的發展；其二是發現透過軍備生產與侵略中國所得的擴大新利益。因此在考量此利益下，願意冒著風險挑戰限制日本軍備擴張、侵略之華盛頓會議體系及中國之反帝國主義運動。1937年（昭和 12），日本製造「盧溝橋事變」，發動大規模侵華戰爭，總督府則以戰爭為藉口，將台灣自治聯盟解散。代之而起的是日本人刻意策動，標榜著台日融合，亞洲民族大團結的各種團體之出現。繼之於 1941（昭和 16）年，日本偷襲美國太平洋基地珍珠港，掀起了「太平洋戰爭」。總而言之，日本帝國主義者此時正企圖以侵略手段，實現其「大東亞共榮圈」的夢想[152]。

1937 年中日戰爭全面爆發，日本為因應長期戰爭及確立國防經濟體制之需要，於 1938（昭和 13）年頒佈「國家總動員法」，以利廣泛地統制和運用人物資源，達成軍事目的，而台灣亦適用該法，因而進入了「戰時體制」。

151.許佩賢，前引書，頁 152～153。
152.吳文星，前引書，1979 年，頁 69。

之後，隨著戰勢擴大，有「帝國南門鎖鑰，南方發展據點」之稱的台灣，戰略地位更形重要。為使台灣人也具有日本國民之愛國心及犧牲精神，因此，日本統治者在台全面推動「皇民化運動」。

二、殖民政策

　　隨著日本積極侵華、中日戰爭爆發，日本治台政策進入所謂「皇民化時期」。台灣總督自 1937 年起又恢復為軍人擔任總督職權，並且配合著日本侵華的行動，展開所謂的「皇民化運動」，目的就是要把台灣人改造成效忠日本天皇的「皇民」。為了配合戰時體制的需求，日本統治者強制實施「日台一體化政策」以強化對台統治體制，並以皇民化、工業化、南進基地化作為治台三原則。由於戰爭的對象是中國，總督府懼怕因戰爭而喚起台灣人的民族意識，因此強制實施廢止漢學，破壞廟宇、嚴禁祭祖祭神之活動，並獎勵台灣人使用日語，以及積極推動改姓名運動，凡此種種措施為的都是想抹殺台灣文化，迫使台灣人能徹底達成日本化，其同化台灣人的企圖心，在在表露無遺 [153]。

　　1941（昭和 16）年 4 月，另成立「皇民奉公會」以配合戰時行政的需求，這一運動的實踐綱要有四，第一項論及：「期其皇民精神之透徹。吾人要信仰絕對無上之國體，貫徹尊皇敬神、皇國臣民之榮譽，全島一致，以努力顯揚肇國之大道」[154]。日本當局利用「皇民化運動」和「皇民奉公會」組織，用來箝制台灣人的思想，當時全台有六百萬民眾是「奉公會」的會員，

---

153. 蔡禛雄，前引書，1995 年，頁 117。
154. 李筱峰、劉峰松，《台灣歷史閱覽》，台北，自立晚報，1994 年，頁 148～149。

由此可知其組織之龐大。

據 1943（昭和 18）年的組織系統，是在中央本部之下，依照行政區域系統，五州二廳各置支部，其次十一市五十一郡各置支會，五十六街二百零九庄各置分會；而市支會之下設二百五十七區會；衛生分會之下設五千四百零四個部落會；最下屬則設六萬八千三百三十四奉公班，以構成皇民化運動的細胞組織[155]。甚至當時，台灣各地方頗富聲望的士紳和知識份子，不論是否心甘情願加入，都被網羅進皇民奉公會內當幹部。如曾投身民族運動的人士林獻堂、陳炘、林茂生等，也都被網羅進皇民奉公會組織[156]。可見其組織系統之嚴密，和日本統治者積極地想同化台灣人成為「日本人」的用心相當激切。

簡言之，皇民奉公運動是以「皇民鍊成」為前提的運動，其主要目的是想藉此運動把「台灣人之間所存在的漢民族性消滅，以強制的手段使之蛻變成日本民族性」，亦即將所謂的「台灣人的日本人化，台灣的外地性變成內地性」[157] 做為目標來徹底實行。

皇民奉公運動所具體顯現的其中一項措施，就是「志願兵制度」的實施。同樣是日本殖民地的朝鮮，早在 1938（昭和 13）年 1 月即開始實施志願兵制度，然而在台灣遲遲未實行，主要原因乃鑑於當時的戰爭對象是中國，日本政府所擔心的是台灣人是否願意為日本天皇而跟中國人打仗。然而基於廣大戰場的迫切需要，徵調台灣青年投入戰場，是日本政府不得不去考慮的

155.同上註。

156.同上註。

157.李園會，《日本統治下の台灣初等教育的研究》，瑞和堂，1981（昭和 56）年，頁 1734。

問題。為此，總督府首先把焦點集中在「台灣原住民」的青年身上，組成了「高砂青年隊」，派遣至南洋[158]。

　　然而，真正在台灣實施志願兵制度的決定，是在 1941（昭和 16）年 6 月 20 日，台灣總督府和台灣軍司令部發表了共同聲明。聲明的內容主要在強調台灣不僅是日本的內地和南方進出的重要據點，台灣人也是日本帝國的皇國民，有服兵役、保衛國家的義務。因此，日本政府要求台灣總督府應該實施志願兵制度。又因為 1941（昭和 16）年 12 月太平洋戰爭爆發，日本投入戰爭的人力益加吃重，原本不放心台灣人，而不徵調台灣人上戰場的政策也產生了改變。總督府乃決定從 1942（昭和 17）年 4 月 1 日起，開始實施「陸軍特別志願兵制」。

　　其後，又因為兵源缺乏，再度實施「海軍特別志願兵制」。至 1944（昭和 19）年 7 月，台灣人被「募」為海軍特別兵者，共計一萬一千多人。說是募兵，其實是半強制性質。由於志願兵不足，因此，統治者當局於 1945（昭和 20）年開始實施徵兵制度，在戰爭末期，日本政府在台灣所實施的軍國主義統治政策是十分徹底的[159]。除了徵兵制度外，在校的青年學生，則必須參加「學徒兵」的訓練。台灣人為了日本上戰場打仗而戰死的軍人和軍屬，總計三萬多人。此數據尚未包括在盟軍轟炸中死傷的台灣人。不過，當時也有一些日化頗深的台灣青年，以參加志願兵為榮，誓死為日本軍閥賣命者亦大有人大[160]。

　　如上所述，志願兵制度的實施，美其名是日本政府已經把台灣看成是內

158.蔡禎雄，前引書，1995 年，頁 124〜127。
159.同上註。
160.李筱峰、劉峰松合著，前引書，頁 149。

地的一部份，把台灣人看成和日本皇民一樣。因此，除享受天皇的恩澤之外，也必須善盡保國、服兵役的義務，而事實上它是一種日本軍國主義強行登陸台灣的作法[161]。

由於戰事節節高升，台灣總督府在 1942（昭和 17）年公佈「非常措置實施要綱」，其實施的主要內容計有：中學以上學生必須時時勤勞動員，依勞務的需要，徵用國民，糧食配給，貨物輸送優先來削減旅客列車的運送，戰車壕及防空壕的挖掘等等，大戰的重擔壓在台灣人的肩膀上[162]。而回顧當時因應戰時需要的學校生活狀況，似乎可從下述歷史回憶資料中得知：

戰時體制下受教育的情況，用最簡單的一句話就可以表示，一切全都是為了戰爭的勝利。也因為戰爭的緣故，原本五年的中學教育，也縮短為四年。只有在頭一年，我們可以專心的讀書，後來由於戰局越來越激烈，都沒有辦法正常上課。我們就開始到南機場，做假飛機及填土等工作。空襲的時候，我也被派去顧無線電，後來又去當學徒兵，一直到戰爭結束。因為當時大家都在同一個目標之下，所以大家都很團結，不會有互相歧視的情形發生。不像在小學的時候，常去找日本小孩打群架。[163]

日本為因應戰時體制，解決廣大戰場所需兵源不足問題，因此在台於1940 年代實施的各項重大措施，可見其奴役台灣人的企圖。以下茲就「皇民

161.蔡禎雄，前引書，頁 125。

162.同上註。

163.宜蘭縣立文化中心，前引書，頁 237。

奉公會」和「志願兵制度」措施再加以概述。

　　在 1941（昭和 16）年珍珠港事變後，日本策動全台成立「皇民奉公會」，利用地方組織編成奉公班。透過標榜「台灣一家」，以推進昂揚鬥志、實踐決戰生活、強化勤勞態度，及鞏固民防為主要目標，並將大日本婦人會、台灣青少年團、台灣產業奉公會及其他團體結成奉公壯年團，作為奉公運動之實踐推進隊。並結合各教化團體，將分散的組織化為整體性活動。此外，又實施志願兵制度，期望集合全台的人力、物力，作為日本發動侵略戰爭的補給線 [164]。

　　又於 1942（昭和 17）年，實施陸軍特別志願兵制度，招募台籍壯丁從軍，至翌年，志願兵總數竟達六十萬人。此外，招募的隨軍夫役、翻譯員、船員等，為數亦眾 [165]。總之，1941 年以後，「皇民化運動」漸推向高潮，成為全台的社會運動。在林莊生、張錦標先生的回憶中似乎可以感受到當時全民響應皇民化運動所展現出的熱情：

　　　　我小學二年級，外面的世界發生了日本人所謂的「支那事變」。生活上主要的變化是常被老師帶隊前往台中車站歡送出征軍人。搖擺太陽旗唱著：「替天打不義，我們忠勇無雙的戰士們，現在在歡呼的聲浪中，正要出發父母之國。……」[166]

　　　　日本人訓練我們的愛國精神，戰爭時去當兵上沙場，其實大部分的人都是志願，而不是被強迫的。人總是有生就有死，人生

164.游鑑明，前引書，1987 年，頁 47。
165.吳文星，前引書，1979 年，頁 71〜72。
166.林莊生，前引書，頁 44。

台灣公民教育與公民特性

　　既然要死，就要為國家的光榮而死，才比較有價值。這是我們當
時的精神。我在日本時代，也志願加入神風特攻隊。當時的精神
和現在的精神，可以說完全不一樣。那時候我真的有為國犧牲的
精神，這就是日本教育成功的例子。[167]

　　在熾熱高漲的皇民化運動中，台灣的本土文化遭受歧視，台灣人的宗教
信仰也備受抑制，各家庭被要求參拜日本的「天照大神」。小學校裡也大力
推行皇民化教育，不准學童講自己的母語，一律用「國語」（日語）交談。
此外，鼓勵改姓名，也是皇民化運動的重要內容之一。

　　從下列耆老的口述歷史資料中，可以佐證當時皇民化運動各項政策推動
時的概況：

　　　　日本人希望原住民早日皇民化，強迫我們說日語，禁止講自
己的母語。其次是改姓名，崇拜天皇，每日早會時除唱國歌及向
天皇皇后照片敬禮外，還要向東方宮城遙拜。天皇是長久永遠不敗
的神，是天照大神的後代，日本是神國，設神社規定定期參拜。[168]

　　　　太平洋戰爭爆發的時候，全國的建設都停頓下來，當時上下
團結一致，完全只求戰爭勝利，那時候老師會加強時事報導。當
時正是日本人全面戰勝的局面，所以我才知道南洋一帶的地名。
例如馬尼拉、新加坡、婆羅洲、新幾內亞等。大家還縫「千人針」，
寫「千人力」，送給出征的軍人。另外還要做公工，像搬石塊、割

167.宜蘭縣立文化中心編，前引書，頁252。

168.同上註，頁227。

馬草等。每月還要到神社參拜，祈求出征的人武運長久。……到了
戰爭的時候，情形就改變了，老師告訴我們喝神明的香灰水是迷
信的，要過新曆的新年，不要過舊曆的新年。還鼓勵我們改姓名，
參加國語家庭。[169]

　　日本在皇民化之後，不希望台灣人有迷信及崇拜偶像的習俗，
並要台灣人在家裡設天照大神的神壇。但台灣人有病痛的時候，
也不會去拜日本人的神像。日本在皇民化運動之後，積極推展軍
國主義，強制台灣人到神社參拜，及拆民間的廟宇等措施。[170]

　　總之，在皇民化時期，透過諸多措施讓台灣民眾確實日化不少。加上五
十年日本式生活的感染，許多台灣人亦耳濡目染了日本人的生活習慣，在戰
後國民政府接管以後，被許多來自大陸的中國人辱罵為「奴化」甚深。

三、教育政策

　　如上述，1937～1945 年期間隨著日本積極侵華，中日戰爭爆發後，日本
治台政策進入了所謂的「皇民化時期」。此一時期的教育目標旨在「鍊成皇
國民」，而社會教育躍升為推行「皇民化運動」的主要手段，舉凡國語普及
運動、獎勵國語家庭、大廳改正、改日本姓氏等無一不是為了貫徹同化台灣
人之目標而設，可稱為殖民教育的「強化時期」[171]。當時，因為極端愛國主

169.同上註，頁 192。
170.同上註，頁 198。
171.吳文星，前引書，2000 年，頁 19。

時期

台灣公民教育與公民特性

義流行，徹底教化「國民精神」的呼聲越來越高，極端國家主義和軍國主義思想大量地進入日本內地的國民學校課程中。而台灣當然無法置外地亦受這些發展的影響。

於是從 1936（昭和 11）年 9 月，台灣總督恢復由武官擔任，一切措施均以達成軍事目的為主。此目標表現在教育上的則是，延續從 1930（昭和 5）年代起，以同化台灣人成為總督府施政的主要重點，其具體目標就是讓台灣人成為帝國的臣民：在食、衣、住方面如同日本人的生活作息模式；在語言上，像說母語一樣地使用日語；在愛國情操上，像在日本出生的日本人般地具有保衛日本的國民精神。對日本統治者而言，這些均不是新的目標，卻需要更加努力地完成。就在 1938（昭和 13）年日本頒佈「國家總動員法」後，台灣亦隨之進入「戰時體制」，透過「皇民化運動」的推動，期使台灣人能成為效忠日本的皇國民。

為達成上述目標，易受控制且配合度最好的學校體系，也努力地執行著皇民化教育措施，致使台灣的學校像日本內地一樣，開始反映日本人生活和社會中非常明顯的軍國主義和極端國家主義。和日本內地及日人就讀的小學校課本一樣，國家沙文主義的內容也出現在台人就讀的公學校課本中[172]。

但是約從 1930（昭和 5）年起，革新皇民化政策的做法，亦需透過學校外體系大力推行，才能加速完成皇民化之任務。透過皇民化運動，日本統治者致力於快速改造所有台灣人，使成為「出生於日本的日本人」一般的帝國臣民。透過非學校體系所進行的皇民化運動，主要的教化對象是那些因故未受國民教育，而沒有機會受到皇民化運動改造的台灣人[173]。在此運動下，積

108

172.E. Patricia Tsurumi 著，林正芳譯，前引書，頁 91。

173.同上註。

極推行普及日語、優待使用日語的台灣人家庭、獎勵台灣人供奉日本神祇、創設勤行報國青年隊、擴充青年學校、組織台灣青少年團，1940（昭和 15）年鼓勵台灣人改從日姓。透過上述種種政策以促使台灣人徹底同化成為「皇國民」。

而在軍國主義和極端國家主義下，台灣的教育採內外一體、教育一元化的方針配合之。在台日統一於「戰時體制」下之際，日本人認為宜掃除舊有自由主義、個人主義及功利主義的教育思想，以確立「鍊成皇國民」的教育理念。當時學校亦如火如荼地配合實施「皇民化教育」，如林莊生先生即曾對此現狀回憶道：

> 我小學時老師要我們寫一篇〈給戰地將士的信〉，當時這種文章叫「慰問信」，是小學作文課程的一個重要題目。⋯⋯⋯⋯當時日本的小學教育是全力灌注「僅僅知道自己，完全不知道他人」的「愛國」教育。我們這群小學生都被洗腦成為緊緊繃繃的日本紅衛兵。從日常談話中，我常感覺他（按：指的是施維堯先生，為葉榮鐘先生的內弟）對皇軍缺少敬意，但對西方國家，尤其是他們的軍隊裝備之優良頗為傾倒的樣子。當它說的是德國或義大利時我還可以接受，但如果是英國或美國時我就怒髮衝冠，跟他爭辯，力主「忠勇無雙」，「無敵皇軍」的優越性。[174]

皇民化時期為達成「鍊成皇國民」目標，其中又以改革初等教育為此期的重大變革：首先於 1937（昭和 12）年廢除公學校的漢文科；1941（昭和

109

174.林莊生，前引書，頁 63。

台灣公民教育與公民特性

16）年，殖民地統治接近尾聲時，隨著日本國內初等教育制度的改革，台灣的小學校、公學校依「國民學校令」全部改稱為「國民學校」，在形式上連初等教育也完成「同化」。但實際上，課程內容卻區分為三種，其規定「過日語生活家庭」的子弟得以就讀第一號表國民學校，其餘家庭子弟則入第二、第三號表國民學校，可見具差別待遇的教育本質仍然未變[175]。

佐藤源治即認為國民學校制度的實施有其重大意義，略謂：「國民教育制度的實施是基於國體本義以改革教育，初等教育的革新乃是革新所有相關教育的前提。」[176]。1943（昭和 18）年開始實施義務教育，在殖民地支配即將結束的 1944（昭和 19）年，學齡兒童就學率已超過 70%，學童數超過 80 萬。隨著日本國內教科書的固定化（1904 年），關於台灣人子弟在公學校所使用的教科書，殖民地當局列舉了各種「教育上」的理由，如語言的差異、風俗習慣的不同等，規定必須使用台灣總督府所著作發行的教科書。亦即，台灣人所使用的教科書與內地日本人所用的教科書呈現差異。

再者，上述強化政策和學制改革，如將國民學校的課程區分成三種，以適用於原小學校和公學校學生。而中等以上學校固然增加不少，但僅職業學校佔有較多的台籍生，因此筆者認為此一時期的教育制度，看似是為提昇台灣人子弟的素質，而進行不小幅度的調整。但實際上，在仍未開放平等共學機會的現況下，差別待遇本質仍然沒有改變。

綜觀日治時期日本統治者的教育政策，是在漸進原則下，逐步強化其同化主義方針以達「鍊成皇國民」之目標，而差別待遇及隔離政策實為此時期主要特徵。歸結此時期重要的教育政策為：

175.吳文星，前引書，2000 年，頁 19。
176.佐藤源治，前引書，1943（昭和 18 年），頁 169～176。

  1. 1937（昭和 12）年廢止公學校漢文科，漢文書房全面禁止；

  2. 1941（昭和 16）年公佈「國民學校令」，廢除公學校及小學校之分軌學制，一律改為「國民學校」；

  3. 1943（昭和 18）年義務教育制度的實施；

  4. 1943 年頒佈「廢止私塾令」，停辦所有書房；

  5. 1943 年將師範教育機關升格；

  6. 1943 年將中等以上教育比照日本國內教育學制進行改革，並頒佈「中等學校令」，將中學校、高等女學校和實業學校化為一統。

  歸結言之，此時期「錬成皇國民」之教育政策呈現出：強化初等教育，以奠定「皇民教育」之基礎；配合日本戰時學制改革，修改中等以上教育諸法令；以及修改台灣師範教育令，以適應國民學校教育之需求等三大特色。

第六節 本章小結

  筆者基於各時期殖民政策變異之特色，歸納成三大時期的殖民施政方針及教育政策如下。

  ㈠ 1895～1919 年綏撫時期。其殖民政策以「漸進主義」和「無方針主義」為原則，推動的重大教育政策為：「推行國語（日語）教育」；1896（昭和 29）年頒發「教育敕令」、設立「國語傳習所」與「國語學校」；1897（昭和 30）年頒發教育敕語；1898（昭和 31）年頒佈「公學校規則」，和成立公學校；1905（昭和 38）年設立蕃人公學校；1914（大正 3）年頒佈「蕃人公學校規則」。

  ㈡ 1919～1937 年文治時期。採行的殖民政策原則為「同化主義」和「內

## 台灣公民教育與公民特性

地延長主義」。展現在教育政策上的重要方針為：1919（大正 8）年發佈「台灣教育令」；1922（大正 11）年發佈「修正台灣教育令」，以及實施日台共學之教育政策。

（三）1937～1945 年皇民化時期。其殖民政策以「軍國民主義」為原則，以推行「皇民化運動」為主要方針。而此時期的教育政策則為：1937（昭和 12）年廢止公學校漢文科，漢文書房全面禁止；1941（昭和 16）年公佈「國民學校令」，廢除公學校及小學校之分軌學制；1943（昭和 18）年實施義務教育制度；1943 年頒佈「廢止私塾令」，停辦所有書房；1943 年升格師範教育機關；1943 年中等以上教育比照日本國內教育學制之改革，並頒佈「中等學校令」，將中學校、高等女學校和實業學校化為一統。

總結而言，日本對台的教育政策，其最終目的並不是要台灣人直接變成日本人，而是想法要像日本人，做個道道地地的日本臣民，能對日本天皇忠心耿耿，但不可妄想取得並享有與日本人相同平等的地位和福利。然而這並不代表日本統治者不在乎台灣的教育，相反地，「脫亞入歐」的日本以重視義務教育、師範教育及職業教育為達成其富國強兵的手段，以中央集權的行政力量，動員全體國民，大膽進行改革，可以說是日本教育現代化的主要特色。而日本治台期間亦以其富國強兵經驗行之於台灣教育政策上，在台灣積極推動普及教育，旨在要求台灣人變成皇民化的一員。因此，其所實行的殖民地教育仍難以擺脫對殖民地子女教育採歧視、隔離和分別設校等措施。

但是，五十年對台的教育政策，亦隨著總督府統治政策的改變而加以調整。日本統治者在台建立近代西式教育制度，實開啟了台灣教育的現代化。可以說，台灣正式學校的開始，始於日本殖民台灣期間。日本統治者對實施於台灣的教育政策及實效，可謂十分滿意。如：日本在台五十年的教育下，台灣學生日語的流暢度、發音之標準、日文寫作之水平，都不下於日本內地

學生或日本在台學生；而「國語運動」、「國語家庭」，及「國語學校」亦雷厲風行地在全台展開；另外，逐步且有系統地廢除書院、社學、義學和私塾等，以及提昇「公學校」的就學率，普及教育成效與先進國家相差無幾，更遠非當時的中國所能比擬。

而各科教科書均以日本的立場來編寫，一律強調日本國家意識；台灣人民舉凡生活一切習慣悉與日本相同，如穿木屐、著和服、住榻榻米房子、喝味增湯、唱日本歌、打棒球、看日本小說、認識日本法律、到日本各地旅遊、留學、看日本報紙、上學天天向太陽旗及日本天皇致最敬禮等。這期間，日本不只強調軍國民式的教育作風，採取斯巴達式的威權管理，台灣的教育在日本採如是方式治理下，儼然十足的日本化[177]。因此，在品德養成、體能訓練和清潔方面之成效極為卓著。

但持平而論，日本治台期間的確提昇了整體的台灣社會文化水準，奠立了現代教育的良好基礎，亦改善不少生活惡習─如不衛生、不守時、不守法、不守信、不負責和打馬虎眼等。

雖然受異族統治的台灣，享受不到「祖國的溫暖」，但是當時台灣的社會發展領先「祖國」達三、四十年，是個不爭的歷史事實。也無怪乎 1935（昭和 10）年陳儀應邀來台北參觀台灣總督府主辦的「始政四十年博覽會」時，公開對台灣人民在日本統治下的成就道喜。而戰後一位來台參觀的中國記者江慕雲，更有感而發地說：「有人說，假如這五十年，不是日本人在經營的五十年，而是我們自己經營的五十年，恐怕基隆還沒有成為現代化的港市吧？這彷彿是感慨，亦可以作為諷刺。」[178]

113

177.林玉体，前引書，頁 120～121。
178.李筱峰、劉峰松合著，前引書，頁 154。

台灣公民教育與公民特性

　　然而隨著殖民政策而調整的教育措施，對於台灣人民自主性所造成的傷害仍然是至深且鉅的。試歸結日本治台所產生的影響及值得深思者如下：

　　㈠以同化為依歸的教育顯然違反了民主的精神，因為教育之目的在於從學生的內在啟發其創造力，而不是從外在給與強制性的灌輸，否則只會破壞學生的創造力。

　　㈡教育制度、教育內容、教育機會或品質均存在著殖民同化目的之特殊性。

　　㈢台灣人受教機會其實呈現不平等的現狀，殖民地教育自小學階段即設定不平等的雙軌系統，當然引起本地人民的不滿及批評。

　　㈣初等教育中過分強調軍國主義意識，使兒童在價值判斷上減少了自主性的養成。

　　㈤課堂中安排過多的勞動時數，亦剝奪了兒童的學習權益。

　　㈥教師盛行體罰、不尊重兒童人格等情事，對兒童人格的養成造成深刻影響。

　　㈦過度重視職業教育，致使戰後台灣社會嚴重缺乏政治、經濟、法律、外交等領域專業人才。

　　㈧長期壓抑台灣學生就讀普通中學和大學的不平等政策，影響曾受此壓抑的台灣人冀求其子弟藉由升學以晉身較高的社會階層，此導致戰後台灣社會的升學主義問題更為嚴重。

第三章　日治時期台灣學校體系內的公民教育

日治時期

台灣公民教育與公民特性

人家說六十五歲以上的人，都有日本精神。到現在我還是保有誠實、守時、重禮節的日本精神。[1]

台灣人受日本教育，對事情的學習和觀察都很認真。當時我們的童年生活真的是非常快樂，夏天提著螢火蟲去捉魚，捕蝴蝶做標本，真是非常快樂。另外老師的敬業精神非常好，日本時代並沒有完全消滅台灣文化，在公學校的課程裡面，正式有漢文的課程。在我二年級的時候，支那事變發生之後，學校才禁止教漢文……我覺得日本時代的教育，養成我敬業、不斷學習，及有一個快樂的童年回憶。」。[2]

1895（明治 28）年日本接收之際，反日情緒高漲，亂象頻仍[3]。日本初期採行的統治策略是以軍隊

圖 3-1 日本時代台灣學童上課一景圖
資料來源：許極燉，《台灣近代發展史》，台北，前衛出版社，1996 年，頁 16。

---

1. 林清池先生發言，宜蘭縣立文化中心，《宜蘭耆老談日治下的軍事與教育》，宜蘭，宜蘭縣立文化中心，1996 年，頁 193。

2. 同上註，陳兆震先生發言。

3. Harry J. Lamely, " *The 1895 Taiwan War of Resistance: Local Chinese Efforts Against a Foreign Power,*" in Leonard H. D. Gordon, ed., Taiwan: Studies in Chinese Local History (New York, 1970), pp.23～77。

毫不留情地鎮壓反日份子，但日本統治者馬上了解到，光靠武力是不足以鞏固新領土 [4]。必須引進民政組織以維持秩序、開發台灣的經濟資源，並取得本島人的合作，而教育在落實這些計畫上則扮演著重要的角色。

因此，教育被期待是最能促使被統治者願意與統治者合作、順從，甚至被同化的手段。學校如軍隊，將有助於控制百姓（甚且進行最深刻的思想改造工程），所以日本統治者很清晰地知曉—在下猛藥達到軍事勝利之後，適度地給予殖民地人民止痛劑（即教育的感化）是需要的。這是 1904（昭和 37）年，一位日本統治者提出的說法 [5]，亦即教育比軍事和綏靖更有效，是基本的社會、政治、經濟和文化變遷的工具。

分析總督府編纂的「修身」科及「國語」科教科書的內容，發現日本統治者以道德教育為名，利用無所不在的意識型態，把台灣孩童教育成守規矩、服從的「好兒童」。而國語讀本除了支援前述目標外，在日治末期更變本加屬推行國語運動，使得許多年輕一代的台灣人不能流利地使用母語。

如上述，由於「修身」、「國語」科在達成國民精神的涵養上，扮演著重要角色，因此日本統治者更相信這是做為涵養道德和教導效忠日本的兩個重點科目。故本書選擇這兩個教科作為討論的對象，再加上述兩個科目對於協助統治者達成其所設定的公民教育目標成效卓著，所以包含實業教育、專門教育、師範教育等各級學校，均設有「修身」和「國語」科，以持續培養並塑造其所欲達成的公民特性。然而限於篇幅，本書僅就公學校內各時期的

---

4. 鎮壓武裝抗日的討論，見 Ching-chih Chen, "*Japanese Socio-Political Control in Taiwan, 1895-1945*", Ph. D. Dissertation, Harvard University, 1973, pp.7～68。

5. 木村匡，＜台灣の普通教育＞，《台灣教育》，第 28 卷第 4 期，1904（明治 37）年 7 月，引自海老原治善，《現代日本教育政策史》，東京，1965～67 年，卷 1，頁 240。

「修身」和「國語」教科書作檢視分析,當然也多少論及小學校教科書的概況,再進行公小學校此兩科教科書的比較分析。

依日本治台政策的差異,本書將日本統治台灣的五十年分成三個時期,但治台政策的不同如何反映於學校課程上?如:統治初期,欲將種族、語言、風俗習慣相異之台灣兒童「日本化」,教科書應如何配合?第一次世界大戰前後,在大正民主思潮的影響下,「內地延長主義」、「同化主義」高唱入雲,課程、教材又產生了何種改變?統治末期為配合戰時需要,如火如荼地展開「皇民化運動」,此運動又如何影響學校課程?

本章由日本近代教育談起。因為日本在台灣各種施策過程中,相當程度地參酌日本內地的制度(而在台灣的措施,則相當程度地成為日本其他殖民地推行制度的參考),因此,要瞭解日本統治下的台灣,必須將日本內地的情形納入分析。此外,也探討日本近代史上的「不磨大典」—「教育敕語」在台灣頒佈的意義,並分析公學校的性格。只有究明這些問題後,才能真正地明白在公學校中所進行之「教育」活動的真實面目。

第一節 日治時期台灣教育的背景

一、日本小學校教科書之沿革與在台日本人之教育

1875(明治8)年伊澤修二被文部省派往美國麻州橋水師範院校(the Bridgewater Normal School in Massachusetts)進修,回到日本後,引進體育和西方音樂,成為推動西式教育的先驅者。1885(明治18)年,森有禮(1847～89

年）擔任文部省大臣，主張將道德教育納入學校中，因而增設編輯部，延聘伊澤擔任局長[6]。

　　日本戰前的教育一直被詬病的就是，教師們都流於「教教科書，而非以教科書教」。亦即，將教科書視為權威「教典」，而非教堂輔助工具。又戰爭期間的教科書，除了國民學校時代的教科書外，也向上溯及中日戰爭爆發的 1937（昭和 12）年前後出版的教科書。在戰時體制下，舉國一切皆為戰爭作準備，此時教科書須發揮配合戰爭需要，鼓吹戰爭和鼓舞戰意之功效[7]。

㈠日本國定教科書之沿革

　　日本內地在 1890（明治 23）年公佈新的「小學校令」。一改以往「小學校為授兒童普通教育之所」的定義，而規定「小學校以留意兒童之身體發達，授以道德教育及國民教育之基礎，及其生活所需之普通知識技能為本旨」，其中「道德教育」可以用「教育敕語」說明其內容。而根據當時出版的說明書，「國民教育」是指關於一國特性的教育，包括日本的言語、習俗、風氣、制度、國體等特有的文化，特別是無與倫比的「以奉戴萬世一系的天皇為最大榮譽與最大幸福一事」[8]。

　　由上可知，在初等教育機關所要培育的，不是近代市民社會中獨立自主的個人，而是成為日本這個具有特殊風俗、傳統的「天皇制國家」中的忠貞國民。另外，國語傳習所雖是以語言訓練為重點，但也沒有忽略道德教育的重要。殖民政府一開始就宣示了其教育意圖─培養「尊皇室，愛本國，重人

---

6. Hall, Ivan P. *Mori Arinori*. Cambridge, Mass., Harvard University Press, 1973, pp.437〜447.
7. 許佩賢，前引書，頁 19。
8. 山住正己，《日本教育小史》，東京，岩波新書，1987 年，頁 56〜57。

台灣公民教育與公民特性

倫，養成本國精神」的公民特性，而這也是日本國民教育的主要內涵。

在新教育令中規定「小學校為授兒童普通教育之所，以修身、讀書、習字、算術、地理、歷史等之初步為其學科。」「修身」科的順位從原來的第六位轉成第一位，一直到日本敗戰都沒有改變，修身科在練成皇國民目標的重要性。可見日本於明治維新後，雖然重視實用知識技能之傳授，但是在學校教育中仍以強調良好公民德行的培養為其教育首要的任務。

此外，小學校在教科書行政與內容上都產生極大的變化。過去小學校使用翻譯教科書，教科專採自由發行和自由採譯，再歷經開申制（向文部省提出）和認可制，然而至 1887（明治 20）年後則採用檢定制，規定小學校採用的教科書須經文部省檢定。而教科書的內容也起了相當變化，可以明顯比較出教科書所呈現的儒教主義內容較原來重視的歐化主義、自由民權的內涵多了很多精神[9]。

1889（明治 22）年發佈「大日本帝國憲法」，翌年（1890 年）以敕令發佈新的「小學校令」，此後一直到二次大戰結束前，教育方面的基本法令，都是以「小學校令」為原則。「小學校令」一改以往規定「小學校為授兒童普通教育之所」的定義，而改為「小學校以留意兒童之身體發達，授以道德教育及國民教育之基礎及其生活所須之普通知識技能為本旨」[10]。

另外，1891（明治 24）年公佈的「小學校教則大綱」中規定：「德性的涵養為教育上最需用意處」，又再次宣示德行的涵養是教育首要的重點；而「修身」科為「基於教育敕語之旨趣，啟培兒童之良心，涵養其德性」和「努力培養尊王愛國之志氣」的科目。不只是「修身」，連「地理」、「日

---

9. 許佩賢，前引書，頁 27～28。

10. 同上註。

本歷史」也是以「養愛國之精神」,「使知本邦國體之大要」為教授主旨。
從此,在小學校中施行的兒童基礎教育,變成為了國家以培養國民愛國心的
教育[11]。以現今觀點而言,與涵養公民素質最直接相關的科目——「修身」、
「地理」、「日本歷史」等科目,課程編纂重點幾乎都著重於涵養國民德行
與培養愛國尊王之精神為要旨。

　　分析教科書之前,若對各期教科書之變遷和消長加以分析,當能更瞭解
教科書編纂旨意。因此,參酌日本教育史研究者唐澤富太郎,針對學制頒佈
以來的教科書分期[12],簡述分析如下:

(1)翻譯教科書	1871～1879 開化啟蒙性格的教科書
(2)儒教主義復活的教科書	1880～1885 儒教倫理復活反動的教科書
(3)檢定教科書	1886～1903 育成民族主義的教科書
(4)國定一期教科書	1904～1909 資本主義興盛期的教科書
(5)國定二期教科書	1910～1917 家族國家觀的帝國主義階段的教科書
(6)國定三期教科書	1918～1932 大正民主時期的世界性和近代性教科書
(7)國定四期教科書	1933～1940 法西斯主義強化的教科書
(8)國定五期教科書	1941～1945 戰時體制下軍事的教科書

121

11. 同上註。
12. 以下分期與解說參考唐澤富太郎,《教科書の歷史》,東京,創文社,1980 年,頁
　　1～18。

台灣公民教育與公民特性

從上述教科書歷經八個時期的變遷及消長加以分析，值得我們關注的三個重要的轉換期[13]：

*1.*第一個轉換期是從儒教主義復活的教科書到檢定教科書的明治 20 年代（1887 年）—民族主義的教科書。此一時期是學校教科書開始參與形塑國民性格的時期。

*2.*第二個轉換期是從國定一期到二期的明治40年代（1907）—帝國主義的教科書。此一時期教科書從著重資本主義進入充滿帝國主義色彩的階段。

*3.*第三個轉換期是從國定三期到四期的昭和初期（1926 年～）—法西斯主義的教科書。此一時期是由「培養國民」性格，轉換成「育成效忠日本天皇之臣民」的時期。

另外，日本治台期間，分析總督府在台所發行教科書的演變，亦可看出配合上述三個時期變化脈絡。治台初期教科書使用的情形十分混亂，如1901～1903（明治 34～36）年總督府發行了第一套國語教科書「台灣教科用書國民讀本」十二卷；「修身」教科書則於 1914（大正 3）年起發行第一套「公學校修身書」六卷（之前曾於 1910 年發行「修身教授參考資料」三卷，類似教師用書）；其後國語讀本及修身書又歷經幾次改訂，然而其趨向大抵是跟著國定五期—戰時體制下軍事教科書的步伐而編纂。

大體而言，明治末年（1911）的教科書，國家主義色彩較濃；大正中期（1918）以降的教科書較具世界觀，且近代性亦較強；而昭和初（1926）年以後的教科書則開始加強軍國主義之內容[14]。從分析對台發行教科書的演變

13.許佩賢，前引書，頁 30～32。
14.同上註。

過程，可以明顯看出教育被視為是替政治服務之媒介和工具的發展事實。

　　根據日本所頒佈教育勒令的規則，日本人小學校的主要實施內涵和目標如下：⑴小學校是以建立道德教育與國民教育的基礎，教授孩童生活中必須具有的知識與技能，並注意他們體能的發展為本旨。⑵小學校分為尋常小學校與高等小學校。⑶尋常小學校的修業年限為四年，再增長為兩年或四年，即是高等小學校。前者課程包括修身、國語、算術、唱歌及體操，而後者包括修身、國語、算術、日本歷史、日本地理、理科、圖書、唱歌及體操[15]。頒佈此規則之目的是為了使在台灣的日本兒童，與日本內地兒童在各方面所受的教育相同。

㈡「教育敕語」頒佈的意義

　　頒佈於 1890（明治 23）年的「教育敕語」，為之後日本內地教育在教育理念和目的等方針宣示的基準，因此，透過分析「教育敕語」，是瞭解日本近代教育發展乃至日治時期的台灣教育概況不可或缺的重要文獻和研究脈絡。其全文如下[16]：

　　　　朕惟我皇祖皇宗，肇國宏遠，樹德深厚，我臣民克忠盡孝，億
　　兆一心，世世濟其厥美，此乃我國體之精華，教育之淵實亦存乎此。
　　　　爾臣民孝于父母，友于兄弟，夫婦相和，朋友相信，恭儉持
　　己，博愛及眾，修學習業，以啟發智能，成就德器，進而廣公益，
　　開世務，常重國憲，遵國法，一旦緩急，義勇奉公，以服翼天壤無

---

15. 林茂生，《日本統治下台灣的學校教育》，台北，新自然主義，2000 年，頁 114～116。
16. 許佩賢，前引書，頁 32。

台灣公民教育與公民特性

窮之皇運，如是，則不獨為朕之忠臣良民，亦足以彰顯爾祖先之遺風。

　　斯道也，實我皇祖皇宗之遺訓，子孫臣民應俱遵守，通之古今而不謬，施之中外而不悖，朕與爾臣民俱拳拳服膺，庶幾咸一其德。

　　「教育敕語」是由井上毅起草，經儒教主義者元田永孚修正，再採納內閣閣員及天皇的意向而成。元田永孚認為國家才是倫理的共同體，井上毅則

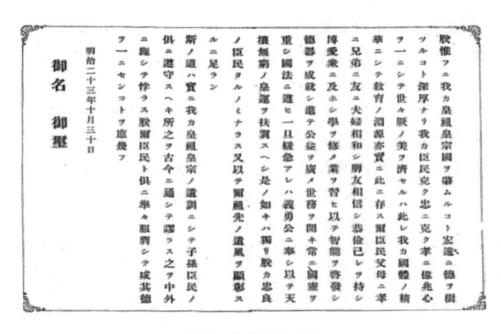

圖 3-2　教育敕語之原文

資料來源：台灣總督府，〈公學校修身書〉，卷 4，1936（昭和 11）年。

主張政治應優先於道德[17]。「教育敕語」即是在這種儒教主義提倡者與近代國家主義主張者妥協下，所形成的一種日本特有的家族國家觀[18]。教育敕語的發布，亦實現了一些日本教育者們長久以來冀望統一國民道德觀的期待[19]。

在「教育敕語」發佈的翌年（1891年），又公佈了「小學校祝祭日儀式規程」，其中規定在紀元節、天長節及其他祝祭日，應舉行儀式儀典，在各項儀式中必須捧讀「教育敕語」，並就敕語相關事項進行訓話。同年（1891年）公佈的「小學校教則大綱」，也依據「教育敕語」做了修改，在內容上特別重視與「修身」科課程加以配合，如在教則大綱中的「修身」科教則內特別規定，「修身基於教育敕語之旨趣，以啟培兒童身心、涵養其德性，教授人道實踐的方法為要旨」。

透過如是的教則大綱頒訂其目的重在貫徹「教育敕語」的旨趣[20]。而進一步分析「教育敕語」的頒訂過程和內涵則清楚地顯示，它對於日本教育所發揮的引領作用，其地位就如同教育聖經般，神聖而不可侵犯；當然，它也是涵養公民特質最重要的典範。

㈢在台日本國民的教育

台灣成為日本殖民地後，最先到達台灣的是軍人，不久，文武官員們的家屬陸續遷移到台灣居住。當局開始憂慮隨著日籍兒童數目的增加，就學需

---

17. 許佩賢，前引書，頁34。
18. 李永熾，＜明治日本「家族國家」觀的形成＞，收於《日本近代史研究》，台北，稻禾出版社，1992年，頁127～129。
19. 許佩賢，前引書，頁34。
20. 海後宗臣‧仲新，《教科書でみゐ近代日本の教育》，東京，東京書籍株式會社，1986年，頁74～76。

求不足的問題將日益嚴重。所以即刻在 1896（明治 29）年底，設立了六所私立學校，以容納兩百名在台日本學童的就學需求。但此為臨時和代用的措施，這六所私立學校隨即被後來設立的公立學校所取代。

為了解決在台日本學童就學的問題，日本高層曾於 1897（明治 30）年在某些國語傳習所內設置分離教室，以方便偏遠地區之日籍兒童就學；但公學校成立後則延續此業務；同年（1897 年），在台北成立了第一所為日本兒童而設的公立小學校；次年（1898 年）再開設四所公立附屬小學校 [21]；同年（1898 年）總督府對設立新的私立學校開始限制，並且對設立者採嚴格管理方式 [22]；於 1899 年（明治 32）又增加了三所公立小學校。

另外，從 1905（明治 38）年起，派遣小學校教師到偏遠地區教學；次年公學校中有十四個小學校分別派遣教員教授 [23]。為了因應需要，這種派遣教授措施一直實施到 1919（大正 8）年始終止。即便做了上述措施，日籍兒童遍佈全島所引發的教育問題仍一直困擾著日本統治者。

對在台日本學童進行教育的學校教師需面對不少問題，其中令教師最感困擾的是語言問題。因為這些學童來自日本各地，說著不同的方言，被指定為「國語」的東京腔，只在總督府官員交際中占優勢。授課教師曾經回憶說：「學生在教室和運動場使用的，是可以稱之為沒有語尾詞的台灣式日語」。這種語言問題導因於學校教科書未能普遍使用標準國語。除此之外，學校教師還須面臨以下的困擾：

從日本運來的學校補給也經常遲到，學生經常遭受教材和教

---

21. 台灣教育會，《台灣教育沿革誌》，台北，1939（昭和 14）年，頁 486～488。
22. 同上註，頁 988～990。
23. 吉野秀公，《台灣教育史》，台北，台灣日日新報社，1927（昭和 2）年，頁 185。

具不足之苦。教室裡的學生聽得到附近監獄中台灣囚犯的哭嚎，
爭討叛變的軍隊不斷地從校門口經過。日本老師也擔心這些殘忍
的行為對少年心靈將產生不良的影響。在這種環境下，要老師怎
麼去教修身課？[24]

即使日本人在台學童的教育，在治台初期的確遭遇到不少困難，但是由
表 3-1 可得知，日本子弟就讀小學校的比率，呈現逐年快速升高的況狀，尤
其在 1920（大正 9）年時，在台日人的小學就學率已超過98%以上。自此之
後，幾乎呈現穩定，且高達99%以上的就學率。

表 3-1　在台日本人的小學就學率

年底	平均	男（%）	女（%）
1917 年	95.1	95.5	94.6
1920 年	98.0	98.3	97.6
1921 年	97.6	97.9	97.2
1924 年	99.0	99.0	99.0
1925 年	98.3	98.4	98.1
1931 年	99.0	99.1	98.9
1932 年	99.1	99.2	99.0
1933 年	99.3	99.3	99.2
1934 年	99.1	99.1	99.1
1935 年	99.3	99.3	99.2
1936 年	99.4	99.4	99.4
1937 年	99.5	99.5	99.5
1940 年	99.6	99.5	99.6
1943 年	99.6	99.6	99.6

資料來源：《台灣省五十一年來統計提要》，台北，台灣省政府，1946（昭和 21）年，
　　　　　頁 242。

---

24. 同上註，頁 100～101。

台灣公民教育與公民特性

在如此高的小學就學率下，伊澤仍堅持，日本人需要學習當地台灣話，因而第一小學補習科開設有土語課[25]。除此之外，在台日本學童就讀學校的組織、教學科目、教科書，幾與在日本內地的學校完全相似。和日本內地學生一樣，殖民地的小學生大部分時間學習日語、算術和書法，也有美術、唱歌和體育活動，到了五、六年級則學日本歷史和地理。1902（明治35）年台灣小學規則公佈後，殖民地和日本內地小學教育唯一的差別就在，台灣日本人子弟的教育並不是義務的[26]。

二、台灣公學校教育的進展

(一)公學校設立的目標

依照殖民統治者設定的方針，台灣本地人的初等教育以普及國語為其主要目的。因此，1896（明治29）年10月在全島設立國語傳習所，由國庫經濟援助這些學校。1899（明治32）年10月1日，所有的國語傳習所正式廢除，改設公學校替代之[27]。國語傳習所一如其名，以「傳習國語」為目的，這個目的一直到改設為公學校之後仍沒有改變。1896（明治29）年發佈的「國語傳習所規則」（府令第一五號）中第一條規定，該所成立的目的在於「對本島人教授國語，以資日常生活之用，且養成本國的精神」。其教授的

---

25. 至少男子如此，見台灣教育會，頁419。

26. 東鄉實、佐藤四郎，《台灣殖民發達史》，台北，晃文館，1916（大正5）年，頁422；井出季和太，《台灣治績志》，台北，台灣日日新報社，1937（昭和12）年，頁332～333。

27. 林茂生，前引書，頁116～117。

科目有：國語、讀書作文、習字、算術。並在第十三條規定：

> 本所以國語傳習為本旨，必須經常留意道德的教訓及智能的
> 開發。道德的教訓以尊皇室，愛本國，重人倫，養成本國精神為
> 旨；智能的開發以獲得立世營業必須的知識技能為旨[28]。

　　1898（明治31）年7月，勒令第一百七十八號及第一百七十九號，頒佈台灣公學校官制及台灣公學校規則。根據公學校規則，其開宗明義第一條即指出：「公學校是對本地人子弟施與德教，教授實學，養成國民的性格，同時令他們精通國語為本旨」[29]。上述第一條規則將施德教放在授實學之上，旨在承認並強調道德教育的優位性；而將精通國語放在附屬地位。施德教是指「需注意作為人必須的德義教訓，和我國民必要性格的陶冶」；授實學則「須求智識技能之精確實用，選擇生活必須事項教授之。」[30]

　　根據公學校規則的要旨，係將「教授作為人必須的德義教訓」界定為「道德教育」的內涵，旨在養成社會群體中生活基本的德性；另把「陶冶國民必要的性格」定義為「國民教育」的內涵。根據這樣的定義，我們可以發現根據公學校規則在台灣的基礎教育中，「施與教」項目應包括狹義的道德教育與國民教育[31]。

　　但是，先施德教，再授實學，進而使之精通國語的排列順序很快就起了

---

28. 台灣教育會，《台灣教育沿革誌》，台北，1939（昭和14）年，頁171。
29. Arnold. T. H, *Education in Formosa*, Department of Interior, Bureau of Education, Washington，1908.p 3，p36; 吉野秀公，前引書，頁112。
30. 許佩賢，前引書，頁39～41。
31. 同上註。

變化。1904（明治 37）年公學校規則改正第一條為：「公學校以對本島人兒童教國語、施德育，養成國民性格，並授生活之普通知識技能為本旨」。就此規定而言，教國語變成第一順位，且在教則中另規定「施德育，須注意德性的涵養和國民必要性格之陶冶」。到了 1912（大正元）年的公學校規則，又有了修正後的變化：「公學校以對本島人兒童教國語、施德育，養成國民性格，並留意身體發達，授以生活必須之普通知識技能為本旨」（第一條）。在本旨中多增加了「留意身體發達」這一項。此項在規範日人就讀學校的小學校令中早有規定，為日本內地自明治維新以來，因應「富國強兵」的要求而設立。在這個時候「留意身體發達」成為公學校的基本要求，且其重要性甚至排在教授知識技能之前。這是因為日本對台灣統治已漸上軌道，所以意圖大力徵收台灣人的勞動力，乃開始特別留意兒童身體的發達[32]。

另外，分析 1919（大正 8）年公佈的「台灣教育令」中，與公學校相關的主要條文有[33]：

第五條　普通教育以留意身體發達，施德育，授普通知識技能，
　　　　涵養國民之性格，普及國語為目的。
第七條　公學校為對兒童施以普通教育，授生活必須之知識技能
　　　　的場所。

此教育令實施不到 3 年，到了 1922（大正 11）年旋即再修正公佈「新台灣教育令」（或稱第一次修正台灣教育令），明示教育的同化主義原則。原

32.同上註。
33.同上註。

則上，除了初等教育階段之外，皆認可「日台共學」原則，關於公學校的規定如下 **34**：

第四條　公學校以留意兒童之身體發達，施德育，授生活必須之
　　　　普通知識技能，涵養國民之性格，使習得國語為目的。

　　1922（大正 11）年修改之「新台灣教育令」第四條規定中宣示了，公學校之主要目的為「留意兒童身體發達」，然後才是施德育、授知識技能、涵養國民性格與習得國語。新教育令頒定之後，台灣教育體制大致定型。一直到 1941（昭和 16）年頒佈「國民學校令」，才又隨著整個日本教育制度的大變革而有所改變。

　　從追溯和分析公學校法令的演變及內容可得知，在台灣被視為發展基礎教育的公學校，雖然教育重點時有改變，但主要教育目的不外乎「留意身體發達」、「教授生活所須之知識技能」、「施予德育」、「涵養國民性格」和「學習國語」第五項。從這五項主要目標，我們可以推論日本統治者期許公學校發揮三種重要的特質和成效。亦即從「留意身體發達」、「教授生活所須之知識技能」此二項目標，可看出公學校被視為勞動力供給源之基本訓練所；從「施予德育」、「涵養國民性格」二項則可知公學校需扮演一種「傳教機關」；而「學習國語」的目標，則顯示公學校是行政機關推動同化政策的輔助機構 **35**。

　　日本人想利用台灣人民的勞動力以開發台灣的資源，就必須要求台灣民

---

34. 同上註。
35. 許佩賢，前引書，頁 41～42。

眾有「健康的身體」，故在第一次發布的公學校規則中，就將「使知悉鴉片的毒害」列於教授要旨中；其後編纂的教科書中也屢次告誡兒童吸食鴉片的壞處；另外，透過「體操」課以強健台灣兒童的身體機能。且這些勞動人口又不能是無知無識的，因此必須授以基本的讀、寫、算能力及生活所需之知識技能[36]。

公學校亦相當重視教化，除了每週的修身課外，所有科目亦須擔負起教化、涵養國民良好德行和尊王愛國精神的任務。此新式教育制度是伊澤開創性的工作和觀念，他希望藉由日語、地理、歷史、科學和數學等課程能取代中國私塾的地位。但伊澤也認同，殖民教育內涵亦應保留孔孟思想，及中國傳統倫理中合宜的聖賢事例[37]。然而此主張的意思是說，在漢文和日語課程中所出現的儒家倫理，必須是蘊含日本概念或是符合普遍的原則，而非以傳統中國式的方式加以呈現。

雖然日本人欲以明治時期推動的現代科學教育，以取代「落後」的中國學問，但現代化的日本教育內涵亦包括與中國相同的東亞文化傳統，均強調文字、聖人之教和儒家價值（仁政、忠君、階級關係、家庭倫理）。在台的日本統治者認為如果將儒家倫理內容運用得宜的話，可贏得殖民地人民的忠誠與合作。然而因為漢文經典的研究，容易與過去受中國統治下之台灣做聯想，因此這種作法也使得日本人頗為猜疑且採行小心翼翼的做法。日本統治者非常重視從古代的經典中提升儒家倫理道德，強調經典中要求忠誠和服從

---

36. 同上註。

37. 雖然伊澤同意傳統中國書房教授基本的儒家經典，但他認為某些主題，如宋、清理學不宜教授。上沼八郎，《伊澤修二》，東京，吉川弘文館，1962 年，頁244。

的內涵；但舉凡助於認同中國的事物則嚴格禁止[38]。

　　1898（明治31）年後藤在任的幾年間，台灣具規模和多元的教育體系漸已發展形成。之後的兒玉當局不再擴展國語傳習所，而設立更為永久的「公學校」。但在方針和課程上，公學校幾乎是貫徹伊澤教育理念的學校[39]。1898（明治31）年公學校規則載明欲達成兩個目標：首先是讓台灣兒童精通日語；其次是給予德教和實用知識，以養成其國民性格。六年的公學校課程包括修身、國語、漢文（作文、讀書、習字）、算數、歌唱和體操，招收 8 到 14 歲兒童[40]。1904（明治37）年，就學年齡改為 7 到 16 歲，歌唱從必修科改為選修科，手工、農業或商業成為「配合地方情形的選修課」，並增加女子的縫紉課[41]。

（133）

　　公學校亦教授實用的、日常的技藝，如伊澤在日記中曾寫道，這些實用的課程是吸引台灣人送其子弟來入學的最大誘因[42]。這樣的說法，從耆老先生陳兆震的回憶記錄中獲得證實：

　　　　台灣人受日本教育，對事情的學習和觀察都很認真。當時我
　　們的童年生活真的是非常快樂，夏天提著螢火蟲去捉魚，捕蝴蝶

38. E. Patricia Tsurumi 著，林正芳譯，《日治時期台灣教育史》，台北，財團法人仰山文教基金會，1999 年，頁 10。

39. 在竹越與三郎，《Japanese Rule in Formosa》中，公學校譯為 Public school。但亦有人使用較精確的 common school。

40. 公學校規則見吉野，前引書，頁 192-193；東鄉實、佐藤四郎，前引書，頁 427；台灣教育會，前引書，頁 229～238。

41. 台灣教育會，頁 260。允許隨意科配合地方狀況開設，1890 年小學校令公佈後，成為慣例。文部省，《學制五十年史》，東京，1972 年，卷 2，頁 90。

42. E. Patricia Tsurumi 著，林正芳譯，前引書，頁 18。

台灣公民教育與公民特性

做標本，真是非常快樂。另外老師的敬業精神非常好，日本時代並沒有完全消滅台灣文化，在公學校的課程裡面，正式有漢文的課程。在我二年級的時候，支那事變發生之後，學校才禁止教漢文。[43]

那時候鎮公所前面有一個運動場，我每天早上很早就到那裡做體操，由街長帶領我們做體操，做完體操之後，當時的仕紳都以身作則，拿著掃把清掃街道。我看到那些看起來像西方紳士，年紀大到可以當我父親及祖父的人，都拿著掃把在掃街道，那種精神非常令人欽佩。我覺得日本時代的教育，養成我敬業、不斷學習，及有一個快樂的童年回憶[44]。

1898（明治 31）年公學校規則再重申對實用知識的堅持；1907（明治 40）年公學校規則的修正，使公學校課程的年限和內容更具彈性。農業、商業和手工科等科目，變成必修科，這些科目的宗旨在根除台灣讀書人嫌惡勞動的觀念，總督府要求教師儘量使台灣兒童慣於勞動，以克服這種成見[45]。

1907（明治 40）年的修正為 1912（大正元）年公學校規則的大幅修正做了準備；1912（大正元）年的修正使得公學校教育更具實用性、更職業化、更直接地符合日常生活的需求，如數學課教授常用的數字，而非理論的知識[46]。

---

43. 宜蘭縣立文化中心，《宜蘭耆老談日治下的軍事與教育》，宜蘭，宜蘭縣立文化中心，1996 年，頁 193～194。
44. 同上註。
45. 台灣教育會，《台灣教育沿革誌》，台北，1939（昭和 14）年，頁 278～279。
46. E. Patricia Tsurumi 著，林正芳譯，前引書，頁 43。

雖然實用課程發揮了吸引台灣人送子弟來入學的極大成效，使得台灣人小學就學率逐步提升，但是，後藤卻也率直地告訴教育界同僚，要密切注意，不要讓台灣人接受超過其身份地位的教育。因此，除了培養行醫和教書的學校外，提供給台籍學生就讀其他的高等教育機會少之又少。

㈡公學校面臨的招生問題和對策

雖然日治初期，殖民政府中已不少人主張義務教育，但總督府總是以窒礙難行和所費不貲的理由給予斷然拒絕[47]。往後幾年，就讀公學校的學生佔島上學齡人口很小的比例，再加上公學校的缺席率嚴重，如1898（明治31）年超過半數學童每日缺席。資料顯示的高缺席率，有大部份導因於家長並不關心子弟的出席情況，可能家長們認為公學校只不過是小孩學上兩句日語的地方，不上學亦無關緊要。但相對地，台灣家長們則較堅持送子弟到私塾上課以學習漢文；許多台灣學生同時在這兩種學校上課[48]。

日本人了解高缺席率導因於衛生習慣差以致常生病的情況，以及家長留孩子在家協助農忙等，是造成缺席的特殊原因後，統治者試圖尋求改善之道。例如總督府推行的衛生政策以根絕疾病之發生；強迫仕紳家庭配合新制度；甚至不太情願地配合台灣仕紳的請求，在公學校中開設漢文班。

而為了吸引學生前來就讀公學校，1896（明治29）年起給予國語傳習所學生每日15錢的補助[49]。即使如此，書房仍受排拒日本文化的仕紳所喜愛。

---

47. 吉野秀公，《台灣教育史》，台北，台灣日日新報社，頁130～150。有早期開辦義務教育的辯論。
48. 《後藤新平文書》第八部第107號，＜鳳山公學校現今狀況概要＞。
49. 15錢的給予分成兩部分：10錢是食費，其餘5錢是手當（零用金）。見吉野，前引書，頁104；臺灣教育會，前引書，頁178。

時期

台灣公民教育與公民特性

據當時觀察家所記錄：「公學校放學後，許多學生進入書房學習漢文」[50]。漢人私塾仍維持了一段強勢地位，見表 3-2 所載。

鑑於台灣人就讀公學校的意願低落，因此，日本統治者展開一系列針對台灣有力人士的宣導活動。例如，1900（明治 33）年 3 月，總督府在台北發起成立「揚文會」，其目的即在爭取仕紳對新政權改革計畫和新式教育的瞭解與支持。開幕式上，兒玉和後藤均到場向「揚文會」會員致詞。他們雖然對中國傳統學問表示敬意，但也呼籲會員多利用日本所提供的新式教育體制。後藤表示日本之所以能與西方國家相抗衡，乃由於日本新式教育制度的貢獻。同樣地，台灣的將來亦繫於人民能否接受現代化的教育。因此他呼籲大家一起關心一般大眾的教育需求[51]。在兒玉源太郎政權結束的 1906（明治 39）年，在受到公學校紛紛開設，以及新式教育的宣導成功等因素影響下，台灣學童入學人數呈現激增，而書房則開始明顯地呈現衰退現象[52]。一個雙軌的公立學校制度在此時已然形成[53]。

由表 3-2 可知當時台灣之私塾與台灣人國民學校學校數和學生總數的消長狀況。

---

50. 武內貞義，《臺灣慣習》，台北，1915（大正 4）年，頁 635。
51. 井出季和太，前引書，頁 352～355。
52. 臺灣教育會，前引書，頁 984～985。
53. 形式上，這個制度有三軌，第三軌為蕃人教育，但蕃人教育在 1910 年之前幾乎不存在。

表3-2 台灣之私塾與台灣人國民學校學校數與學生數[54]

	私塾			台灣人國民學校			
私塾數	學生數			學校數	學生數		
	計	男	女		計	男	女
1899年	1,721	25,215	25,089	126	96	9,817	9,435	382
1909年	655	17,101	16,701	400	231	40,650	37,023	3,627
1919年	301	10,936	10,347	587	438	129,580	107,253	22,327
1929年	160	5,805	5,043	762	754	232,829	179,024	53,805
1939年	17	932	632	300	810	546,209	361,068	185,141
1944年					944	872,507	500,333	372,174

資料來源：《台灣省五十一年來統計提要》，台北，台灣省政府，1946年，頁477。

日本統治者為提昇並鼓勵台灣人入公學校就讀，採取了相當多措施，如到了1905（明治38）年將國語傳習所停辦，而在1898（明治31）年原先只有76所公立學校，8年後兒玉任期屆滿時（1906年），已有181所公學校，合約32,000名學生[55]。經過宣導後，在1906（明治39）年缺席率似乎略有下降，每日學生平均出席率為65.52%。

如上述，早期公學校課程中仍保留教授漢文，其目的旨在吸引台灣人入公學校就讀。學校中除開設漢文課，延聘台籍學者至公學校教授漢文外，也鼓勵仕紳將子弟送往公學校就讀。雖然公學校課程以教授漢文為號召，但不代表忽略日語的學習，學校安排了更多的時間來學習日語的說和寫[56]。

---

54. 日治時代的國民學校分為專收日本人者（即所謂一號表國民學校）與專收台灣人者（即所謂二號表國民學校），上表係指後者。共學制施行以後，專收日本人的國民學校也有少數台灣人，上表不包括此數。

55. 臺灣教育會，前引書，頁408～409；吉野，前引書，頁199，計有181校。

56. 見吉野秀公，《台灣教育史》，台北，台灣日日新報社，頁278～283。

台灣公民教育與公民特性

　　另外一方面，日本人雖一直抱怨台灣家長只把公學校視為一個學習日語的地方[57]。但為了克服台籍學生入學率不高的問題，日籍校長和教師仍不斷地拜訪頑固家長，進行耐心的說服，且熱心地告訴他們送子弟到學校正常上課的重要性[58]。有耆老就曾回憶道：

　　　　當時學生是由老師自己去募集的，要去勸導家長讓子女到學校讀書。並不是由政府通知學生入學，而是由老師去勸導。

　　　　我以前也是被勸導入學的，當時我班上共有五、六十人一起入學，畢業的時候只剩二十人，六個女生，十四個男生。很多人中途休學之後，就到私塾去念漢學。以前各村莊的廟或大戶人家，都會請老先生去教漢學。我到公學校讀書的時候，還被我叔公罵說：「活人去念什麼鬼書」。那時候的人思想比較守舊，喜歡讓小孩子念私塾，所以老師募集學生時，常會遇到困難。

　　　　日治時代我教書的課程內容，並不全都一樣。雖然學校是教日文，但最初一星期都有兩個鐘頭的漢文課，後來改成一個鐘頭，最後就沒有了。也有教農業方面的課程，從三、四年級開始教種菜等等，最後這個課程也流失了[59]。

　　雖然台灣人小學就學率在日本教育者的努力維護下有顯著的進展，但是由表3-3可知，相較於日本在台學童的小學就學率[60]而言，台灣人小學就學

---

57. 這一點使官員相當困擾，導致他們不情願地保留公學校的漢文課。
58. E. Patricia Tsurumi 著，林正芳譯，前引書，頁50。
59. 歐明灶先生發言，宜蘭縣立文化中心，前引書，頁179。
60. 日本人在台學童的小學就學率，在1920（大正9）年時小學就學率已超過98%以上，自此之後，幾乎呈現穩定且高達99%以上的就學率。

率至 1919（大正 8）年「台灣教育令」頒佈同時，就學率僅首度超過 20%，
而 1920（大正 9）年日本在台學童的小學就學率已超過 98% 以上的同時，台
灣人小學就學率僅達 25%；到了 1941（昭和 16）年取消雙軌制，公學校和小
學校一律改稱「國民學校」後，小學就學率亦僅達 61%；1943（昭和 18）年
開始實施義務教育後，小學就學率乃達 73%。

表 3-3　台灣人小學就學率

年底	平均（%）	男（%）	女（%）
1917 年	13.1	21.4	3.7
1918 年	15.7	25.1	5.0
1919 年	20.7	32.4	7.4
1920 年	25.1	39.1	9.4
1921 年	27.2	42.2	10.3
1922 年	29.2	43.7	12.3
1923 年	29.0	43.9	12.3
1924 年	29.1	43.8	12.7
1925 年	29.5	44.2	13.2
1926 年	28.9	43.3	13.1
1927 年	29.7	44.3	13.6
1928 年	30.3	45.0	14.4
1929 年	31.1	45.9	15.3
1930 年	33.1	48.9	16.6
1931 年	34.2	49.5	17.9
1932 年	35.9	51.0	19.7
1933 年	37.4	52.8	21.2
1934 年	39.3	54.7	23.0
1935 年	41.5	56.8	25.1
1936 年	13.8	59.1	27.4
1937 年	46.7	62.0	30.3

年底	平均（%）	男（%）	女（%）
1938 年	49.8	64.5	34.1
1939 年	53.2	67.2	38.1
1940 年	57.6	70.6	43.6
1941 年	61.6	73.6	48.7
1942 年	65.8	76.6	54.1
1943 年	71.3	80.9	60.9

資料來源：《台灣省五十一年來統計提要》，台北，台灣省政府，1946 年，頁 242。

表 3-4　台灣學齡兒童就讀國民學校比率

年底	男（%）	女（%）	合計（%）
1907 年	－	－	4.50
1908 年	－	－	4.93
1909 年	－	－	5.54
1910 年	－	－	5.76
1911 年	－	－	6.06
1912 年	－	－	6.63
1913 年	－	－	8.32
1914 年	－	－	9.09
1915 年	－	－	9.63
1916 年	－	－	11.06
1917 年	－	－	13.14
1918 年	－	－	15.71
1919 年	－	－	20.69
1920 年	39.11	9.36	25.11
1921 年	－	－	27.22
1922 年	43.47	11.80	28.82
1923 年	－	－	28.60
1924 年	－	－	28.69
1925 年	44.26	13.25	29.51

年底	男（%）	女（%）	合計（%）
1926 年	43.0	12.45	28.42
1927 年	43.96	13.13	29.18
1928 年	44.68	13.78	29.79
1929 年 a	45.96	15.34	31.11
1930 年 a	48.86	16.57	33.11
1931 年 a	49.55	17.95	34.20
1932 年 a	51.00	19.70	35.87
1933 年 a	52.83	21.17	37.44
1934 年 a	54.71	23.04	39.33
1935 年 a	56.83	25.13	41.47
1936 年 a	59.14	27.37	43.79
1937 年 a	62.04	30.28	46.69
1938 年 a	64.49	34.12	49.82
1939 年 a	67.17	38.10	53.15
1940 年 a	70.56	43.64	57.56
1941 年 a	73.59	48.70	61.60
1942 年 a	73.55	48.66	61.56
1943 年 a	76.56	54.25	65.82
1944 年 a	80.86	60.94	71.31

資料來源：1907～1919 年：台灣教育會，《台灣教育沿革誌》，台北，1939 年，頁 408
～410；吉野，前引書，頁 315～316；台灣總督府，《台灣事情》，1923 年，
頁 137；1921 年，台灣教育會，頁 410；1922 年、1929～1938 年，台灣總督
府，《台灣的學校教育》，頁 119；1939 年，台灣總督府，《台灣事情》，
頁 183；1940～1944 年，台灣總督府，《台灣統治概要》，頁 52。

說明：a 這些年的百分比包括就讀初等學校（主要是蕃童教育所）的原住民兒童，根據
報導，原住民兒童就學比率比台籍兒童高很多，但台灣原住民人口非常少。參
見台灣總督府，《台灣統治概要》，頁 51～52。

141

三、「教育敕語」在台灣頒佈的意義

教育敕語，乃日本明治維新以來教育政策之金科玉律，日本治台後，欲將其旨意推廣至台灣。如1896（明治29）年芝山巖第一回講習員卒業式，由柯秋潔捧讀漢譯教育敕語；1897（明治30）年2月18日以訓令第十五號頒佈教育敕語之漢譯本，並將其謄本頒發至公私立各級學校中，規定以後公私立學校，於年節或重大典禮會上，除捧讀日文教育敕語外，還要用漢文加以解釋，以貫徹聖旨。所以，教育敕語儼然成為台灣教育重大措施之最高意行標準。

1912（大正元）年改正公學校規則，規定須在祝祭日舉行儀式，並且在儀式中合唱「君之代」、對天皇和皇后之照片行最敬禮，以及校長須帶領捧讀「教育敕語」的規程，此與日本內地於1891年頒佈的「小學校祝祭日儀式規程」規定類似。

1919（大正8）年的「台灣教育令」，更規定「教育基於教育敕語之旨趣，以育成忠良國民為目的」（第二條），明白揭示「在台灣的台灣人教育」，同樣適用「教育敕語」的基本精神，並必須遵守之。

1922（大正11）年的「新台灣教育令」，則刪去了宣導教育敕語的條文。以導因於弘谷多喜夫等人認為：「台灣教育依照教育敕語實施已成自明之理，若在教育目標中明記教育敕語反將招來反效果」[61]。從上述主張，可以確定的是，台灣教育依照教育敕語實施，的確已是自明之理，只是刪除了

---

61. 弘谷多喜夫、廣川淑子、鈴木昭英，〈臺灣・朝鮮における第二次教育令における教育體系の成立過程〉，《教育學研究》，39卷1號，1972年，頁56。

規程的宣示罷了！

　　1914（大正 3）年總督府所發行的第一套成套的修身教科書，就已經仿日本內地的國定修身書，在修身書卷卷四開始揭載「教育敕語」，並將「教育敕語」中提及的德目分配在卷五和卷六的修身書中教授[62]。

　　「教育敕語」在台灣的頒佈，不像當年在日本內地發佈時，激起許多的感動與震撼。究其因，如校長在台上捧讀和解釋「教育敕語」時，以台灣兒童的國語能力來說，欲理解是有困難的。即使瞭解字面上的文意，但要台灣兒童體會簡化濃縮在其中的日本國體精神，仍是不容易的事。然而每在祝祭日就要聽一次相同的訓話，對台灣兒童來說，實在是一種「鍊成」的儀式性過程。這種鍊成的效果，會由於不明白校長說話的內容而更加明顯。

　　因為，若兒童明白其內容，他可以用他的知識、邏輯去判斷其內容正確與否，可是，當他不明白校長講話的內容，只知道校長正在宣講的「教育敕語」是一個相當了不起的東西，這樣的曖昧性，反而助於達成將「教育敕語」神聖化的效果。因此，「教育敕語」在台灣頒佈的意義應該是透過儀式性活動所造成的「鍊成」效果[63]。透過下列耆老對「教育敕語」所保有的記憶，也許可略知其成效：

　　　　日本非常重視教育制度，我認為「教育敕語」就是日本的憲法。日本的教育敕語對做人做事的影響很大，每逢節日各學校都會朗讀教育敕語，因此日本的教育思想很容易就灌輸到每個人的思想當中。不像我們現在的教育宗旨，僅是一個形式而已，所以

143

---

62. 許佩賢，前引書，頁 36～37。
63. 同上註。

我認為這是日本教育成功的地方[64]。

　　日本明治天皇頒佈的教育敕語非常重要，我覺得日本在道德
及禮儀等方面的教育非常成功。而中國在道德等基本教育方面，
可以說非常失敗，除了軍國主義的思想之外，我覺得日本人是很
良善、有禮貌、很有公德心、有道德心的人民，而這也就是基本
教育成功的地方[65]。

第二節　日本治台政策與公民教育

　　1895（明治28）年，日本佔領台灣以後，命伊澤修二為學務部部長。伊
澤提出「新領土台灣教育的方針」，主張尊重文教、人情、風俗，並設立國
語學校、師範學校，尤其重要的是重視國（日）語教育。可見日本統治者在
治台之初就已確立以國（日）語為中心主義的教育，其目的在使台灣兒童學
習日語、溝通思想，而且使台灣人的生活能融入日本人之精神，具有強烈的
社會控制以及公民和道德教育的意味[66]。伊澤說得很清楚：

　　　　忠君愛國主義是學校教育的中心。學校課程都應以此為基礎，
　　不可脫離這種精神。……如修身科要養成忠愛孝悌的道德，使賞罰

64.林洪焰先生發言，宜蘭縣立文化中心，前引書，頁176。

65.同上註，林平泉先生發言，頁182。

66.歐用生，〈日據時代台灣公學校課程之研究〉，《台南師專學報》，第 3 期，1979
　　年，頁93。

分明，身體力行。國語科要使兒童領悟我國國語之優越，由此養成
自尊之心和愛國之情。地理科在教導我風土之佳，物產之豐，人
種之優，興起我國優於他國之念。歷史科在教導古來聖賢之仁德，
名將之偉績，國威之振揚，國德之光輝，油然興起忠愛之情。[67]

　　可見公民教育是治台初期的教育重點，以鼓舞台灣人養成忠君愛國思想
的課程。而最能達成此一目標的「修身」科教材依據這個精神加以編纂，其
他科則需與「修身」科的目標相配合。如1896（明治29）年之國語傳習所規
則中規定：「國語傳習所以教授台灣人國語，資其適應日常生活，而且培養
本國精神為主旨」[68]。此即明示台灣人初等教育的目標在傳授國語，陶冶忠
良之日本臣民的性格，進行皇民鍊成。

　　又1898（明治31）年之公學校規則中規定：「公學校在實施道德教育，
講授實學，以培養國民性格，同時教導國語」。公學校規則雖幾經修訂，但
「培養國民性格」都是其固定的主要目標，未曾變動[69]。

　　因此，無論從教育政策或教育目標都可看出日本統治者對公民教育的重
視。學校不僅在教導國語、講授實學，最重要的是在灌輸日本國民精神，鼓
舞忠君愛國思想，以同化台灣兒童為忠良的日本臣民。日本統治者期望透過
公民教育達成價值的灌輸、服從的教化與傳統階級的維持，且正當化日本統
治台灣的立場。

　　為了完成這些功能，學校如何實施公民教育呢？首先從課程方面來看，

---

67. 轉引自歐用生，前引書，頁93。
68. 同上註。
69. 同上註。

台灣公民教育與公民特性

實施公民教育最重要的科目當然是「修身」科。「修身」科早在 1896（明治29）年的教學內容係依國語學校規則之規定：「修身係基於教育敕語之旨趣，授以人道實踐的方法及禮儀作法。教學時，先使其分辨忠君愛國之道，並熟悉日常禮儀，知曉其對家族、社會和國家的責任」。[70]

1898（明治31）年，公學校成立後，「修身」科的要旨與之前所頒訂的內容有所改變，旨在「傳授人道實踐的方法，並熟悉日常禮儀之做法」。五年級以後則偏重「講授教育敕語大意及本島民應遵守之制度之大意」。規則中並明定，講授「修身」科「不僅重在所定的教學時間內，平時要身體力行，教師更要做學生的模範，經常注意其操行，隨時訓誡，以收躬行實踐之效。」因此，公民教育的實施不限於「修身」科課程或教學內，日本統治者希望公民教育的精神和內涵能融入於整體的學校生活之中[71]，學校內各科教學和全體教師均能配合，以涵養忠君愛國，熟悉日常禮儀，對日本天皇效忠的臣民。

從當時「修身」科僅佔每週教學時數一或二小時短少的教學時數，是不足以承擔起達成公民教育的目標和功能。因此，日本統治者更提出任何科目都要以「修身」科為核心的主張。尤其是「國語」科和「修身」科更像車的兩輪，必須同時並進，因為「國語科從外部實施同化，而修身科以內部同化精神」[72]。其他科目也都有具同化的作用。每一個教學科目都宜以配合公民教育為依歸。

其次，日本統治者強調：公民教育的實施除了道德教學以外，還要注意道德環境的感化。學校的各種儀式和活動都含有公民教育的意義，如參觀軍

---

70. 歐用生，前引書，頁 93～94。

71. 同上註。

72. 台灣教育會雜誌，第四號，1902（明治35）年，轉引自歐用生，前引書，同上註。

艦、唱日本國歌和海軍軍歌，使台灣學生興起愛「日本帝國」之心；參觀步兵演習使學生體會軍人宵酐瀝膽、夙夜匪懈的精神；而運動會更是「修養精神鍛鍊身心」的重要活動。其他如遠足、作品展覽會、祝祭日大典等都是公民教育的重要儀式和活動。

　　而且校園和教室的佈置更是「修身」科教學的基礎工作，透過對環境的佈置，注意到教室的清潔、桌椅的整齊與器具的整頓，使之窗明几淨、氣象煥新、生活作息井然有序，在潛移默化中培養學生美感，以收耳濡目染之效，更有助於德育的效能。甚至公學校教師的日式制服也是同化的工具，潛移默化中使學生養成日本式的思想[73]。

　　如此，整個學校生活都浸潤在德育的薰陶下，教師親躬實踐，兒童潛移默化，久而久之，自然形成有紀律、重禮儀、順從親切而有朝氣的校風。學校遂能在暗默中發生同化作用，發揮公民教育的功能。

　　綜上所述，日本治台後即非常重視公民教育，期許透過公民教育以養成台灣人民能對日本天皇忠誠，以作為加強鞏固日本殖民統治基礎的工具。輔助達成公民教育最重要的科目當然是「修身」科，另外「國語」科亦與公民教育具密切關連性，因此本章下列數節將分析「修身」和「國語」等教科書的內容，以探究日本統治者如何透過學校體系進行公民教育。

147

---

73. 歐用生，前引書，頁 96。

第三節 「修身」教科書之分析

　　殖民地教育大多注重初等教育，日本亦不例外，統治者試圖透過初等教育與社會教育來灌輸台灣人效忠日本皇國的觀念[74]。藉由對日治時期與涵養國民精神最直接相關的「修身」和「國語」教科書內容之分析，可知日本統治者如何透過學校教育將台灣人形塑成其所期望的「公民」。

　　欲分析教科書必須先了解在日本統治下的台灣，各個教科有怎樣的規定及要求？因應這些要求而編纂了怎樣的教科書？各教科書有哪幾次的改訂？教科書中教了些什麼？每次改訂的時代背景如何等問題，才能將台灣殖民地的教科書與日本內地的教科書進行比較。如此，我們才能真確地掌握教科書在日本殖民地統治中所扮演的角色，以及正確評價教科書對台灣人習性的影響[75]。

　　「修身」科是直接以道德教訓為教授內容的教科，其重要性不言可喻。因此本節以修身科為討論對象，從法規的規定分析公學校修身的教授本質，以及追索總督府編纂修身教科書的原則與版本[76]，最後藉由對修身教科書內容的分析，探究總督府對殖民地公民教育實施的情況。

---

74. 何義麟，《皇民化政策之研究》，中國文化大學日文研究所碩士論文，1986 年，頁 41。
75. 許佩賢，前引書，頁 11～12。
76. 同上註，頁 47。

一、「修身」科的目標及規定

1898（明治31）年公學校初創時，即規定「公學校的教科用圖書須經台灣總督之檢定」（「公學校令」第七條），由台灣總督代行文部省的職責[77]（其日本內地的教科書制度亦為檢定制，規定小學校所採用的教科書須經文部省檢定）。至1904（明治37）年，日本採用國定教科書後，台灣總督府也在「公學校規則」中改正此項規定，而最先國定化的教科書是修身、國語、日本歷史及地理四種教科書。1941（昭和16）年將小學校改制為國民學校，以修身、國語、國史、地理與國民精神之涵養特別有關，而將之統合為「國民科」[78]。

(一)公學校「修身」科的目標及規定（1898～1941年）

從公學校一成立，雖然「修身」科授課時數並不多，每週只有一至二小時，但「修身」科仍是所有教科中最被重視的一個科目。日治時期公民與道德教育遍布在各教科中，並非只限於「修身」科課堂上的教授。如1898（明治31）年第一次公佈的公學校規則中就已明示：

> 授修身，不只在所定的教授時間，教員躬親作生徒的模範，
> 經常注意其操行，隨時施以訓誡，以舉躬行實蹟。（第十條）

---

77. 同上註，頁29。
78. 同上註，頁18。

149

並規定修身科的教授程度為：

> 授人道實踐之方法，使嫻熟日常禮儀作法，並授教育敕語之
> 大意及本島民應遵守的重要諸制度之大要。（第十條）

上述條文中的「人道」是「人倫道德」的意思，「人倫道德」不外是教育敕語所說的「孝于父母，友于兄弟，夫婦相和，朋友相信」，當然這些倫理都是在忠君的前提下，才有存在的空間[79]。

小學校從教育敕語發佈之初，「修身」科的規定開宗明義便是「修身基於教育敕語之旨趣……」，公學校初成立時，「教育敕語」只是「修身」科的教授內容，還不是整個「修身」教授的原則，至1904（明治37）年的公學校規則改正後，這個條文才和小學校的規定一致[80]。

透過「修身」科教材教導兒童「遵守法規」仍是教育者努力的目標。總督府在1908（明治41）年發佈「台灣違警例」，規定了極細瑣的生活規範，這些規定很快地就登上總督府編纂的「修身」書中[81]。如在1929（昭和4）年出版的「公學校修身書」卷四第十八課「重法規」（1914年版卷四第十八課略同）一課中說：

> 飼養的豬或水牛跑到別人的田裡或埤圳的水路中、晚上騎自
> 行車沒有開燈，像這樣的事都是法規所禁止的事，違反的人都要
> 受處罰。觸犯法規而受處罰是國民非常不名譽的事。法規所規定

---

79. 許佩賢，前引書，頁47～48。
80. 同上註。
81. 同上註。

的事，不論在任何場合都務必遵守。

　　法規是為了使社會上的人都能安樂生活而規定的，所以重視
並堅守之，是國民的義務。

　　1898（明治31）年「公學校規則」所規定的「修身」科要求，多是屬於
「行動層次」的規定[82]。如有耆老憶起對公學校「修身」課的印象：

　　　　上修身課，和現在的公民課差不多，但以前的修身，注重的
　　　　是身體力行。所以日本的教育和中國的教育不同，中國的教育門
　　　　面很多，排得很好看，理想很高，但都光說不做，所以我覺得以
　　　　前的學生比較踏實，重實行。而光復後的學生，嘴巴說的很多，
　　　　但都沒有去做，這是日本時代和光復後不同的情形[83]。

　　而1904（明治37）年「公學校規則」改正，對於修身科的要求就比較具
體且詳細[84]。其後幾次的公學校規則改正，修身科的要求並沒有太大變化。
到了1922（大正11）年「新台灣教育令」公佈後的規則改正，修身科的規定
也大致定型[85]：

　　　　修身基於教育敕語之旨趣，以涵養兒童的德性和指導道德的
　　　　實踐為要旨。

---

82. 許佩賢，前引書，頁49。
83. 歐明灶先生發言，宜蘭縣立文化中心，前引書，頁179。
84. 許佩賢，前引書，頁49。
85. 同上註。

台灣公民教育與公民特性

修身就近易適切的事項授人倫道德的要旨，漸進及於對國家及社會責務之一斑，提高品位、堅固志操，養成遵國法、尚功德，盡公益的風氣。

在高等科，擴展前項之旨趣，更堅實陶冶之功。

在女童，特別注意養成貞淑之德。

授修身時，以嘉言、善行、諺辭等勸誡，經常使服膺之，又使嫻於普通禮節。（第二十四條）。

「教育敕語」到了1922（大正11）年「新台灣教育令」頒訂，和小學校的條文一樣，變成了修身科的教授原則。除了道德的實踐和這種行動層次的要求外，還提示「涵養兒童德性」的抽象目標，這可以說是比較完整的道德教育。至於「道德」的具體內容，不僅要求「人倫道德」這種「私德」，還廣及於「對國家社會的責任」、「遵國法、尚功德，盡公益」這種公德。對於女子特別要求「養成貞淑之德」，這也是小學校對女學童的要求。

整體而言，受過日本殖民教育的耆老論及修身科教育很少有負面評價，認為其對個人良好人格和好習慣的養成發揮極大功效。如有耆老評價道：

日本教育培養我們懂禮貌、敬老尊賢、尊師重道、及濃厚的愛國心和團隊精神[86]。

以前的教育很注重道德方面，禮拜一及禮拜四的第一堂課，都上修身課。不像現在的公民道德課，由於朝會的時間很長，所以公民道德的時間幾乎是零。修身課教我們禮貌，及學習如何做

86.林嬌娥女士發言，宜蘭縣立文化中心，前引書，頁186。

人做事的道理。到了戰爭的時候，就增加了長刀舞，學習日本精
神。日本人在台灣的治安及教育，可以說做得很成功[87]。

　　我覺得日本的教育非常踏實徹底，很注重生活教育。後來因
為戰爭的關係，教育變的比較偏激，偏向軍國主義的思想。求學
中印象最深的是情操教育[88]。

　　修身科的規定雖然曾經修正，但變動不大，仍呈現數點共同的特色，如
均明訂「修身基於教育敕語之旨趣」、「涵養兒童的德性和指導道德的實
踐」、強調「對國家及社會責務」、女童應養成「貞淑之德」、重視「禮儀
作法」，以及教學應依照「以嘉言、善行、諺辭等勸誡，使服膺之」的規定
而行。

(二)小學校和公學校「修身」科的目標及規定之比較（1898～1941 年）

　　比較小學校、公學校對修身科的不同要求，可視為一個參照指標，深入
探析統治者的意圖。

　　1922（大正 11）年「台灣公立小學校規則」修身科的規定是[89]：

　　　　修身基於教育敕語之旨趣，以涵養兒童的德性和指導道德的
　　　　實踐為要旨。

　　　　在尋常小學校初就孝悌、親愛、勤儉、恭敬、信實、義勇等，

---

87. 同上註，游明珠女士發言，頁 187。
88. 同上註，李英茂先生發言，頁 190～191。
89. 許佩賢，前引書，頁 50～51。

授以近易實踐適切之事項，漸進及於對國家及社會責務之一斑，以提高品位，固志操，長進取之氣象，尚功德，養成忠君愛國之志氣為務。

在高等小學校，更擴展前項之旨趣，以更堅實陶冶之功為務。

在女童，特別注意養成貞淑之德。

授修身時，以嘉言、善行、諺辭勸誡，常使其服膺之為務。

（第十八條）

比較小學校和公學校相關「修身」科的目標及規定的差別，提出四點發現：

1.在公學校規則中僅以「人倫道德的要旨」表達的事項，在小學校規則中則明白地列出了「孝悌、親愛、勤儉、恭敬、信實、義勇」等德目[90]。

2.公學校規則中的「遵國法」、「盡公益」、「使嫻熟普通的禮儀」等項是小學校規則所沒有的；而小學校規則中的「長進取之氣象」、「養成忠君愛國之志氣」，是公學校規則中所沒有的[91]。

3.「進取」只出現在小學校修身書中，不曾出現在公學校的修身書。而「進取」這種對個人成就有所助益的「德目」，消失在公學校的修身教授中，則意味著總督府並不積極鼓勵台灣兒童「進取」[92]，也不期待個人的快速崛起。它的目標在於傳播合理化傳統行業的知識、提升健康標準、和擴展日本的理念與習俗[93]。

90.同上註。

91.同上註。

92.同上註。

93. E. Patricia Tsurumi 著，林正芳譯，前引書，頁 37。

4.「忠君愛國」的德目同樣出現在小學校與公學校的修身書中,但「養成忠君愛國之志氣」只出現在小學校規則所揭舉的教授目標中,卻未出現在公學校規則中。由此可見,總督府對殖民地兒童雖然也強調「忠君愛國」,但更重視柔順、服從、有禮等德目[94]。

比較了小學校和公學校「修身」科的目標及規定之差異後,由上所指出的四點,明顯洞悉了總督府對日、台人施以公民教育時,仍難跳脫「差別待遇」的心態。當然其中也有不少是因地因人而制宜的規定,如針對台人的公民特性弱點加以矯正之措施。

歸結言之,日本統治者傾向於培養台灣人子弟養成忠貞愛國、敬愛天皇,且具有良好禮儀、儀行和服從性高的公民。但對日本人子弟則期待其養成旺盛的企圖心,以成為在社會上有所作為者。

(三)國民學校「修身」科的目標及規定(1941~1945年)

於1941(昭和16)年公佈「國民教育令」廢除公學校及小學校之分軌學制後,小學一律改稱「國民學校」。國民學校是以皇國民的育成為目的,因為修身、國語、國史、地理等四科目與國民精神之涵養直接有關,而將之統合為「國民科」。

「國民」科的目的在於「使習得我國之道德、言語、歷史、國土國勢等,特別使明白國體之精華,涵養國民精神,使自覺皇國之使命為要旨」。這裡所謂的「皇國使命」,在「修身」科就是「皇國之道義使命」,在「國史」(日本歷史)科就是「皇國歷史之使命」,在「地理」(日本地理)科就是「皇國在在東亞及世界的使命」。此外,「應使感到生於皇國之喜,體

---

94. 許佩賢,前引書,頁52。

得敬神、奉公之真義」,「使知我國之歷史、國土,育成優秀國民性之所以,同時明白我國文化的特質,養成其創造發展的精神」,並「與其他教科相配合,應留意政治、經濟、國防、海洋等事項的教授」[95]。(第十二條)

國民科中的「修身科」所包含的科目目標、教授內容及教授方法的規定分別如下[96]:

> 國民科修身基於教育敕語之旨趣,指導國民道德之實踐,培養兒童之德行,使自覺皇國之道義使命。
>
> 在初等科,從近易實踐的指導開始,涵養道德情操,就具體之事實,使會得國民道德之大要。
>
> 在高等科,擴前項之旨趣,期更徹底之,特別是鞏固其透過職分奉公的覺悟。
>
> 對女兒,特別留意涵養婦德。
>
> 應明白祭祀的意義,涵養敬神之念。
>
> 使會得我國政治經濟及國防為國體之淵源,明白立憲政治之精神、產業與經濟對國家的意義及國防之本義,涵養尊法奉公的精神。指導禮法的實踐,使會得禮的精神,同時,就公眾道德加以適切指導,力求品味向上。
>
> 重視禮節,養成良好的習慣。(第十三條)

比較公學校和改制成國民學校之「修身」科的目標及規定,列舉出如下的發現:

---

95. 許佩賢,前引書,頁158～159。
96. 同上註。

　　1. 首度出現「使自覺皇國之道義使命」的規定：為因應戰時體制之需要，且符應如火如荼實行的皇民化運動，首度強調「使自覺皇國之道義使命」的規定；以及「使會得我國政治經濟及國防為國體之淵源，明白立憲政治之精神、產業與經濟對國家的意義及國防之本義」，規定中強調國防之重要性，亦可驗證其遂行皇民化政策的一致性和急迫性。

　　2. 出現「應明白祭祀的意義，涵養敬神之念」的規定：首度於「修身」科規定中出現：「應明白祭祀的意義，涵養敬神之念」。在修身科中，加入祭祀、敬神等宗教規定，這是與日本的國家神道信仰與萬世一系的天皇制有密切關係，可說是日本國體的一部分。但於此時強調敬神之念，則有配合加強推動皇民化成效的意圖。而對於靖國神社參拜的爭議，文省部則認為神社參拜有教育上的意義，這種參拜是愛國心與忠誠的表現，因此不論什麼信仰的人都沒有拒絕參拜靖國神社的理由。因而在教學刷新實施方針中明言：「在我國，祭祀、政治、教學其根本為一體不可分者」。在國民學校修身科中明文加入祭祀、敬神的規定，就是這種趨勢的發展[97]。

　　3. 加強「涵養道德情操」等抽象論述，以提昇國民道德：取消明列良好德行之參考項目，如「孝悌、親愛、勤儉、恭敬、信實、義勇等」，改以抽象的論述「涵養道德情操，就具體之事實，使會得國民道德之大要」。

二、府定「修身」教科書的編纂與發行

　　日本統治台灣的五十年，由台灣總督府發行，在公學校中所使用的修身教科書，共經過五次修訂改版，而改訂時間約略晚於日本內地五期國定教科

---

97. 許佩賢，前引書，頁 161。

書的發行。如果比照國定教科書的名稱與分期，我們或許可以將之稱為（總督）府定修身書一至五期。以下是五期修身書的發行概況[98]：

1. 1910（明治43）年發行「公學校修身科教授資料」三卷

2. 1914（大正3）年發行「公學校修身書」六卷

3. 1928（昭和3）年發行「公學校修身書」六卷

4. 1941（昭和16）年發行「公學校修身書」二卷

5. 1942（昭和17）年起發行國民學校用修身書上、下（第一、二學年用），1943（昭和18）年發行「初等科修身」一至四（第三到六學年用）。

　　分析其特色，第一期的「公學校修身科教授資料」，只是一份教授資料，類似教師用書，此時並未發行兒童用書；而第四期的「公學校修身書」才發行至卷二，就因改制國民學校、編纂新的教科用書而終止。所以，五期中只有三套是完整成套的教科用書[99]。

表3-5　五期府定修身書出版資料

	卷一出版年	書名	卷數	各期國定修身書卷一出版年
府定第一期	1910年	公學校修身科教授資料	1～3	1904年
府定第二期	1914年	公學校修身書	1～6	1911年
府定第三期	1928年	公學校修身科書	1～6	1918年
府定第四期	1941年	公學校修身書（第一種）	1～2	1932年
府定第五期	1942年	**ヨイコドモ**	上下	1941年
		初等科修身	1～4	

資料來源：許佩賢，《塑造殖民地少國民—日據時期台灣公學校教科書之分析》，台北，台灣大學歷史研究所碩士論文，1994年，頁53～55。

---

98. 同上註，頁52。

99. 許佩賢，前引書，頁53～55。

　　從公學校成立（1898 年）府定第一期修身教科書（1910 年）編纂發行前，公學校的修身科教育並沒有使用特定的教科書。府定第一期的「公學校修身科教授資料」，雖然是一份教師用參考資料，仍是有奠基性的貢獻。本書在題目上的安排以德目為主，也有以人物為標題的，但其後發行的修身書，若以人物作為標題須限於皇室人物。如能久親王、明治天皇、天皇陛下、皇后陛下、皇太后陛下可以成為修身書的課文標題。其他都是以德目為標題，選擇虛構人物、真人真事、或寓言和童話中的人物來闡明德目 [100]。

　　府定第一期修身科教授資料有一個值得注意的地方：卷二的第一課「讀書算術的必要」之課目。其中提到，有一個年輕人，因為不認識字，所以不認得路標、不會算錢，而感到十分的不便。企圖用這樣的故事來使學生了解一般的讀書算術之重要，使知到學校上學的必要。然而，隨著台灣人逐漸認識到近代教育的必要性，對於教育的需求漸高，尤其到了 1920 年代以後，逐漸有要求增設公學校的呼聲，如上述勸誘讀書，算術和到學校上學之重要性不在後，這種教材也就未出現於後來的修身書中 [101]。

　　府定第二期修身書，兒童用書卷一至卷四於 1914（大正 3）年完成；而卷五、卷六則至 1919（大正 8）年才完成，同一套教科書相隔這麼久才完成，可是在發行此套修身書之前，並未作好完整的規畫。1919（大正 8）年 12 月也發行了《公學校修身書卷五卷六編纂趣意書》。《編纂趣意書》中分「德目」與「例話」（用以引証的故事或實例）說明教材的選擇。德目的選擇必須「基於教育敕語之旨趣，因應兒童心理之發達，鑑於台灣今日之情況」，因而列舉 *1.* 國民精神的涵養；*2.* 順從；*3.* 誠實；*4.* 勤勞，作為公學校修身教

159

100. 同上註。
101. 同上註。

授之四大綱領，同時也是編纂「修身」教科書的重點[102]。

和日本內地所用的國定修身書一樣，府定二期修身書除自卷四起每卷卷首附有「教育敕語」外，在皇室人物的配列上，卷一、卷二教授天皇陛下，卷三教授皇后陛下，卷四教授能久親王，皇太后陛下則安排在卷四或卷五。這樣的安排延續至府定五期修身書幾乎沒有改變[103]。

第三期的修身書維持原來的四大綱領。在教材選擇上，盡量考慮兒童實際生活，特別助長本島人之長處，矯正其短處。例話盡量不用假作，而多採「實話」，使兒童更能心領神會，有所感動；關於插畫，則注意是否能喚起兒童的興趣；兒童用書的字體，則廢除以前的活字，改用毛筆書寫的字體。這些修正可以顯示其受大正自由主義教育運動的影響[104]。

日本自第一次世界大戰後，進入所謂「大正民主時期」，社會上受到歐美自由主義、個人主義等思潮極大的影響，因而出現了新教育運動，主張以兒童為中心，以及尊重兒童個性的教育。在這種以兒童為中心主義的思潮下，日本內地也在1918（大正7）年起發行第三期國定修身書。其內容比較重視近代的社會倫理，具有國際協調的色彩，但是基本上仍是以對國家盡忠孝的臣民道德為基調。

在諸多德目中，「誠實」、「勤勞」和「順從」是三個最重要，且特別被強調的德目，而與「國民精神的涵養」並列為公學校修身教授的四大綱領。透過「修身」科教授的四大綱領，可看出統治者的意圖。日本統治者希望在台灣培育具備勤勞、服從性格的兒童，可為殖民母國提供基本的勞動

102.許佩賢，前引書，頁56～59。

103.同上註。

104.同上註。

力，這些台灣兒童柔順服從、沒有反叛力。

　　教科用書的編纂，也包含著很強的意識型態灌輸。在第三期的修身教師用書則在說話前又加了一項教授要項，更具體地顯示其統治的意圖。

　　例如，在「公學校修身書教師用卷一」第一課「學校」的說話要領中說[105]：

　　　　學校是教大家變成好人的地方，這在你們入學的第一天就已經說過了。你們的爸爸媽媽都希望你們變成好人，才把你們送到學校來。在學校裡面有上課的教室，也有玩遊戲的運動場。老師不論什麼時候都很愛你們，在課堂上有時告訴你們修身的故事，有時教你們國語啦、算術啦、或是唱歌。一到了運動場，就教你們有趣的遊戲，而且你們也可以和朋友們玩各種想玩的、有趣的遊戲。……

　　政權加強對教育的統治，通常是採雙管齊下加以控制教育內容與教師意念。編纂這樣的教師用書，可以將教師依個人的自由意志教學之可能性降低，使得教授內容和教師言論都有一定的規範，表現了府定修身書明顯的意識型態宰制和政治控制特質[106]。

　　其後的府定第四期修身用書，才發行二卷，因改制國民學校而終止；粹定第五期修身書積極地扮演著將台灣兒童同化成日本人的角色，而課本的編纂目標旨在達成將台灣人同化成為日本人忠實的追隨者，而不是有能力的領

105. 同上註，頁 60。
106. 同上註。

導者。

三、「修身」科教材內容分析

㈠公學校「修身」科教材分析

1. 各時期「修身」科教材內容之特色

(1) 1922（大正11）年之前的公學校「修身」教材

1911（明治44）年起，相當數量的台灣兒童入學公學校。公學校讀本內容大致與小學校相同，某些課本內容幾乎完全一樣，特別是童話、兒童故事或童詩，但是公學校讀本的材料大部分是與台灣學童有密切關係的事物[107]。尤其公學校修身教科書呈現強烈的台灣風味。如課本中的插圖和故事，以及教師手冊中的指導，一再出現日本統治者期望台灣少年過的生活形態之內容和說明。一年級修身第一課題目為〈學校〉，插圖的內容是：公學校教室中，坐滿了專心的學生聆聽老師教誨；另一幅是老師和兒童們在校園中遊戲的圖畫。針對上述的主題和插畫內容，教師手冊要求教師用以下的小故事介紹這一課[108]：

> 學校使你成為有用的人，但就像學校在開學典禮講的，你不
> 可能只是因為到學校就變成有用的人，你有很多事要做。即使是
> 出大太陽、刮大風，即使是道路崎嶇，即使心情不好，你仍然要

---

107. E.Patricia Tsurumi 著，林正芳譯，前引書，頁116～117。
108. 同上註。

上學。你必須留意父母的訓誨和老師的教導，然後（介紹第一課
的這兩幅插圖）你一定會像這些圖畫裡的兒童一樣，用功讀書而
且玩得開心。[109]

　　教師手冊提醒公學校及小學校教師，論及天皇時，使用最莊嚴和恭敬的
言語和態度。一年級修身最後一課的題目是〈好兒童〉，敘述一年級學生該
有的表現，也對前面課文教的倫理道德作一整理回顧[110]。

　　(2) 1922 年至 1941 年的公學校「修身」教材

　　1922（大正 11）年教育令頒佈之後，公學校使用的修身教科書，基本上
與前期相同，少數課文僅有些許修改。公學校和小學校高年級的修身教科書
內容相同性高，兩者的修身課本更大量地引用日本歷史中值得稱頌的模範行
為。甚至，1920（大正 9）年代出版的公學校修身課本比公學校國語讀本，
又出現更多的日本歷史人物[111]。

　　(3) 1941 年至 1945 年的國民學校「修身」教材

　　1941（昭和 16）年公、小學校配合戰時體制使用新的教科書。台灣 1941
（昭和 16）年修身書尚未出現像日本小學校修身書中份量極重的極端國家主
義內容。檢視 1941 年台灣和日本二年級的修身書，這種差異非常明顯。日
本教科書有 20 課，其中有 8 課具國家主義的內容，包括：〈最敬禮〉、〈端
午節〉、〈歐吉桑和歐巴桑〉、〈陸軍紀念日〉、〈明治節〉、〈天皇陛

163

109.台灣總督府，《公學校修身書，教師用，卷一》，台北，台灣總督府，1913（大正
　　2）年，頁 1～6。
110. E.Patricia Tsurumi 著，林正芳譯，前引書，頁 118～122。
111.同上註。

下〉、〈天長節〉以及〈日本國〉；公學校課本有 27 課，其中裡有 4 課為國家主義內容，包括：〈天皇陛下〉、〈正直〉、〈不可忘恩〉和〈祝日〉[112]。

公學校教授「修身」課旨在將台灣兒童日本化。像在日本的小學校一樣，修身課旨在加強兒童熟練讀和寫之後所學的內容，而公學校教師所強調的行為、態度、以及個人和公共習慣的準則，基本上和在台或日本內地的日本學童是一樣的內容和標準。但是檢查台灣出版的公學校教科書卻顯示：殖民當局較不在乎台灣兒童是否視自己為日本人，而是以合適的方式在台灣的家庭、學校和社區生活。台灣學童可以有日本式的思考，但不必認為自己是個完全的日本人；台灣學童被教育成守法、勤奮的日本臣民，但不會要求享有日本人才有的特權或機會。日本的讀本中則常常有個別的男性或女性經由努力而崛起的故事，但出現於台灣公學校讀本內容卻只重視順從的品德表現。

為配合戰時體制，此時期多介紹日本及日本英雄，且關於日本帝國和國家的內容比重亦增加了。台灣公學校的教科書中，明顯地比日本內地或台灣的小學校教科書呈現較少的國家主義內容。公學校修身課本顯示，公學校要同化台灣人成為日本人，但只是使之置於社會階層的底部而已。學校不鼓勵個人或團體擁有權利或決策的地位，教育的目標只在於使台灣人成為日本人忠實的追隨者，而不是有能力的社會領導者。有趣的是，公學校課程的知識水準和程度通常不輸小學校，公學校教科書不是小學校課本的簡易版，只是技巧性地進行意識型態灌輸和宰制。

2.「修身」科教材內容之具體分析

檢視分析「修身」科教材內容後，可歸納整理出「修身」科教材內容的

112.同上註。

選擇是依據「國民精神」、「服從」、「誠實」、「勤勞」等四個標準[113]。若就修身書內容的具體分析,可歸納出總督府賦予「修身」科教材三大目標,分別為:從「好兒童」到「好日本人」、「貞淑之德」的內涵以及「國民精神的涵養」。以下將以總督府賦予「修身」科教材之三大目標為分析依據,就「修身」科教材內容做具體之分析。

(1)從「好兒童」到「好日本人」

一般可將「修身」書的教材分成「國民道德」、「社會道德」、「家庭道德」、「學校道德」、「個人道德」等五項,在低年級比較著重家庭、學校和個人道德,而高年級則漸加重國家道德與社會道德的比重。鑑於第三期修身書保存較完整外,以及是使用最久的一期「修身」書,也相當程度代表著戰爭前,日本統治者對道德教育的控制樣態[114],所以,採此時期教科書做為分析對象。

從表3-6所列出的府定第三期修身書各課的標題及「例話」的主人翁,我們可以藉此對整個修身書的內容有一初步了解。

113.歐用生,前引書,頁97。
114.許佩賢,前引書,頁61。

表3-6　府定第三期修身書的標題及例話主人翁

卷一（昭和三年）		卷二（昭和三年）	
1.學校		1.用功	阿秀、阿英
2.守時	阿義	2.有規矩	昭和天皇
3.天皇陛下	昭和天皇	3.天皇陛下	這個小孩
4.學習國語	阿福	4.不要做沒禮貌的事	阿水
5.不要說人壞話		5.自己的事自己做	阿秀
6.不要打架		6.清潔	木生
7.待朋友要親切	阿福	7.注意身體	木生
8.整潔	阿福	8.重視雙親	阿桂
9.注意飲食	阿水	9.兄弟和睦	阿水、阿仁
10.不要聽從壞的勸告		10.謹慎訂約	木生
11.不要虐待動物		11.正直	阿金、阿信
12.好的遊戲		12.不要多欲	能久親王
13.不要說謊		13.台灣神社	阿木、阿仁
14.不隱過	阿福	14.朋友應互相幫助	阿仁、阿木
15.親恩	阿生	15.原諒別人的過錯	阿仁、阿全
16.聽父母的話	阿生	16.家庭	阿仁
17.兄弟和睦	阿生、阿仁	17.親戚	這個小孩
18.國旗		18.鄰近的人	阿桂、木生
19.節儉	阿金	19.對老年人要親切	木生
20.有規矩		20.不要忘恩	阿木
21.學校的東西		21.要有耐心	木生
22.別人的東西		22.祝日	
23.不要給人家添麻煩		23.愛護公物	乃木大將
24.好兒童	阿福		

卷三（昭和四年）

卷四（昭和四年）

（教育敕語）

1. 皇后陛下	皇后陛下	1. 皇太后陛下	皇太后陛下
2. 忠義	廣瀨武夫	2. 能久親王	能久親王
3. 守約定	廣瀨武夫	3. 規律	
4. 孝行	渡邊華山	4. 珍惜時間	平田篤胤
5. 兄弟	渡邊華山	5. 鍛鍊身體	
6. 不要任性	這個小孩	6. 禮儀	
7. 不要給人家添麻煩	阿秀	7. 反省	瀧鶴台
8. 有規矩	阿秀	8. 養成好習慣	
9. 親切	雅夫	9. 女子的德行	乃木靜子
10. 臨事不亂	玉江	10. 孝行	二宮尊德
11. 不要浪費	木生	11. 忠實	二宮尊德
12. 明治神宮	明治天皇	12. 勤勉	二宮尊德
13. 勤勞工作	鹽原多助	13. 至誠	二宮尊德
14. 正直	鹽原多助	14. 為人盡力	吳鳳
15. 放寬心胸	貝原益軒	15. 報恩	荻生徂徠
16. 不要自慢	貝原益軒	16. 知恥	伊藤仁齋
17. 衛生	貝原益軒	17. 重視別人的名譽	山浦重剛
18. 不要迷信	老婆婆	18. 重視法規	
19. 師恩	張文良	19. 國旗	
20. 朋友	文良	20. 公共心	金原明善
21. 自己的東西和別人的東西		21. 堅定志向	金原明善
22. 共同		22. 守分	乃木大將
23. 愛護動物			
24. 博愛	瓜生岩子		
25. 好日本人			

台灣公民教育與公民特性

卷五（昭和五年）		卷六（昭和五年）	
（教育敕語）		（教育敕語）	
1. 大日本帝國		1. 皇大神宮	
2. 我皇室		2. 敬神	
3. 忠義	楠木正成・正行	3. 國運的發展	
4. 公益	曹謹	4. 國交	
5. 慈善	石井十次	5. 忠君愛國	
6. 衛生（其一）		6. 祖先和家	
7. 衛生（其二）		7. 男子之務與女子之務	
8. 共同		8. 自立自營	高田善右衛門
9. 公德		9. 職業	
10. 克己	村上專精	10. 發明	高峰讓吉
11. 儉約	德川光國	11. 日新的工夫	伊藤小左衛門
12. 勸勉	伊能忠敬	12. 趣味	
13. 敬師	伊能忠敬	13. 良心	
14. 禮儀		14. 反省	
15. 親戚		15. 廉潔	乃木大將
16. 同情	中江藤樹	16. 報恩	
17. 德行	中江藤樹	17. 共存共榮	
18. 仔細思考		18. 公益	和井內貞行
19. 重視責任	佐久間勉	19. 地方制度	
20. 誠實	山口用助	20. 違法	
21. 廉潔	長田德本	21. 教育	
22. 寬容	伊藤東涯	22. 教育敕語	
23. 納稅的義務		23. 教育敕語（續）	
24. 祝日・祭日		24. 教育敕語（續）	
25. 好日本人		25. 教育敕語（續）	

168

資料來源：許佩賢，《塑造殖民地少國民—日據時期台灣公學校教科書之分析》，台北，台灣大學歷史研究所碩士論文，1994 年，頁 62～65。

我們可以由以下這幾課對於府定第三期六卷修身書之內容有大概的了解。

在卷一第二十四課「好兒童」中，兒童用書中的課文極為簡略，僅言：「好兒童得到獎賞，大家都要變成好兒童」。這一課的插畫是在結業典禮上，男女學童分別站在禮堂的兩邊，有一個兒童在前面的講台上正在接受校長的獎狀。在教師用書的「說話要領」中對於這幅圖及這件事有極詳細的鋪陳[115]：

卷一　教師用　第二十四　好兒童

請看這幅畫。這是阿福從校長先生那裡得到獎品。阿福從去年4月開始進入這個學校，現在和你們一樣已經修完第一學年的課了。這一年間，都很聽老師的話，品行良好，不論在學校還是在家裡都很用功，所以才得到獎賞。

阿福不論什麼時候，只要在教室就專心讀書，到了運動場就精神飽滿地玩，一次也沒有遲到。不論何時，身體、衣服都很乾淨，東西都收拾得很好。玩的時候也很注意，不論再怎麼要好的朋友勸誘，都不會去作壞事。

平常注意飲食，所以身體很健康，都不會生病。

他很聽爸爸媽媽的話，尊敬爺爺奶奶。兄弟和睦，附近的人都稱讚。阿福在家裡也好，在學校也好，都很有禮貌，不說人壞話，也不和人打架。對朋友都很親切。不說謊、不隱過。愛護別人的東西和學校的東西，不給別人添麻煩，也不虐待動物。

特別是阿福日夜都不曾忘記天皇陛下的大恩。聽天皇陛下的

115.許佩賢，前引書，頁66～68。

台灣公民教育與公民特性

事或提到天皇陛下的時候,立刻正容立正。知道國旗的重要後,在祝祭日就特別早起,自己掛國旗。老師說國語是國民一定要知道的東西,此後不只上課時專心用功,而且在平時也盡量說國語,現在國語已經是班上最好的了。

　　阿福實在是一個好兒童。各位也和阿福學習同樣的事情,所以也要變成像阿福那樣的好兒童。

　　在這裡,教師利用「阿福」這個虛構人物,把這一年「修身」書中的德目串聯起來。卷二的情形亦是,在教師用書的「說話要領」中,用「木生」把卷二的所有德目貫穿起來。卷三以後,在最後的「好日本人」一課中,也把該卷所有德目再複習一次,只是不再用虛構人物去說明,而直接以訓話的方式說明[116],茲再舉例如下:

卷五 兒童用 第二十五 好日本人

　　世界上有很多國家,但奉戴萬世一系天皇的國家,只有我大日本帝國。歷代天皇都愛我臣民如子,臣民從以前就心勵忠義,盡孝行。這是我國的美風,各國無以類比。我們臣民要時時奉仰以天皇陛下、皇后陛下、皇太后陛下為首的皇室諸人之御高德,像以前的人那樣勵忠君愛國之道。

　　最重要的就是,臨君國之大事時而犧牲生命;而平時要各勵其業務,盡國民的義務,還要明白祝日、祭日的趣旨。

　　和親戚要和睦相處。與人交往、共事,要有寬容的精神。時

116.同上註。

時記得重公德，廣公益，敬師、守禮儀、注意街生，同情別人的不幸，盡量幫助不幸的人。

平時以誠實為旨，重責任，不論什麼事都仔細思考。克己，守勤儉，堅守志向也是很重要的。在守身方面，要守廉潔，不斷修德行。

這些須知都提示在教育敕語中，我們一定要至誠貫徹實行之。

(2)「貞淑之德」的內涵

在「修身」科的要求中，特別提到「在女童，特別注意養成貞淑之德」。而其採用模式為教授皇后階下，皇太后陛下的事蹟。另外加上乃木靜子、瓜生岩子、瀧鶴台之妻和三宅尚齋夫人的事蹟。也就是說，純粹教授該人物的事蹟，除了希望兒童效法身為子女所應具備的貞淑之德外，藉由皇室人物的出現，還有更宏遠的目標，就是要加深兒童對皇室的崇敬之念，在所有可能的地方反覆提示「萬世一系天皇統治」的絕對性與不可侵犯性[117]。

乃木靜子和三宅尚齋夫人則是以女子的模範形象出現在修身書中。

圖3-3　《公學校修身書》中，以「皇后陛下」為主題圖

資料來源：台灣總督府，《公學校修身書，教師用》，卷三第二種，台北，台灣總督府，1913年。

117.同上註。

「公學校修身書」（第二期）卷四　第十六　女子之務

　　三宅尚齋先生之夫人在先生不在的時候，照顧年老的母親和二個孩子。空閒的時間，就去幫人家洗衣賺錢維生。先生留下的錢一厘也沒有用。三年後，先生回來了。詳細問起這段時間的生活，先生對夫人的德性非常感動，而感到非常高興。[118]

「公學校修身書」（第三期）卷四　第九　女子的德行

　　乃木靜子從小就是品性良好的人，女孩子應該學的全部都會。嫁給乃木大將後，幫助丈夫對母親盡孝。母親在台北生病時，廢寢忘食地看護。不管丈夫的官位升得多高，靜子在家裡生活樸素，衣服也大都是棉布作的。靜子對人很親切，照顧下女。那須野陸軍大演習時，熱心地招待去看演習的學生。

　　女子長大以後，都要為人妻為人母，所以從小就要培養良好的德性。這就要以像靜子這樣的婦人為模範。[119]

　　三宅尚齋夫人於先生不在的時候勤儉持家、奉養婆婆、養育小孩；乃木靜子則具備孝順（婆婆）、儉樸、親切等德性，並且「女孩子應該學的東西」全部都會，這大概不外是指女紅、家事之類的技藝。這些就是修身科中所規定的「貞淑之德」。教育關係者心目中理想的社會分工，也明白表示在

118.許佩賢，前引書，頁69。
119.同上註，頁70～74。

教科書中 [120]：

「公學校修身書」卷六　第七　男子之務與女子之務

　　男子、女子都是人，都不能違背國民應行之道。圖社會的繁榮，慎一身的品行，男子、女子都一樣。但是，男子、女子生而有身體、性質上的不同，所以實際的工作也自然有所不同。剛強爽快是男子的天性，柔和穩定是女子的天性。所以，保護家人，為國家和社會盡力，是男子的工作；治理家裡的事，使一家和樂，養育小孩則是女子的工作。

　　在家裡我們的父母實際上所作的，就是男子和女子的分工。父親是一家之長，領導家人，從事某種職業，謀一家之生計。母親作家庭主婦，幫助父親，整理家裡，照顧我們。

　　男子和女子如果能充分調和，各全其務的話，家也繁榮，國也繁榮。

　　從上述，三篇課文內容可知，日本統治者對女性性該展現的勤儉持家、奉養公婆、養育小孩等本務，一再宣示外，更強調男女分工的必要。對日本統治者而言，若能實養具「貞淑之德」的女性，可說已達成修身的教授目標。

　　(3)國民精神的涵養

　　在個人、家庭、學校、社會、國家等五類道德中，最容易看出權力者操作的，是「國家道德」的範疇。但是「國家道德」牽涉到認同問題，所以在殖民地的場合，顯得特別敏感。

120.同上註。

台灣公民教育與公民特性

　　針對「國家道德」作教材分析，可分成三類：第一類是與日本國家、皇室或神道信仰有關的主題，例如天皇陛下、國旗、教育敕語等課，這是戰前日本國家存在的基本要件。第二類是臣子對天皇盡忠的各種例話，多是以「忠義」或「忠君愛國」為題的課文；第三類是比較具有近代性的公民須知，如遵法、義務、教育、國交[121]等課。[122]

　　首先分析第一類的德目。國旗、國歌可以說是國家有形的象徵，而國語作為一種溝通工具，更是呈現意識型態的無孔不入。教材在台灣經過怎樣操作呢？以下是第三期「公學校修身書第一種」卷四第十九課的課文事例[123]：

第十九　國旗

　　　不論哪一個國家都有代表該國的旗子。這就叫國旗，一定要非常重視它。日之丸旗是我國的國旗。在祝日或祭日，全國的學校及每個家庭固不用說，連在外國的日本人也都會掛國旗。還有我國的船停泊在外國的港口時，也都會掛國旗。愛日本國就是要重視日之丸旗，處理時也要盡量的小心。

　　同期國定修身書的卷四第二十二「國旗」最後一段卻是說：「我等日本人一定要尊重日之丸旗。而且身為一個知禮儀的國民，對外國的國旗也必須相當地尊敬。」也就是說，總督府的修身書在兒童用書的課文中將這一段作為一個世界公民的禮儀刪去了。也就是說，教育台灣兒童的目標在於成為大

121.「國交」一課是指在受大正民主思潮的洗禮，重視列國並立的國際秩序。

122.許佩賢，前引書，頁69。

123.同上註。

日本帝國底層的勞動力，這些
助益於成為世界公民的須知，
對台灣兒童來說是可有可無的
教材。

　　「國家道德」中當然要教
授國家認同。那麼，總督府要
怎麼讓殖民地的兒童認識「日
本」這個國家呢？而日本這個
國家是以怎樣的形象出現在殖
民地兒童的眼前呢？

　　在「公學校修身書第一種」
卷五第一課「大日本帝國」中
說[124]：

　　　　……（從神武天
　　皇即位之年迄今已二
　　千五百九十年）此間
　　我國以皇室為中心，
　　全國就像一個大家族

てるます。日の丸の旗は
わが国の国旗で十祝日
や祭日には国中の学校
や家々はもとより外国
にゐる日本人も皆国旗
を立てます。
私どもは日の丸の旗を
大切にしてそのとりあ
つかひも出來るだけて

圖3-4　《公學校修身書》中，以「國旗」為主題的
課文內容圖
資料來源：臺灣總督府，，《公學校修身書，教師
用》，卷四第二種，台北，台灣總督府，
1913（大正2）年，頁35。

似地繁榮起來。歷代天皇愛我等臣民如子，我等臣民自祖先以來
也奉天皇如親，盡忠義。在世界上國家雖多，但沒有一個國家像

124.台灣總督府，前引書，卷4第2種，頁35；轉引自許佩賢，前引書，頁77～78。

台灣公民教育與公民特性

我大日本帝國這樣，推戴萬世一系的天皇，皇室與國民為一體的。
我們生在如此偉大的國家，奉戴如此尊貴的皇室，實在是幸福的
事，所以我們一定要變成好日本人，為我大日本帝國盡力。

從上述課文內容可知，總督府對於要讓殖民地人民認同殖民母國為「我
國」，態度還是有點躊躇。

在第二類忠臣故事中，大多是以「忠義」的德目呈現。在君主制國家，
尤其像日本這樣以其萬世一系的天皇制為榮的國家，鼓吹對君主的「忠」是
必然的。而作為一個近代國家，以民族主義來號召對國家的愛，亦是不可或
缺的[125]。

在國民意識尚未發達的階段，這樣的行為可能可以放到「忠義」（忠
君）的範疇，也可以將「愛國」的概念含蓋於「忠君」之下，以「忠君愛
國」這樣的詞彙來欺瞞國民。但在歷經大正民主運動以及1930（昭和5）年
代的無政府主義運動和共產主義運動的洗禮，國民意識已經產生，就會懷疑
到底真正的愛國心是什麼？若仍想以「忠君愛國」來教導人民，這種教材的
破綻遂不可避免[126]。

「公學校修身書」第二種　卷三　第二[127]

木口小平是喇叭手。趁著退潮，晚上向敵方推進，不意遇上
敵人。小平一點也不害怕，勇敢地吹著進擊的喇叭。不久中敵彈

125.同上註。
126.中內敏夫，《軍國美談と教科書》，東京，岩波新書，1991年，頁105～109。
127.許佩賢，前引書，頁80。

倒下，還緊握著喇叭，死的時候喇叭也沒離口。

在國定一期修身書中，木口小平是以「勇氣」的德目出現，其教授目的是「使提起勇氣」；從第二期起，就改為「忠義」，教授目的是「使起忠義之心」；到了第三期更進一步變成：「為天皇陛下盡忠義」[128]。

「修身」教科書內的故事，以何種方式呈現都無所謂，重要的是可以拿來當作統治者的工具，滿足統治者的需要。也就是說，對戰前日本國家而言，任何事都可以放到忠君的範疇，愛國、盡忠職守、愛護部屬、個人所有努力和成就都是為了天皇，天皇是萬事萬物的準則。到底教育關係者所認為的「忠君愛國」的本質是什麼呢？我們可以看看卷六「忠君愛國」的教材內容[129]。

「公學校修身書」卷六　第五課　忠君愛國

為民之心無止時，

身在九重內亦然。

這是明治天皇的御製，這種令人感動的想法，也就是歷代天皇為我國民的幸福著想的心意。我國民自古以來就奉戴仁慈的天皇，以為君、為國盡力為第一要務。

自古國家有事的時候，像楠公父子、乃木大將、廣瀨武夫等人，犧牲身命以守君國。在平時則像二宮尊德、金原明善等人各勵其業，增我國的富強；或像渡邊華山、貝原益軒、中江藤樹、

---

128. 中內敏夫，前引書，頁98～99。
129. 許佩賢，前引書，頁81。

伊能忠敬等人，以學藝提升我國的文明。

我們一定要善修我身，成為善良有為的人，學習前人，在臨國之大事時奉獻身命以守君國，在平時各盡其職分，增我國富強，提升文明，舉忠君愛國之實。

第三類是比較具有近代性的公民教材，包括「納稅的義務」、「國交」[130]、「教育」及「遵法」等課，主要集中在卷五和卷六。這些課目應該歸屬於「社會道德」的範疇，但與國民道德的形成也有重大關聯[131]。

公學校「修身」書中，關於「教育」的課文有一大段都在敘述明治、大正、昭和天皇對於教育的關心與貢獻，而對於台灣教育的現狀，只輕描談寫地提及：教育漸次興盛，各種教育體制完備。這種歌功頌德的課文，除了「加深兒童對天皇感激之念」外，對兒童而言，實在沒什麼建設性或教育意義。

「納稅的義務」（卷五第二十三）一課之目的在於教授「納稅是國民當然的義務」，（教師用書）其內容介紹租稅的種類與性質，以及關於申告與繳納租稅的須知。在兒童用書的課文中說：「我們知道市街庄民要分擔市街庄的費用……」[132]。對日本統治者而言，教導台灣兒童了解納稅是國民應盡義務是重要且必要的，但最好不讓台灣兒童有明解選舉的意涵和功能之機會。

由以上的分析，我們大概可以知道，在一般性道德（個人、家庭、學校）方面，小、公學校間的差異較不明顯，但是對於台灣兒童則特別強調服

---

130. 「國交」一課是指在受大正民主思潮的洗禮，重視列國並立的國際秩序。
131. 許佩賢，前引書，頁82～84。
132. 同上註。

從、勤勞、守法等項目。對於女子的道德要求仍是傳統式貞婦守節、男主外女主內的家庭分工；在國家道德方面，有比較明顯的操作痕跡，但對於國家認同的問題，日本統治者依舊躊躇。關於近代世界公民的知識，在公學校修身書中也有意無意地刻意漠視[133]。

(二)戰爭時期「修身」科教材內容分析（1941～1945 年）

1941（昭和 16）年和 1942（昭和 17）年新編的第四期和第五「修身書」，在國家進入戰時體制時，其內容當然也反映戰時體制的精神，加強思想統制的氣氛。國民學校時代（1941 年～）的「國民」科「修身」教科書，都是挑選符合兒童日常生活中實用的圖片。一方面加強國民意識，另一方面吸引兒童興趣以及增強教材的生活化。總結戰爭時期教科書的特色，一是戰時色彩濃厚，因應戰爭體制下的精神動員而益加強化皇國民的意識型態；二是繼承並發揚「以兒童為中心」的新教育運動精神，強調兒童的心理和興趣，故著重生活、鄉土教材，並增加文學趣味，因此表現在教材編寫上有「讀物化」的傾向。

在「初等科修身」中，新加入「國初」（開國故事）、「宮城」、「富士山」、「日本是神之國」、「君之代」[134]、「靖國神社」等可提昇國民精神涵養的課文。「靖國神社」是祭祀為天皇或國家犧牲生命的人，這種教材，可以鼓舞兒童以這些為國犧牲的人為模範，涵養兒童的「愛國情操」是不待多言的。此外，「大詔奉戴日」（「初等科修身二第十四」）、「愛國貯金」（同上第十五）、「南方與我們」（同上第二十）等則是明顯與戰局

133.同上註。
134.「君之代」意指日本國歌。

有關的教材。摘錄「大詔奉戴日」部分的課文內容[135]：

> 每個月到了這一天，要集合聽校長捧讀詔書，在儀式中有奉
> 唱君之代、揭揚國旗、遙拜宮城、遙拜皇大神宮等行事，之後還
> 有感謝皇軍的祈念，要大家在心中默念「謝謝阿兵哥」。

從「大詔奉戴日」的課文內容可得知，日本統治者相皆重視透過儀式儀
典的過程，潛移默化地進行練成全國民的目標，因此在學校的日常生活中，
這些朝會、儀式及典禮中的訓話則扮演著重要的角色。

而在「愛國貯金」課文的最後也提到[136]：

> 晚上，家裡有奉公班的常會。因此，提到國民貯蓄的事。隔
> 壁的叔叔說：「雖然有點不自由，但只要一想到阿兵哥，就覺得沒
> 什麼而努力去作。」

正如林莊生回憶起他小時候，鄰居中的一個日本太太，開口就是「為國
家」，閉口就是「戰地的將士」。他回憶道：

> 當時的日本人…要你奉獻某種東西，或要你作一件不甚開心
> 之事，先給你帶一頂大帽子「為國家」。如果見你面有難色，他
> 們就用第二句話來提醒你：「戰地的將士連生命都奉獻給天皇陛

---

135. 許佩賢，前引書，頁 168～170。
136. 同上註。

下，難道這小小的犧牲你都不肯，那還能稱為日本人嗎？[137]

另外，在「皇民奉公會」一課中，父母教導孩子：「現在做生意不是為了賺錢，工作也不是為了領薪水，而是為了國家」。這樣的教科書內容錶練方式，一方面將總督府的政策傳達給兒童，另一方面，也顧及兒童閱讀教科書的興趣，這正是前述戰爭時期教科書的二大特色[138]。

另外，「君代少年」和「莎勇之鐘」的故事，極為罕見的以台灣人為主角。前者的主角是一個叫做詹德坤的漢族小學生，1936（昭和10）年4月台灣發生大地震，當時就讀公學校三年級的詹德坤受傷被送到醫院，到了第二天中午，他邊唱著「君之代」而死去。後來有心人士發起捐款活動，為他塑立一個銅像，坐落於詹德坤所就讀的苗栗公館公學校中。這就是「君代少年」的故事。在課文的敘述中，詹德坤實在是一個「好兒童」，他平日奉體日本宗教儀式，禮拜大麻（日本式信仰的神座）、不說台灣話，堅持講國語，又尊崇國歌，而且在身受重傷的時候，還掛念母國的安危[139]。

從以上「修身」科教材的分析可知：台灣公學校的教育始終都在灌輸「忠君愛國」的皇民思想，以達成鍊成皇國民的目標，「修身」科教材在這個過程中則扮演著相當重要的角色。

從伊澤修二構築台灣教育的藍圖起，「修身」科就是實施公民教育的重要教材，並帶有強烈的「社會控制」。日本統治者冀望透過與涵養國民精神

137.林莊生，《一個海外台灣人的心思》，台北，望春風文化，1992年，頁23。
138.許佩賢，前引書，頁170～171。
139.同上註。

台灣公民教育與公民特性

最直接相關的「修身」科教材，能形塑順從、同心、團結和忠誠的國民特性。日本統治者所採取的教育模式即是重視基本的初等教育，用以啟蒙、訓練和教化一般人民，使其適應新的生活，最重要的是使其無條件地服從日本統治者。課程中明顯地出現了「社會控制」的色彩，並期待藉「修身」科來完成。

如國語學校校長田中敬一曾向全島教育工作者呼籲：「台灣的教育必須採同化主義」，而目前教育工作重點應置於「資助一般施政，剷除法令執行上的障礙」和「增進一般人民的生產力」[140]。因此，必須灌輸「共有的」道德，而授以「分化的」知識、技能，亦即對於「街庄社長之繼承人或地方的領導者」、「有為的學生」[141]，或「上流人民」等，給予較高的普通教育，以訓練殖民地行政的人才；而對於一般人民的教育則重在「培養道德的順良之新領土的國民。換言之，只要養成勤於生產、不辭勞動、柔順服從的人民即可」[142]。

分析台灣公學校的「修身」科教科書內容後，可歸結台灣公學校「修身」科課程具有下列特徵[143]：

1. 修身科教科書是擔負起落實道德教育的最主要教材。當然，國語、算術、唱歌、體育等科目，甚至運動會、遠足等學校活動都擔負道德教育的功能。但修身科教材在灌輸日本軍國主義思想，「日本化」台灣兒童上被期許扮演最重要的角色。

140.《台灣教育會雜誌》，第 3 號，1901（明治 34）年。

141.《台灣教育會雜誌》，第 11 號，1901（明治 34）年。

142.同上註，第 4 號，1901 年。

143.歐用生，前引書，頁 106。

　　2.修身科是社會控制最主要的工具。日本統治者藉修身科以形塑台灣人養成理想的殖民形象。修身科並非在培養「真的日本人」，而是在塑造服從的、勤勉的「日本臣民」，即「次等的日本人」。

　　3.修身科比其他科目更受總督府重視，且統治者之意識型態及當時之社會環境皆影響修身科教科書的編纂。統治初期雖強調道德教育，但尚無完整的道德教材；進入大正時期，尤其是第一任文官總督田健治郎標榜「同化主義」、「內地延長主義」後，修身科更具社會控制的色彩；及至1940年代，為配合戰時政策，高唱「皇民化」運動，戰時下之修身科就反映了「皇民化」的種種措施。

　　4.修身科教材反映了日本統治者對台灣兒童的刻板看法。如前所述，日本統治者極早就關心台灣兒童心性的研究。他們認為台灣兒童天性貪婪、自私、說謊、骯髒……，修身科就是要改正這些舊習。

　　5.修身科課程始終以皇國思想為中心，旨在達成社會控制的功能。治台五十年間之修身科課程重視的是社會秩序，而非個人；因此，個人福祉、個性發展等議題完全沒有出現在教育目標上。

第四節　「國語」教科書之分析

　　由於「修身」、「國語」在達成國民精神的涵養上扮演著重要角色，日本統治者更相信這是涵養道德和教導效忠日本的兩個重點科目，且兩者對於協助統治者達成其所設定的公民教育目標成效卓著，所以包含實業教育、專門教育、師範教育等各級學校，均設有修身、國語科，以持續培養、塑造其所欲達成的公民特性。因此本書選擇這兩個教科作為討論的對象。

 **時期**

台灣公民教育與公民特性

雖然國語教育是一種語言教育，但是也會內含某種觀念或意識型態的宰制或灌輸。就「國語」此一詞彙本身，就包含著極強烈的意識型態。尤其是日本內地的語言，由「日本語」變成「國語」的這種改變，即蘊含著「日本」這個共同體的內在凝聚性。然而就歷史發展觀之，台灣並沒有參與「日本」這個共同體的形成過程，而是由一紙條約始變成日本帝國的領土。因此，日本統治者在台灣推行的「國語」科教材內容為何？所傳達的意識型態內涵又為何？是以下所要探討的問題。**[144]**

一、「國語」科的目標及規定

㈠公學校「國語」科的成立及規定（1898～1941 年）

日本治台初年，1895（明治 28）年 7 月就在台北縣設置日本語學校，招募日本語傳習生，可以說是台灣日本語教育之始。1896（明治 29）年 6 月，以「傳習國語」為目的而成立國語傳習所，其教授科目有：國語、讀書作文、習字和算數，而前三者是屬於後來「國語」科的範疇。國語傳習所規則中規定 **[145]**：

> 國語的教授，使精熟善用本國現行之語言，流暢精密地言明
> 自己的思想，並明白地解釋他人的言語。（第十四條）
> 讀書作文的教授，隨著國語的教授，使知現行普通的文字、

144.許佩賢，前引書，頁 128～131。
145.同上註。

文句、文章之讀法、綴方（拼音法、綴字法）及意義，用適當的
字句正確地表出自己的思想，解釋他人的文章。

　　國語及讀書作文教授之際，使知我國體及古今情勢及海外諸
國的關係，並使知各種天然現象及作用，與人類立於天地間要保
全其性命，必須遵守的諸法則。（第十五條）

　　習字的教授務先使知姿勢、執筆之法為首的運筆順序、字畫
結構，使熟速寫，而其練習本之文字，就讀書學習的文字，以假
名單語、數字、民間日用文字、書翰文及公用書類等充之。（第
十六條）

台灣公學於 1898（明治 31）年後，在國語教學方面分為國語作文、讀書
及習字三科。各教科目的程度為 [146]：

　　國語授以音韻之性質、言語之種類、典則、應用及會話之實
習，並教授地理、歷史、理科之講說。授國語的目的在使能用本
國現行言語，精密流暢言明自己的思想，並能明瞭解釋他人的言
語，經常與土語對照，會得其意義，並使通曉言語及文章的典則。

　　作文，授假名單語、短句及雜有漢字的話文、普通文、書簡
文、公用文及普通的漢文尺牘。授作文，經常和國語及讀書配合，
務求達其目的，注意思想的排列、言語的表出，使能作公私日常
必須的文章，並須和習字科聯絡。

　　讀書授假名的單語、單句及平易的話文、普通文的讀方，並

146.同上註。

同時授古體漢文之句讀及訓點。授讀書，經常隨著國語作文的教授，注意文字的音義及語勢，並使其將之譯述為土語，檢驗其語句文章之解否，使充分了解全體的意義，並啟發智德。

習字，依假名、楷書、行書及草書之順序，授雜用假名漢字的單語短劇、普通文、書簡文、公用文等，同時，從一開始授漢字，先使知姿勢及執筆之法，其次使知筆的運用及字畫的結構，運筆務求不滯澀，特別須使熟速寫。（第十條）

比較國語傳習所和公學校對於「國語」教授規則之規定，可以明顯地發現：原本在國語傳習所「國語」科規則未曾出現任何相關漢字和土語教授之規定和內容，在公學校的規則中除了保留相當多原已規定的內容外，且新增加「經常與土語對照，會得其意義」、「作文，授假名單語、短句及雜有漢字的話文」、「並同時授古體漢文之句讀及訓點」等等詞句。亦即，在公學校的「國語」科規則中，承認漢字和土語並存之事實，也顧及漢字基礎學習能力的養成。所以在治台初期並未積極地採取嚴禁使用土語和漢字的教育政策。

㈡國語傳習所與小學校和公學校「國語」科的目標及規定之比較（1898～1941 年）

比較了國語傳習和公學校「國語」科規則的規定後，再對照日本內地小學校的「國語」科規則規定，有幾點值得注意之處[147]：

1. 就科目的分立來說，採用「國語」教科此名詞，率先出現於殖民地台灣的教育規則中1891（明治24）年日本內地的「小學校教則大綱」中，將國

147.許佩賢，前引書，頁 131～134。

語分為讀書、作文、習字三個教科；國語傳習所分為國語、讀書作文及習字三個教科；而稍後成立的公學校則分為國語作文、讀書及習字教科，由此可知，「國語」率先出現在殖民地台灣的正規初等教育機關中。從「國語」一詞所蘊含的意識型態來看，不是毫無意義的。對殖民地官僚來說，讓殖民地人民學習國語，深具陶冶國民精神的意義。

2.從其教授內容來看，致力讓台灣兒童了解日本國體。國語傳習所規則雖未言明其教授內容。但從上述「國語」科規則的第十五條第二段，可知其所要教授的內容主要有三項：「我國體及古今情勢及海外諸國的關係」（歷史）、「天然現象及其作用」（理科及自然地理）及「人類立於天地間要保全其性命，必須遵守的法則」。此意涵著總督府汲汲「教化」台灣住民，努力讓台灣兒童了解日本國體的用意。

3.治台初期編纂的教科用書採上欄記日文，下欄記台譯的格式。公學校規則中，在教授國語及讀書的注意事項中，都提到「經常與土語（指台灣語）對照」或「使其將之述譯為土語」，這是受到當時主張用「對譯法」教學的影響，因此許多治台初期編纂的教科用書都是上欄記日文，下欄記台譯。大約到了1911（明治末）年揚棄對譯法教學，而確立完全以日本語教學的原則。

4.公學校規則對「讀書」科的內容規定，仍保留教授漢文。亦即，除了教授假名的單語、單句及平易的話文、普通文的讀法外，還教授「古體漢文之句讀及訓點」。此究因於公學校初設，台灣人尚未完全接受日本政府所辦的公教育，因此日本統治者必須考慮對抗台灣傳統的教育機關─書房，故採取在公學校中也要教授漢文的措施，以招徠台灣學童入學就讀。

5.國語科以涵養國民精神為要旨，被視為「國民教育」的教科。國語科中分為讀方、綴方、書方和話方；讀方是指讀書，綴方是指作文的意思，書

方則相當於以前的習字。1904（明治37）年將國語、讀書、作文、習字統合為一個教科。在教材內容的材料方面，於歷史、地理、理科之外又加入修身及產業兩項。1912（大正元）年「公學校規則」再度改正（府令第40號），規定國語科教授目的為：「國語以教授普通的言語文章，使正確自在地應用，兼啟發智德，特別以資涵養國民精神為要旨。」在課程目的的規定中加入「以涵養國民精神為要旨」。至此國語科已經名符其實成為「國民教育」的教科。1922（大正11）年「台灣公立公學校規則」（府令第65號）的規定，確立了直到「國民學校令」頒佈前的目的及教授內容，都是以國民精神的涵養為要旨。

　　歸結言之，和小學校「國語」科規則的規定比起來，公學校「國語」科顯然特別注重「國語」之練習和意識型態的灌輸，而不是純粹的進行「語言練習」以學會某一溝通語言，由此可看出總督府在台灣推行「國語」之意圖，是在達成涵養國民精神為其要旨[148]。

(三)國民學校「國語」科的目標及規定（1941～1945年）

　　國民學校成立於1941（昭和16）年，其中相關國民科中的「國語科」所包含的科目目標規定如下：

　　　　國民科國語使習得日常之國語，培養其理會力及發表力，透過國民的思考感動，涵養國民精神。（第十四條）

　　另外，國語科中特別明示由「兒童生活中的語言開始」，此意味著承認

148.同上註。

方言的使用空間。然而由於呼應皇民化政策所推動的全面國語運動，使得台灣語的生存空間卻更小。但是在國語科中，力求國語之生活化；讀方（讀書課）「重視兒童生活的表現」、「話方」（說話課）鼓勵「兒童自由發表」、綴方（作文課）「以兒童生活為中心」等規定，可以說都是繼承大正以來（1912～1925 年）新教育運動的思潮[149]。

　　另外，從條文中可以很清楚的看出在戰爭時期的教育，一方面要重視國防、產業等的教授，另一方面又要改善教育方法，使教室的氣氛更活潑化、更尊重個人自由和符合個人興趣做發展。即便如此，但是改進教授方式的著眼點，仍然在於如何能更有效地達到鍊成皇國民的政治目的，而非真的基於想發揮教育理念為考量。

二、府定「國語」教科書的編纂與發行

　　總督府是先從事國語讀本的編纂，才開始其他教科書的編寫。日本在台編纂的「國語」教科書，可分為六個時期[150]：第一期是從 1895 到 1901 年，這時的日語教材毫無系統，僅有一些應急的日語會話書；第二期是 1901 到 1913 年，此時編訂一部十二冊的「國民讀本」作為日語教材；第三期是 1913 到 1923 年，這時重新改編公學校的「國民讀本」，日語教育採取直接教學法，不透過台語翻譯；第四期是從 1923 到 1937 年編訂公學校「國語讀本」，此時日語教材水準較以前稍有提高；第五期是 1937 年起所編的新「國語讀本」，總督府編修課長自稱其編輯重點為「教導包含日本人思想感情的國

149.許佩賢，前引書，頁 162。
150.加藤春城，〈台灣教科書の編纂について〉，東京，1939 年，頁 41～43。

語，以塑造皇國民」[151]；第六期是實施國民學校制度後，計畫從 1941 年起編纂國民學校「國語讀本」，但由於戰爭的影響並未完成[152]。

第一套國語教科書發行時，由民政部編纂統一的教科書（檢定制）。說話課和習字的教材內容，肩負著傳播意識型態的功能。總督府所編的第一套國語教科書，以「國民讀本」為名，顯示總督府要利用國語科教材內容欲進行「國民教育」的意圖。

1913～1914（大正 2～3）年開始發行新的國語教科書，仍然用「國民讀本」之名，但改為「公學校用國民讀本」。與第一期的國民讀本比起來，第二期國民讀本相關於道德議題的教材有增加傾向，尤其是國家道德方面的課數增加的比例更為明顯。這一套國民讀本使用不久，由於時勢的變遷（包括

表 3-7　公學校所使用的國語教科書之發行狀況

	卷一出版年	書名	卷數
府定第一期	明治 34（1901）年	台灣教科用書國民讀本	卷 1～12
府定第二期	大正 2（1913）年	公學校用國民讀本	卷 1～12
府定第三期	大正 12（1923）年	公學校用國語讀本（第一種）	卷 1～12
	昭和 5（1930）年	公學校用國語讀本（第二種）	卷 1～12
府定第四期	昭和 12（1937）年	公學校用國語讀本	卷 1～12
府定第五期	昭和 17（1942）年	初等科國語	卷 1～8

資料來源：加藤春城，〈台灣教科書の編纂について〉，東京，1939（昭和 14）年，頁41～43。

151.同上註，頁 43
152.何義麟，前引書，頁 63。

「台灣教育令」的公佈（1919 年）、地方制度的改正等），又有改定的要求[153]。

　　1923～1926（大正 12～15）年再發行第三期新教科書，書名改稱「公學校用國語讀本」。此時公學校的各個教科已大致整備，然而各教科在技術上雖然各有目的，但同樣都是「國民教育」的一環，都致力於國民精神的涵養，其目標是一致的[154]。這一套教科書使用至 1937（昭和 12）年，才又發行新的第四期國語讀本，可以說是使用最久的一套「國語」讀本。

　　1937（昭和 12）年開始出版新的「公學校用國語讀本」，在低學年（卷五以前）採用彩色印刷，新讀本的分量增加，程度也隨之提升，特別增加可資國民精神涵養、使體認公民參與心得及關於產業交通的教材；而童話、神話、傳說等也比舊讀本增加；季節轉換課程也在教材安排考慮之內。插畫中「本島人的服裝以和服與洋服為主，避免傳統的台灣服。這是想透過插畫，達到習俗改良，使同化於內地人風格的氣氛。本島人的姓名，全用太郎、花子等內地名，姓則暫時不改，如果是姓木下、山川的人都還是指日本人。在最近的將來，社會情勢改變的話，在高學年可能連本島人的姓也改為內地式也說不定。」[155] 顯示了皇民化運動的氣氛。

　　1942（昭和 17）年府定第五期「國語」教科書為配合戰時體制需求，國家主義和軍事主義的主題內容有增加的傾向。透過此時期的「國語」教科書將總督府政策傳達給學生，另一方面，也顧及教科書書寫格式活潑化，藉以

153.許佩賢，前引書，頁 136。

154.許佩賢，前引書，頁 138。

155.加藤春城，＜國語讀本卷一、卷二編纂要旨＞，《台灣教育》，419 號，1937（昭和 12）年。

提昇學生學習興趣。

　　總結府定五期「國語」教科用書的特色，均考量到台灣兒童在入學前不是使用日本語，其生活週遭也不是日本語的環境則是事實，因而適合日本兒童之讀本不見得適合台灣兒童。所以當日本內地的國語教科書以文學讀本的立場來編輯時，台灣的國語教科書仍以語言讀本的立場來編寫，的確更能符合台灣兒童的實際需求。

三、「國語」科教材內容分析

(一)公學校「國語」科教材分析

1. 各時期「國語」科教材內容之特色

(1) 1922（大正 11）年之前的公學校國語讀本

　　此時期即為府定第一期和第二期國語教科書發行期。1911（明治 44）年起，相當數量的台灣兒童在本島的公學校學習讀、寫日文，台灣兒童在學校的最初一個月內是作口語練習，因而比日本小學校一年級學生較晚使用日語入門書。在這第一個月中，一年級教師利用一週約 12 小時的日文課，和其他可能的場合教授日文，以期儘早去除台灣兒童的方言[156]。因此，日本統治者積極地在公學校教授日語，導致一開始創設的公學校讓臺灣人家長產生只是學習日語地方的刻板印象和錯覺，而產生排拒心態。另外，學校內利用各種機會教導臺灣兒童熟悉日語的過程，因文化的差異和心態的不同，也橫生各項誤解。如台灣政治及教育改革倡導者蔡培火曾描述道：

---

156. E. Patricia Tsurumi 著，林正芳譯，前引書，頁 117。

一旦我們的兒童進入學校，他們回到幼年時代，必須擺脫掉
在家六年學會的所有語言和想法……….像小孩子一樣牙牙學語，
日本老師指著自己的胸部朗誦「先生」，於是這個台灣學生誤以為
「先生」這個日語是指「心」[157]。

此時期的公學校和小學校讀本內容大致相同，特別是童話、兒童故事或
童詩的內容幾乎完全一樣。而兩者最大差異在於公學校讀本所使用的材料大
部分是與台灣學童有密切關係的事物[158]。

(2) 1923 至 1941 年的公學校國語讀本

此時期，即為府定第四期和五期國語教科用書的發行期。1920 和 1930
年代公學校使用的國語讀本，有較強烈的台灣色彩，但和小學校國語讀本仍
有很多相似之處。日本人唸的日文讀本比台灣人的課本含有較多的文法，而
公學校國語課本大部分使用較多的口語日文[159]。

此時期（1923～1941 年）台灣讀本的內容，已出現關於職業、自然、地
理和基礎科學的內容。前面幾冊則充滿了童話和寓言，也有教授兒童日常行
為的課文。讀本中也出現歷史故事和倫理道德，這些教材內容多半取材自中
國歷史，或者融合中國與日本歷史。而與外國有關的課文，在台灣的教科書
中，則傾向於顯示日本之力量和優越性的內容[160]。

157.《台灣總督府第四十三統計書》，台北，1939（昭和 14）年，頁 198，紀錄僅剩的 18
　　所書房。

158.E. Patricia Tsurumi 著，林正芳譯，前引書，頁 117～118。

159.新竹和屏東兩所新師範學校設立於 1940（昭和 15）年。見佐藤源治，前引書，頁 134。

160.E. Patricia Tsurumi 著，林正芳譯，前引書，頁 119。

台灣公民教育與公民特性

　　國語讀本也大量使用與台灣兒童年紀相仿的男孩和女孩作為課文中虛擬的主角，以描寫台灣兒童應具有的美德行為，尤其強調公德心的重要性。

圖 3-5　《公學校修身書》中，以「阿福」為課文之主角圖 [161]

資料來源：臺灣總督府，《公學校修身書》，卷 1，1915（大正 4）年，頁 11。

161.《公學校修身書》中，以「阿福」為課文之主角，教導美德行為。

　　如第四冊中所出現類似的故事，兩個男孩撿到一只皮夾，其中一人想占為己有，經一番道德說理後，這兩個男孩將這只皮夾交給當地的警察主管。這些讀本中的台灣兒童展現出良好的品德，總是放學後直接回家、用心地作功課、友愛手足和協助貧苦的人、信守承諾、聽從老師的話以及幫父母親做事情[162]。

　　小學校讀本也描寫兒童的行為，但是不像公學校讀本那麼明顯地說教。例如 1910～1918 年時期第六冊讀本〈收穫〉，和 1920 年出版台灣人用讀本第六冊題目為〈割稻〉，面對處理相同的主題時，日本人的課文是漸進地說明如何收穫，然而公學校的課文中，則著重於描述農夫的兒子送午餐給在田裡工作的爸爸吃。同樣的主題，欲對日本人和台灣人產生的教化功能不同。日本人的課文重在知識傳授，而台灣人的課文則強調良好行為之養成[163]。

　　台灣國語課本也比小學校教更多健康和衛生的知識，讀本第五冊也有類似的課文——一個學童向母親報告同學因為傷寒住院，男孩問母親為什麼人會得到傷寒，母親解釋蒼蠅散播病菌。這一課的結尾是，母親出示一張地方政府呼籲參加滅蠅運動的傳單[164]。從上述課本主題和內容鋪陳方式可看出，國語讀本尚負起傳送總督府政策宣達的功能。

　　(3) 1941 至 1945 年的國語教科書

　　1941 年配合戰時體制，國語讀本中出現的大部分台灣人穿和服，並以日本名字為主角出現在課文內，又以名字叫做春子和太郎的角色居多。國家主義和軍事主題的內容在此一時期也增加。一年級國語的教師手冊，要求教師特別重視〈軍人〉這一課，「本課的旨趣是要逐漸灌輸兒童，尊敬和感謝軍

162.台灣教育會，前引書，頁 788。
163.同上註，頁 790。
164.E.Patricia Tsurumi 著，林正芳譯，前引書，頁 120。

人，期望他們長大後成為光榮的軍人。重要的是，讓兒童了解帝國的軍隊是世界上最強盛、最有紀律、對兒童最友善的軍隊」。

雖然這種內容在國語讀本中增加，但相較於日本內地 1941（昭和 16）年頒佈的國語讀本，其中關於國家主義和軍事主題的課文數量，在國民學校課文中則明顯地少了很多。

　　2.「國語」科教材內容之具體分析

　　分析「國語」讀本，課文中出現的主題較多元，如文學的、藝術的、鄉土的、生活等的內容都可以從課文中找到。

　　由於第一期讀本暫時無由得見，而第四、五期讀本，因為已進入戰爭期，故其濃厚的意識型態灌輸色彩與別期呈現不同的面貌[165]。

　　又因為第二期讀本相當於日本國粹主義高張的時期，故其教材內容所意涵的國家主義色彩非常濃厚。如在「櫻」（卷七第三）一課中說：

　　　　沒有其他國家有這麼多櫻花樹，即使有也不會像我國的櫻花
　　　　開的這樣美。在西洋以玫瑰或百合為貴，但我國最愛種櫻花，有
　　　　「花則櫻花」[166]之語……

　　課文內容不斷鼓吹日本是世界上最好的國家。又如「數數歌」（卷八第九）中，鼓吹傳統的忠孝仁義，提到：

　　　　一呀人人忠義為第一，仰之彌高是君恩國恩。二呀最重要是
　　　　父母二人，越思越深是父愛母愛。三呀枝枝相連是樹幹，和睦相

165.許佩賢，前引書，頁 139～141。
166.下一句是「人則武士」，日本俗諺。

處是兄弟姊妹。……

　　在在都顯示著第二期讀本有著濃厚的國粹主義特徵[167]。

　　第三期讀本因受到大正民主風潮的影響，較具世界觀。課本內容增加了「世界」（卷九第三）、「西洋的兒童」（卷九第五）、「南美來信」（卷十一第二四）、「查理士·達爾文」（卷十二第三）及「諾貝爾獎」（卷十二第六）等世界性的教材，此編纂方式對台灣兒童別具意義，因為藉由國語讀本可以說是幫助台灣兒童認識外國與世界的主要教材來源[168]。

　　另外，在形塑台灣人鍊成皇國民的過程中，統治者一方面要引導台灣兒童認同日本國土，而實際上又必須教導本島兒童認識台灣，因此必須在二者間求得平衡。在介紹台灣的同時，又能達成涵養國民精神之目的。分析「國語」教科書中與台灣相關之教材，更可以看出其做法和欲達成特定意識型態之意圖。

　　分析台灣各期國語科教材內容，可歸結發現下列幾個特色[169]：

　　(1)越到戰爭期間，教材內容出現與台灣相關課數，便大為減少。亦透過描述各都市的建設，進行今昔對比，以提示和強調在日本統治下所帶來的文明與進步。如第二期讀本的「台灣」（卷七第十八）課文一開始說：「台灣是位於我國西南方的大島」，對台灣如此簡略的敘述，彷彿在敘述一個跟台灣學生毫不相關的地方[170]。

167.許佩賢，前引書，頁141～143。
168.同上註。
169.許佩賢，前引書，頁144～146。
170.同上註。

台灣公民教育與公民特性

表 3-8 「國語」教科書中與台灣相關之教材

第二期 1913（大正 2）年	第三期 1937（大正 12）年	第四期 1937（昭和 12）年	第五期 1943（昭和 18）年
台灣	澳底登陸	台北	高雄
能久親王	台東來信	台灣	君代少年
台北	台北	澳底登陸	護國神社
曹公圳	台灣的水果	到澎湖島	澳底登陸
生蕃	吳鳳	台灣的水果	東台灣
台灣縱貫鐵道	從台北到屏東	台南	莎勇之鐘
台南	鄭成功	阿里山信息	濱田彌兵衛
鄭成功	新高山	吳鳳	新高登山
吳鳳	阿里山鐵道	鄭成功	蓬萊米
台灣總督府	鵝鑾鼻	濱田彌兵衛	皇民奉公會
台灣一周	次高登山	新高登山	
保甲制度	台灣的農業	台灣的國立公園	
台灣的風景	台灣的木材	芝山巖	
	台灣的衛生	皇民奉公會	
	芝山巖		

資料來源：許佩賢，《塑造殖民地少國民──日據時期台灣公學校教科書之分析》，台
北，台灣大學歷史研究所碩士論文，1994 年，頁 141～143。

　　教材內容也含有歌功頌德的味道，暗指臺灣以前多麼落後不便，而今
「路也變寬了，房子也變漂亮了，下水工程也作出來了，同時裝了電燈，接
了自來水，和以前都不同了」（第二期卷八第三「台北」）、「所以我們應
該感謝天皇陛下的恩德」，或者「日本統治帶來如此的文明與繁榮」之類的
讚賞。

　　(2)在讀本中經常出現的兩個人物是鄭成功和吳鳳。這兩個作為典範的

「偉人」，其實都是為了發揚日本精神而存在的。

　　吳鳳傳說在日軍治台前就已經形成，但日軍治台後，在總督府的操作下，將吳鳳傳說「傳記化」，擴大並衍生出漢族與原住民間的緊張關係。另一方面，將吳鳳的死「英靈化」，將其所獻身的原理抽象化，以便能和近代天皇制的架構相符合。

　　而鄭成功之所以獲得總督府圖書編修官的青睞，在於他對明朝皇帝的忠心，在面臨「忠」和「孝」衝突時，他選擇了「忠」。在課文中提及：「成功迷於忠孝二途，終於為了大義，叛父留在明方」（第三期卷九第二三），鄭成功在台灣人民心目中的良好形象以及他的日本人母親，都只是充分而非必要的條件，最重要的是他捨孝盡忠的行徑，可做為日本統治者期許台灣人順從效忠天皇的樣版。

　　(3)課文中出現與台灣有關係的教材，名義上雖然在講台灣，可是實際上卻是為了灌輸天皇體制的意識型態，與日本國家觀的教材沒有兩樣，只是穿上了台灣教材的外衣做為掩飾罷了。例如「新高山」、「芝山巖」等教材是特別明顯的例子 [171]。

　　新高山、芝山巖雖是台灣的「名勝」，但這些名勝做為教科書的主題，是由於他們具有可利用性。新高山就是現在的玉山，它比富士山還高，所以台灣納入日本領土時，它變成日本的第一高峰。富士山是日本的精神象徵之一，用以凝聚日本人的共體意識。然而台灣的新高山，卻不是作為凝聚台灣人共體意識的象徵，而是塑造出一種意象。亦即，將新高山比擬為富士山，而為它命名的是讓人仰之彌高的明治天皇，因此更可透過新高山，潛移默化中產崇敬天皇和認同日本的效果。所以在課文中提及：

171. 同上註。

日治時期

台灣公民教育與公民特性

可比富士的　是新高，
比山更高的　是大君；
仰御稜威的　是國民，
仰御恩的　　是島人。（第三期卷十第四課「新高山」）

　　事實上，台灣兒童是沒有辦法從這些所謂「台灣關係教材」中正確認識台灣，更遑論培養出愛台灣的感情。因為從這些教材中所呈現出來的台灣，是被扭曲過的台灣。反而是一些取材於生活中的教材，介紹了很多台灣的風土、物產或人民生活。例如「龍眼和鳳梨」、「我的家」、「我們的庄」、「水牛」、「四季」、「警察官」……。這些與台灣兒童生活息息相關的教材，除了可以讓兒童學到一些日常生活所需的知識，如明信片的寫法、打電報的方法……，亦藉此認識台灣風土民情。

㈡戰爭時期「國語」科教材內容分析（1941～1945 年）

　　下文所要詳加分析的是，出版於 1941（昭和 16）年第五期所編訂的新「國語讀本」和國民學校「國語」科（即初等科國語）。

　　第五期教科書編纂方針根據總督府學務部編修課長加藤春城說：

　　　各教科之教材中有關人文的東西，盡量採用具有濃厚國民色彩的東西，即食衣住、姓名稱呼、日常禮節、年節慶典等，在不妨礙的範圍內，都將依照我國（日本）一般情況。有關插畫也是依照相同原則[172]。

172.加藤春城，前引書，頁 22。

　　為了推展皇民化教育，連插畫之人物服飾、景觀都要修改。早期教科書中插畫的人物服飾、建築式樣、家具、屋外景觀都是台灣式。到了皇民化時期以後，教科書中插圖的服飾變成了和服，家居生活也變成日本式，甚至原來書中男女主角阿福、阿香本名稱呼等也都「改姓名」為太郎、梅子等日本名字。1937（昭和12）年後所編訂的「修身科」、「國語科」內容都可以明顯看出前述的轉變，但更重要的是為了配合戰時體制，課文內容有大幅的修訂，增加了更多篇幅以灌輸學童軍國主義與皇國思想。

　　歸結戰爭時期的國語讀本，具有二大特色：一方面注意教材內容的趣味性；另一方面也加強「涵養國民精神的教材」。教材以話劇劇本形式表現，讓兒童可以實際去扮演課文中的角色，提高兒童的學習興趣；又為了因應戰局演變的需要亦編入更多的軍國主義教材。如收錄不少中日戰爭的教材，也描寫珍珠港事件後的戰況或戰死的英雄。這些教材使得課本成為報導戰況、宣導政策的文宣集。其目的在告訴台灣人唯有為戰爭效命，才是真正的皇民。最後並以「皇民奉公會」（「初等科國語八」第二十）一課作為6年國民學校國語教材的總結[173]。

　　有關「台灣統治」的代表性教材共有「鄭成功」、「吳鳳」、「澳底登陸」、「芝山巖」四課。「澳底登陸」是敘述北白川能久親王「征台」而死於台灣的經過，以北白川能久「征台」的故事，用來標榜文明進步的日本人取代腐敗的清政府，此乃象徵日本人之統治台灣，具有天皇統治的恩典與崇高的權威性；「芝山巖」是敘述芝山巖事件時，日語教師楫取道明等六人被台灣人所殺的經過，日本人稱他們為「六氏先生」；「鄭成功」的故事強調其對明朝皇室的孤忠，以作為台灣人效忠日本天皇的模範；「吳鳳」教化

173.許佩賢，前引書，頁171。

台灣公民教育與公民特性

「蕃人」的故事，經由日本人渲染，不僅達到離間「漢」人和「蕃」人關係之目的，也隱含輕蔑臺灣原住民的野蠻和未開化[174]。日本治台五十年間，於各時期不斷地教授這四種教材，可知當時日本當局對台灣人民思想灌輸與控制的用意。

另外「國語之家」、「皇民奉公會」則是最直接的皇民化教材。但皇民化政策所要求者比上述之要求更進一步，它不但希望台灣人同化於日本，更要成為效忠天皇陛下的皇民。

此時期因國粹主義作祟，又為了配合當時軍國主義以編訂教材，致使教科書吝於介紹西洋人士。在人物關係中除去建國神話中的人物、天皇以及童話，傳說中的人物如五兵衛、桃太郎等人外，其餘人物可分為：一、有品德或事功的日本人；二、往海外發展、開拓的日本人；三、忠君愛國的日本人三種。將此三種人物列為教材之目的，在於加強台灣學童認同日本，可以明顯看出為配合戰時，將台灣人「錬成皇國民」的意圖。

除了人人能夠為天皇保衛皇國捐軀外，甚至連動物也都能像英勇地「皇軍」般為皇國之「聖戰」而犧牲生命。如「狗的功勞」（主角是軍犬）、「追風號」（主角是軍馬）、「小傳令使」（主角是軍用通信鴿）等以動物為要角的課文，都展現出勇敢奮戰的精神，此乃「皇民」的典範，而更深層的涵意在揭示台灣人豈能不如這些動物呢？[175]

以這些忠君愛國的故事或人物為課文主角，做為榜樣，使台灣人學習效法之。而之所以要求台灣人具有決死報國的皇民觀念，乃基於日本對台灣的統治是「一視同仁」的，天皇與台灣人是「義則為軍臣、情則為父子」的關

174.同上註。

175.同上註。

係，而且天皇對「新附島民」具有宏大無邊的仁慈心，使島民與內地人「共浴皇恩」。為報答皇恩，「新附島民」必須有決死報國的精神，此乃日本臣民之道。這種觀念可以不時從「國語讀本」中發現。

　　除了上述所分析者，「國語」科意含相當多的意識型態於教科書內之外，在此一戰爭時期，日本統治者更試圖利用「國語」科教科書，一方面將總督府的政策傳達給兒童，另一方面，也顧及兒童閱讀教科書的興趣，這正是戰爭時期「國語」教科書的二大特色。

第五節　「國民」科的課程目標與教學活動

一、「國民」科的課程目標

　　國民學校的課程中，國民科內容是皇民化教育的主要部分。國民科四科[176]中，又以「修身」與「國語」兩科教材內容最具皇民化特色。「修身」為「塑造公民」的基本教材，故被列為首科，而「國語」科因所佔授課時間最多，部分內容也涵蓋了其他三科，故其地位最為重要。

　　國民學校的課程分為國民科、理數科、體鍊科、藝能科及實業科，其中每一科再細分成幾個科目。國民學校的課程與公學校的課程有所不同。對國民學校「國民」科的教學宗旨，「台灣公立國民學校規則」有如下的規定[177]：

176.所謂國民科四科，係指此一科則，內含經「國語」、「修身」、「國史」和「地理」
　　此四科。
177.何義麟，前引書，頁54～57。

台灣公民教育與公民特性

> 國民科是以學習我國（日本）道德、語言、歷史、國土國勢
> 等，明示（日本）國體之精華，涵養（日本）國民精神，從而使
> 之自覺皇國之使命為目的。

國民學校各科的宗旨幾乎完全配合日本軍國主義的對外侵略方針。而
「國民」科旨在培養忠君愛國的皇民思想。依據「台灣公立國民學校規則」，
明訂「國民」科的教學目標為 [178]：

㈠國民科乃根據「教育敕語」，來指導實踐國民道德，以培養兒童之德
性，使之能夠體認皇國道義的使命。

㈡國民科國語是要學習日常使用之國（日）語，藉以促進理解與發表能
力，並且透過國語的思考來培養國民精神。

㈢國民科國史是用以瞭解我國（日本）歷史之大要，體認皇國歷史的使
命。

㈣國民科地理在於瞭解我國（日本）國土、國勢與諸外國情勢，從而養
成愛護國土之精神，並體認皇國在東亞及世界之使命。

在軍國主義者的心目中，國民科應以培養學童效忠皇國做為教材唯一的
目標，以教導日本內地及台灣的兒童使之實踐。因此，國民科的教育內容成
為國民學校中推行皇民化教育的主要媒介。

178.同上註。

二、「國民」科的教學活動

　　總督府學務部編修課長加藤春城說：「國民學校教育各方面都與日常生活之實踐有密切的關係。國民學校是實踐的教育，使學童親身體驗的教育。」[179]。因此，學校教育並非僅限於課堂上的教科書講授，還應該包括整個學校生活與教室外的教學活動[180]。

　　此時日本是國家神道與軍國主義結合的天皇制極權國家，因此，學校教育經由教科書及日本當局制訂的祭日與節日的慶祝儀式，來灌輸兒童神國觀念、皇國思想，以「鍊成皇國民」。每逢祭日或節日學生不必到校上課，各地神社也有祭祀活動。若遇節日，如紀元節、天長節、明治節、一月一日及始政紀念日，學校尚須舉行隆重禮慶祝。這些節日當天，學校教職員及學童須集合於校內，依下列順序舉行典禮[181]：

　　㈠教職員及兒童對天皇陛下、皇后陛下之玉照行最敬禮（未奉置玉照之學校此項省略）。

　　㈡教職員及兒童合唱「君之代」（日本國歌）。

　　㈢校長奉讀教育敕語。

　　㈣校長根據教育敕語，訓誨聖旨所顯示之含意。

　　㈤職員及兒童合唱此節日之歌曲。

　　另外，在台灣神社例祭日，校長須集合教職員及兒童訓誨有關台灣神社

179.加藤春成，前引書，頁22。
180.何義麟，前引書，頁57～59。
181.同上註。

之事，並參拜奉祀北白川宮能久親王的神社或作遙拜。前述儀式的舉行，不僅在上列「國定」節日舉行，在一般慶典活動，如畢業、入學典禮也須舉行。

如上述，在典禮中向天皇照片行最敬禮，奉讀「教育敕語」，並且透過唱歌，以歌詞、音樂使儀式進行得更莊嚴，其目的都是為培養學生養成「敬神尊皇」的皇國觀念。這些祭日、節日所要灌輸的皇國思想，除了經由學校的教學活動進行外，更出現在「國民」科的教材中，使學童在不知不覺中接受皇國精神教育以養成皇國民觀念。

國民學校對兒童每日的生活禮貌、整潔、團體訓練等都有相關規定；也十分注重「皇道的修鍊」，規定每月的一、八、十五日全校都要按時參拜神社。每日的生活規範中也要求學童上學前要打掃（日式）神龕；到校途中若遇神社必須敬禮；到校後要向天皇肖像行禮；每天朝會升完「國旗」後，必須遙拜宮城和皇大神宮（伊勢皇宮），以及進行默禱（感謝護國英靈並祈禱出征將士武運長久）等；放學後必須要「常用國語」。這些平日的生活教育都是「皇民鍊成」的活動，這時天皇代表具有神格的領袖，國家主義的教育旨在培養學生產生國家領袖的崇拜。

灌輸皇民精神最具代表性的教材應是「教育敕語」。如本章第一節所敘述，1890（明治 23）年頒佈的「教育敕語」詔示教育是要使人民義勇奉公、效忠天皇。台灣受日本統治後，「教育敕語」也同樣成為道德教育的重要教材。1897（明治 30）年，日本統治者為將「教育敕語」滲透至不會說日語的台灣民眾心中，因而頒佈了漢譯的「教育敕語」。到日治末期，日本統治者更欲「依照教育敕語所示原則實施皇民化」[182]。因此，如上述在節日時，學校舉行的典禮上必須奉讀「教育敕語」外；對國民學校兒童學習「教育敕

182.佐藤源治，前引書，頁 133。

語」也有嚴格要求，如學會以虔誠態度聆聽敕語、瞭解之，並奉行「教育敕語」所教導的忠孝之道；六年級時，所有學童必須能背誦並默寫出教育敕語[183]。

　　日本人推行皇民化期間，學校全力灌輸皇民思想，而且更加強日語的教育。日治五十年間學校教育就是以貫徹日語為最重要目標，並透過社會教化運動積極展開日語教育。國民學校的課程中，「國民」科的教育內容是皇民化教育的主要部分。學校生活中，日本人更嚴格地執行推廣日語的語言政策，各種節日學校舉行的典禮亦都在灌輸皇國思想。這些都是皇民化期間學校培養皇民的教育重點[184]。

第六節　本章小結

　　做為社會機制的一環，教育當然無法置外於政治、社會、經濟因素的影響，而且事實上，不論哪一個國家，都在不同的程度上透過政府所辦的公共教育以形塑其所期待的理想國民性格。對統治者而言，將公共教育不具為鞏固政權的工具和手段，並無不妥，但以今日民主的理念分析，當然會質疑這種教育方式所達成的「教育性」成效，以及批評其對心靈和意志自由發展的戕害。

　　總督府所編纂的教科書，雖然受到日本內地教育思潮、政治氛圍的影響，但因為是以塑造殖民地國民為考量，當然就會和日本內地的教科書呈現差異的內容。這種不同，在許多方面的確是一種不平等的差別待遇，例如降

183.何義麟，前引書，頁 60～61。
184.同上註。

低教科書內容的程度，使得讀這種教科書的台灣人在升學考試的爭取上處於不利的競爭地位。

　　但就另一方面而言，這種承認台灣特殊性的教科書編纂原則，從「教育立場」來看，又可能是比較符合「因材施教」的適性教育原則。當日本內地開始使用文學性甚高的讀本時，台灣總督府教科書編纂者站在語言教學的立場上，經過考量後，認為適合日本內地兒童閱讀的文學性讀本並不一定適合台灣的學童，考究主要原因為台灣兒童在入學前並非使用日本語。比起一味要求與日本學童使用一樣的教材，為台灣兒童選擇或編纂一種適合他們的教材，應該是比較適合的 [185]。

　　其次，從鄉土教育的觀點來看，誠然在「國史」的框架下，沒有台灣鄉土史存在的空間，且「修身」書中出現的模範人物也多以日本為主，然所幸在兒童接觸最多的「國語讀本」中（每週教學時數最多，最高時可達所有教學時數的一半）有很多鄉土教材，兒童可以藉此認識自己的鄉土，培養對鄉土的感情。例如各期「國語」讀本卷一第一課多是由教授「花」這個單字開始的，在公學校讀本中，這一課的插畫是扶桑花，而小學校使用的國定讀本畫的是櫻花。像這樣考慮台灣地理、歷史、風俗或生活習慣的特殊性，而編纂不同的教材，可以說充份展現了「因材施教」的適性教育理念 [186]。

　　另外，「修身」和「國語」教科書的內容，雖然具有強烈的意識型態，但其中也不乏近代性知識的介紹。台灣兒童吸收了這些近代性的教育內容後，也使得他們對近代文明、文化有所了解，而擁有成為一個近代公民的潛力。此外，我們也從教科書中看到教學方法與教學理念的改進。而日本老師

185.許佩賢，前引書，頁 178～179。

186.同上註。

對教育之熱心及對學生的愛護，更令一般人印象深刻。除此之外，日本在台灣奠定了近代式的學校體系，普及初等教育的基礎，使得一般台灣人具有基本的「學力」，並開發了台灣現代化教育的先聲 [187]。

　　不管透過「修身」、「國語」或其他相關涵養國民精神的各教科，日本統治者害怕台灣人無法感受何謂「皇恩」，因此，透過各種教化管道和媒介促使台灣人皇民化，致力於將「報答皇恩」的思想灌輸給台灣人。尤其在戰爭時期，更是透過學校教育全面支援「皇民化運動」的推行，灌輸台灣人必須具有決死報國的皇民思想。在皇民化政策下，教育成為推動「政治教育」和「民族精神教育」的工具，亦即，透過教育以達成「政治社會化」的功效。

　　日本人以推行皇民化政策為施政主軸，再透過公民教育（國民科）給予兒童政治體系的歸屬感。我們從本章對教科書之分析可以很明顯的看出，其目的即在教育台灣人養成「忠君愛國」的觀念。特別明顯的是，藉著日本建國神話、天皇、神社、日本國旗、日本國歌等政治符號來徹底培養台灣兒童的「愛國」觀念；並且配合時勢，以軍人「忠君愛國」的精神和犧牲生命報效國家的實例，做為台灣兒童的道德典範。凡此種種內容都是將皇國思想、軍國主義作為皇民化的教材，達成「鍊成皇國民」的目標。

187.同上註。

四章　日治時期台灣非學校體系的公民教育

台灣公民教育與公民特性

圖4-1 「奉公班」例會圖。[1]

資料來源：許極燉，《台灣近代發展史》，台北，前衛出版社，1996年，頁29。

　　上一章探討了與公民教育最直接相關的兩個科目—「修身」科和「國語」科，透過對此兩科不同時期教科書內容的分析，進一步瞭解日本統治者期望透過學校體系以形塑的公民殖民地特性為何。然而對於未入學的成人和兒童被施以什麼樣的社會教化措施，也是很重要的議題。也就是說，日本統治者透過非學校體系，實施怎樣的公民教育以塑造台灣人養成他們所期望的公民特性？日本所實行的社會教化運動帶給台灣人在生活和社會變遷上產生什麼樣的影響？

---

1. 戰爭如火如荼進行時，內地人和本島人的「奉公班」例會

　　這些議題，也是日本統治者在規劃社會教化運動政策時所面臨的問題。田健治郎總督在勾勒同化政策的基本輪廓時，曾仔細地劃分學校教育及社會教化。教育是學校功能之一，但是社會教化蘊含更廣義的教育——對全部台灣人啟蒙、教育和傳道則是教化的內容 [2]。因此，日本統治者除積極透過學校課程達成形塑台灣人養成其所期待的殖民地人民特性外，更無所不用其極的設計社會教化運動，期能讓未入學和年長失學者也能受到日本人殖民教育的教化。

　　另外，日本統治者也體認到要將台灣兒童徹底「日本化」，只藉由學校教育管道是不夠的。日本統治者極早就注意到學校外各種因素的影響，例如國語學校校長田中敬一就擔憂，若「輔助的教育力量」不能與學校配合，將削減了學校教育的成果。因此，即使學生在學校接受「文明化的教育」，但若與家庭教育和社會教育產生背道而馳的情況，亦發揮不了作用。尤其，他們認為台灣人保有的傳統風俗、習慣和天性等，對學校公民教育的實施具有很大的阻礙 [3]。

　　田中敬一因此要求本島教育工作者研究和調查本島兒童的性質、習慣，以作為選擇道德教材、實施道德教學的根據。教育者亦極為關心台灣兒童的研究，以及早協助發現惡習，並予以改正。他們認為台灣人是多欲貪婪、自私利己、說謊欺騙、不知廉恥、不重衛生、迷信的，因此主張積極培養社會國家觀念，以消除利己主義；同時透過數理科的實驗曉以正確知識；藉由自然法則以破除迷信；更應該加強剷除台灣人不義、不恥、不潔和私利的缺

2. E.Patricia Tsurumi 著，林正芳譯，《日治時期台灣教育史》，台北，財團法人仰山文教基金會，1999 年，頁 125。

3. 歐用生，〈日據時代台灣公學校課程之研究〉，《台南師專學報》，第 12 期，1979年，頁 96。

日治時期

台灣公民教育與公民特性

點。但是，他們強調在社會教育上，可利用台灣人尊崇孔孟的天性，作為道德教育的武器；在政略上，維護孔孟廟堂之清潔和神聖、參與祭祀大典以示尊敬之意，達成收攬人心之效；並宜組織講善會等，召集父兄，曉以孔孟大義，喚起其向學之心，諭示其人倫之道。特別是以仁為中心，以其同情之心，消利己、除惡弊、養功德、整飭社會風紀[4]。

日本統治者在治台初期，對於改善台灣人惡劣的國民性格已經開始重視，並提倡之。但較具規模、有組織的社會教化運動則正式設立於 1928（昭和 3）年，另外，總督及各州亦開始設立社會教育之主管機關，謀求改善社會教育事務。從此，日本統治者正式在台灣推展社會教育事業。

直到 1930（昭和 5）年，因為政策上要求加速同化及增強皇民化，所以才熱烈地開始推廣社會教育事業，同樣地，此時同化台灣人民的計劃，已經顯示某種成功的跡象[5]。而社會教育在統治末期，經由「皇民化運動」的推廣，在形塑皇國民和落實公民教育成效上則扮演了重要的角色。日本統治者認為，唯有透過社會、家庭和學校教育三者相互配合，公民和道德教育才能竟其功。

隨著日本帝國主義侵略擴張之野心益熾，被視為其南進基地的台灣，無可避免地受到相當影響。總督府一方面壓制帶有民族主義或共產主義色彩的政治和社會運動，並強化對台統治；一方面則力謀台灣人加速同化，鍊成皇國民。1928（昭和 3）年，總督府及各州設置社會教育股，加強社會教育工作，其重點在普及日語、涵養日本國民精神及公民精神、陶冶情操、練習與職業有關的技能及鍛鍊身體。此政策的制定，主要導因於統治者認為數十年

---

4. 同上註。

5. E.Patricia Tsurumi 著，林正芳譯，前引書，頁 125。

來，國民學校所進行的同化紮根動作，使得台灣學生已經吸收了大量的日本語言和文化，且對台灣兒童所傳播的日本價值和習俗也已經達成相當成效，他們認為要配合積極同化政策和皇民化政策不應該只侷限於學校而應該加強學校體系外的社會教化運動。

為了使教化更有效果，社會教化運動將施教的對象集中於成人和未入學的兒童身上，其目的在使整個台灣人所處的社會生活環境能更接近學校內的氛圍。也就是希望透過社會教化運動，達成使學校外的世界如學校一樣地進行日本化。

雖然在日治初期，日本統治者就曾主張，為了加強公學校教育的成果，進行成人教育的推廣是絕對必要且急迫的。可是較有系統、有計畫的成人教育卻仍延遲至 1920（大正 8）年起，始向各地的成人團體教授日語，且通常是在教師或警察主持的夜學進行。但是這樣的活動在當時成效不佳。

有些地方會召集公學校畢業生聚集一地，聆聽地方議員或日語流利的來賓演講。不管公學校畢業生對此的反應如何，這種演講卻變成一年的課程，起初演講次數很少，但是到了 1920 年代卻變得非常普遍。有些地方警察會勸誘家長和婦女團體參加學校校長、政治人物、或其他地方官員的談話。談論主題範圍很廣，包含衛生、道路維修、納稅義務，以及教育之必要性，但是語言的隔閡在透過翻譯後，卻常常使得演說內容變得笨拙，演講的內容和氣氛亦令村民覺得無聊[6]。

1928（昭和 3）年，總督府決定提撥更多金錢，以補助並獎勵支持日語的社會教育事業[7]。要求全島各社區為未入學者設置日語課程和機構。1931

---

6. 中越榮二，《台灣の社會教育》，台北，1936（昭和 11）年，頁 10～11。
7. 同上註，頁 64～66。

（昭和6）年這些機構因活動成效良好而得到政府補助[8]。補助的新作法讓台籍地方領袖願意參與社會教育工作，而所得到的成效也促使日本統治者了解到，除非居民自己願意倡導、發起對社會教育的熱衷參與，否則不管日本統治者多熱心地勸誘或施壓，台灣的鄉村生活不可能有根本的轉變。日本統治者在歷經前期推行社會教育的摸索後，得出下列心得：在台灣各地（城市或鄉村）採行更具系統性、全面性且最好是自發性的社會教育設施和運動，尤其對未入學和不識字者更須加強社會教化運動，使其懂日語、尊天皇，學著做一個日本的皇國民。而這樣的社會教化運動越到戰爭時期越是積極推動。以下就社會鄉土教育、社會教化運動、皇民奉公會以及配合推行皇民化運動的政策和措施加以簡述。

第一節　社會鄉土教育

　　昭和初期（1926年～），日本本土受到德國鄉土教育運動以及歐美教育新思潮之影響，產生全國性、大規模之鄉土教育運動熱潮。又由於第一次世界大戰後，盛行民族主義、自由主義與民主主義，鄉土教育運動亦蓬勃發展時，日本國內部份人士除反對自明治維新以來之國家主義式權威教育作法，要求教育權下放予地方外；對於維新後，日本一意模仿西方、翻譯西方著作之作法，亦深表不滿。因此便提出要求「回歸日本化」，教育措施宜帶有濃厚之民族主義色彩的主張。此外，1930年代世界經濟大恐慌，對日本全國經

---

8. 佐藤源治，《台灣教育の進展》，台北，台灣出版文化株式會社，1943（昭和18）年，頁140。

濟造成嚴重打擊。無田農民及失業的都市勞工人數遽增，形成日本嚴重的社會問題，引起馬克思主義學者的同情，並致力於鄉土研究與鄉土教育，企求挽救日本內地的經濟危機[9]。

　　台灣是日本殖民地，被視為是日本鄉土教育運動中之一環。1926（昭和元）年日本內地和臺灣本島的關係最為密切，在當時日本統治者嚴禁在台灣實施鄉土史的教學。此外，更加強運用「青年團」及「部落振興會」等社會團體協助台灣推展社會鄉土教育，著重公民訓練、振興鄉土產業及生活改善等，使台灣社會除逐漸邁向現代化社會外，亦產生同化於日本的功效，故在台推行的鄉土教育運動有濃厚之異民族同化功能。日本統治者藉著鄉土教育在台灣的實行，冀望透過此一管道，將殖民政策落實至台灣每一塊鄉土上，並肩負「鄉土改造」的使命，將台灣鄉土改造成「日本化」的鄉土。這也是為何日本統治者並未壓制台灣鄉土文化之發展，反而加以立法保護，並將台灣鄉土文化視同為日本地方文化的原因。同時，受到學校鄉土教育運動之影響，對於鄉土研究、鄉土調查之風氣亦逐漸盛行。可以說，因為日本統治者有心經營鄉土教育在台灣的發展，因此台灣鄉土教育的發展在 1930（昭和5～14）年代呈現出活潑的景象[10]。

　　如上述，殖民政府並未完全禁絕台灣鄉土文化之發展，或全盤否定台灣固有文化之價值，而是在使台灣主流文化（即大中國傳統文化）同流於日本文化的前提下，始允許台灣傳統鄉土文化之發展。尤其日本認為英國在印度殖民政策之所以失敗，在於英式殖民教育使得印度知識分子完全放棄自己的

9. 詹茜如，《日據時期台灣鄉土教育之特色》，國立台灣師範大學歷史研究所碩士論文，1993 年，頁 165～167。

10. 同上註。

台灣公民教育與公民特性

鄉土建設與傳統文化，一意追求殖民統治者所稱許之西方社會型態和文化價值，這樣的作法反而無助於殖民統治之鞏固 [11]，所以日本統治者極力避免在台灣所實施的殖民教育也發生同樣的情況。故日本殖民教育雖不重視培養台灣社會領導人才或啟發個人潛能天賦（甚至壓制台灣人接受高等教育），卻希望台灣人從公學校畢業後能留在鄉土，繼承父業，在地方上扮演領導者之角色。

1930 年代是台灣鄉土教育運動蓬勃發展時期，保留了許多中國式傳統文化內涵及成分，並兼顧地方特色，以台灣為發展主體。殖民政府並沒有禁止台灣人民愛台灣，反倒鼓勵台灣人民為振興鄉土而犧牲奮鬥。因為愛鄉土即是愛國，台灣既為日本領土，愛台灣自然等同於愛日本帝國。

然而鄉土教育運動時期雖容許發展台灣傳統文化，甚至在殖民政府推動下，保留許多中國文化之精髓，並引發台灣人民高昂的鄉土意識與情感。但社會鄉土教育所產生的成效，卻與 1937（昭和 12）年後積極推行的「皇民化運動」目標有所抵觸。尤其「皇民化運動」強調文化風俗徹底日本化，使台灣人在意識上以「日本人」、「日本皇民」自居，為天皇效命。而鄉土教育雖可強化日本國民精神之涵養，有助於建立現代化日本式的鄉土意識，然其所強調之發展地方文化特色，從鄉土實景中取材，卻保留了相當成分的中國式鄉土內涵，亦極有可能促進台灣人民對中國文化產生幻想，滋長更強烈的「中國人」意識。如此一來勢必將妨礙對大和民族的國家認同，降低願意為天皇和聖戰犧牲奮鬥的決心。

相較於台灣鄉土教育推行所可能導致的「孳長中國意識」結果，日本鄉土教育運動因為無此民族國家認同的疑慮，所以即便在 1937（昭和 12）年中

11. E. Patricia Tsurumi 著，林正芳譯，前引書，頁 213～214。

日戰爭爆發之後，日本內地的鄉土教育運動仍然繼續蓬勃發展，但是必須以官方主導之愛鄉、愛國教育為主流。而台灣鄉土教育運動則因為配合戰時體制之需求，在「皇民化運動」的衝擊下，於 1937 年後近乎銷聲匿跡，代之以完全的愛國教育。

如上述，透過鄉土教育的確可強化國民對國家之認同意識，使國民瞭解鄉土過往歷史和文化傳統的淵源，從愛鄉意識擴大為愛國意識。日治時期之鄉土教育運動具有貫徹國家政策之功能，在殖民統治之下，與其他政策之推動相輔相成。而日本統治者推動鄉土教育之目的在「改造鄉土」，凡對於培養日本國民精神、無法同流於現代日本文化主流之有害內容，即加以革除和禁止，但這並不代表日本統治者全盤否定台灣鄉土文化的價值。在殖民政府的主導下，不但立法保護台灣各種文化自然財產，也鼓勵台灣人民以現代科學知識瞭解自己的鄉土，進而愛護鄉土，為建設鄉土而努力，使台灣社會能同流於日本社會，以化解異民族認同的問題 [12]。

因此，日治時期鄉土教育是以學校學區為最小的實施範圍，期能深入各鄉土，並且注重實地調查工作，以瞭解鄉土變遷之現況。而社會教育也以鄉土教育為重點，透過各種活動的互相配合以推動鄉土教育運動，依據詹茜如的研究指出：日治時期在台實行的社會鄉土教育運動表現在「改造鄉土」和「同流日本社會」兩大目標上，可謂收效良好 [13]。

---

12. 詹茜如，前引書，頁 168〜169。
13. 同上註。

第二節 社會教化運動

　　所謂社會教育是指對社會成員所施之教育，社會成員係以中年、青年人為主。因此，社會教育之範圍大致可包括家庭與學校以外所進行的教育活動[14]。在日治時代初期，台灣人接受學校教育的人數有限，但為推行其同化、皇民化政策，乃逐漸重視社會教育，建立各種社會機構與社教團體，而皇民化政策即有賴這些機構與組織來推展。以下就其社會教育的組織稍作論述[15]。

　　學校初等教育與社會教育是推行皇民化政策的主體。「皇民奉公會」則是用以配合戰時體制，從而徹底動員台灣人之組織。日本在台所施之社會教育與學校教育皆始於1895（明治28）年7月所設的芝山巖學堂，當時芝山巖學堂分為甲、乙、丙三組：甲、乙兩組以社會青年為對象，可視為最早的社會教育機構；丙組係以兒童為對象，乃學校教育之起源[16]。

　　日治之初，台灣人抗日情緒仍未平息，地方治安不穩，日本人治台採取綏撫政策，偏重於開發資源、振興產業。因此，當時教育設施並不完備，而且台灣人對公學校都加以抗拒[17]，更遑論要展開社會教育，終明治時代（1895～1912年）台灣社會教育僅著重推動少許日語教育，並無重大的成果。

　　大正時代（1912～1926年）各地「國語練習會」、「國語普及會」才開

---

14. 中越榮二，前引書，頁3。
15. 何義麟，前引書，頁159。
16. 台灣教育會，《台灣教育沿革誌》，台北，台灣教育會，1939年，頁155。
17. 同上註，頁185。

始逐漸發展。另一方面斷髮、放足（男子剪去辮子，女子不纏足）之風氣興起，故漸有「風俗改良會」之社教團體產生[18]，除上述的機構和教育內容之外，當時幾乎沒有社會教育設施。到了 1928（昭和 3）年，日本統治者才正式在台灣推展社會教育事業。

1931（昭和 6）年，九一八事變發生後，日本對華侵略之意圖更趨明顯，為加強對台灣的統治，日本統治者更注重社會教育，首先制訂推廣日語「十年計畫」，全島遍設「國語講習所」以推動普及日語[19]，另外也加強社會教化工作。1932（昭和 7）年 12 月，台中州制訂「社會教化委員規程」，逐漸在州內組成「部落振興會」，收效頗佳。1934（昭和 9）年 3 月，總督府及中央教化團體聯合會召開台灣社會教化協議會，制訂「台灣社會教化要綱」加強推展社會教化，令全台組織「部落振興會」、建立「部落集會所」，以及組成「教化委員會」[20]。這些組織已不同於「風俗改良會」之消極措施，而是積極強迫台灣人更改風俗，推廣日語及灌輸「皇國觀念」。其中，「部落振興會」更是社會教育體系中的末端組織，須負起推展社會教化綜合性之功能。

1936（昭和 11）年 7 月，日本統治者鑑於中日情勢緊張，對台灣人有加強控制之必要，於是下令台灣官民、軍人代表組成「民風作興協議會」，其目的在：「啟發國體觀念，提高國民精神，以期達到徹底同化之效果」。並制訂「當前之急務」，宣示下列數項重點工作：「推廣敬神思想」、「尊敬皇室」、「推行常用國語」、「培養國防思想」[21]。這些社會教化的具體目

___

18. 何義麟，前引書，頁 127。
19. 同上註，頁 131。
20. 台灣總督府，《台灣の社會教育》，台北，台灣總督府，1938（昭和 13）年，頁 37。
21. 慶谷隆夫，《台灣の民風作興運動》，台灣時報，1937（昭和 12）年 1 月號，頁 12。

標,也就是皇民化政策的基本方向,因此「民風作興協議會」可說是推廣皇民化運動之先聲。

1937(昭和12)年7月,中日戰爭爆發後,台灣總督府於9月10日頒佈「國民精神總動員實施要綱」,其指導方針為「舉國一致」、「盡忠報國」、「堅忍持久」[22]。要求全台灣人民對國家報恩感謝,並需認識時局,強化日本國民意識,維護治安、衛生,遵守戰時財政經濟統制政策。10月制訂「國民精神週」。

1938(昭和13)年12月制訂「經濟戰強調週」,1939(昭和14)年2月制訂「日本精神發揚週」等,並大量動員台灣人參與勞動服務,為戰時體制下後方的生產工作效力[23]。

1940(昭和15)年頒佈「展開新國民精神總動員之基本方針」,揭櫫了三大綱領:「發揚肇國之崇高理想,建設東亞新秩序」、「提振國民精神,徹底發揮國家總力」,「一意一心,堅守各人崗位之職務,表現奉公精神」[24]。翌年,則成立後述之「皇民奉公會」,加緊推展其皇民化政策,逐步走上全島備戰之局勢。

根據上述社會教育發展過程,日本人推行社會教化運動之機構大略可分為:一、推廣日語之設施;二、推行風俗同化之組織;三、培養青年皇民精神之組織。總之,所有社會教化運動組織不外乎以推廣日語、推行風俗同化和培養皇民精神,此三項任務為主。亦即要台灣人同化於日本,且成為忠良的日本臣民。茲分述各類社會教育之組織和實施內涵如下[25]:

---

22. 同註20,頁48。
23. 台灣教育會,《台灣教育沿革誌》,台北,台灣教育會,1939(昭和14)年,頁54~56。
24. 同上註。
25. 何義麟,前引書,頁162~165。

一、推廣日語的設施

推廣日語為皇民化的根本，各種設施的歷史也最悠久，如設立國語傳習所和日語普及會。而全台推行風俗同化之組織皆以神社為地方的教化中心，並配合「部落振興會」、「教化委員會」加以推展。另外，關於培養青年皇民精神組織大多是在中日戰爭後才成立的，主要對象是以青少年為主。而一般社會教育設施則有圖書館、博物館等，以啟發民智為主。但是，各種組織之功能並非如上述做了如此嚴格的區別，大多均負有相互配合的功能，如「部落振興會」亦有推廣日語的任務[26]。

就普及日語而言，1930（昭和 5）年各地共有「日語普及會」一千九百餘所，結業生三萬餘人，為求日語之徹底普及，翌年（1931 年）12 月，總督府乃制定公立特殊教育實施規則，確立國語講習所制度。至 1935（昭和 10）年，共設修業一～四年之長期日語講習所一千六百餘所，學生數突破十萬人，另有修業三～六個月之短期簡易日語講習所七百五十所，學生數超過三萬一千人。據統計，當時台灣總人口約有四百八十萬人，懂得日語者約有一百四十餘萬人，佔人口總數的 29%，此一比例當然不算高。而日本統治者則更積極地從 1931（昭和 6）年以後加強推廣日語，推廣日語的管道主要是靠各類日語講習所，其種類大致包括：「國語講習所」、「簡易國語講習所」、「幼兒國語講習所」和「特別指導國語講習所」[27]。

透過這些講習所對推廣日語的努力，實施狀況如何？有位耆老曾對參與

---

26. 同上註。

27. 同上註。

當時國語講習活動回憶道:

> 不過當時除了學校以外,還有日語夜學會,但仍有很多不懂
> 日語的人,不願去夜學會。即使去夜學會,也不願認真學習日語。
> 對於這些人,日本人仍然強迫他們每天上一到兩小時的夜學[28]。

透過這些機構推廣日語,日本統治者想要徹底消滅中國的色彩。之後,針對寺廟廢止,禁穿台灣服,禁用台語等命令亦相繼頒佈,透過這些措施全面否定台灣人的傳統,藉此灌輸日本精神。更甚者,家家戶戶都被迫奉祀「大麻」[29],說的必須是日本語,並以「滅私報國」的口號,讓台灣人從事「勤勞奉仕」,尤其從青年開始採行強制動員[30]。

二、推行風俗同化之組織

日治前期為了鼓勵台灣人民斷髮、放足,先後成立「風俗改良會」、「同風會」、「敦風會」、「同仁會」、「矯風會」、「興風會」等社會教化團體。到了日治後期為了加強同化台灣人,則成立更積極推展同化運動的組織,茲將這些為配合同化運動所成立的組織,分別簡述如下[31]:

(一)部落振興會:以街庄(鄉鎮)為單位,由官員、地方仕紳組成委員會

---

28. 陳勝立先生發言,宜蘭縣立文化中心編,《宜蘭耆老談日治下的軍事教育》,宜蘭:宜蘭縣立文化中心,1996 年,頁 257。

29. 大麻,係指日本天皇祖先天照大神。

30. 何義麟,前引書,頁 164~165。

31. 同上註。

以推動該地之教化運動。該組織負責教化民眾的內容有「參拜神社」、「奉祀大麻」、「舉行升旗典禮」及各種培養效忠國家觀念之活動，並推廣日語，鼓勵台灣人民改採用日式的婚禮、葬禮，勸導廟會不要浪費。鼓勵穿和服、「國民服」，演出青年劇（即皇民劇）等。另外也有教導改良農耕方法、改善衛生、振興產業等工作。其性質應屬綜合性社教組織，但到了日治末期則偏重於改變台灣人之風俗習慣。

㈡部落集會所：集會所是地方上集合民眾，以施行教化活動之場所，大致上備有升旗台、神龕、收音機、報紙。有時也被作為日語講習之場地。

㈢教化委員：起源於 1937（昭和 12）年台中州，由各地仕紳中選出教化委員，做為民眾的模範，以領導民眾同化於日本。之後，部分地方亦仿效其做法，組成教化委員會以強化民眾同化的成效。

㈣神社：因為日本人將神社作為灌輸皇國觀念的一項工具，所以日治末期台灣的神社不斷增建，或將原有神社昇格，使得神社數量急速增加。直至 1945（昭和 20）年，台灣神社共有 68 所，具有神社性質的「遙拜所」有 128 處，神職人員 99 人 [32]，期能擔負起灌輸給台灣民眾皇國的觀念。

三、培養青年皇民精神之組織

隨著戰局的演變，日本統治者極需人力資源的補充，因此，對台灣青年逐漸加強控制並動員青少年投入戰爭，於是在 1930（昭和 5）年前後，各地紛紛設立訓練青年的機構，如男、女青年團、青年教習所、公民講習所及少年團等團體，以加強「皇國精神」之灌輸。1935（昭和 10）年底，復有「國

---

32. 同上註。

民精神振興運動」之倡導。總之，同化措施之加強，旨在轉變台灣人能漸成為「利害與共」之日本國民。簡述以培養青年皇民精神為主要目標的幾個組織如下：**33**

㈠青年團：其宗旨在於「修鍊身心，培養忠良國民之資質」。1938（昭和 13）年後，有「台灣聯合青年團」之設置，使青年團之組織規模更龐大。另外也有少年團之組織。青年是社會的中堅，日本統治者組織青年團，顯示其欲透過地方組織動員台灣人力以支援前線的意圖。

㈡青年學校：1939（昭和 16）年 4 月總督府將原本專為訓練在台日本青年之「青年訓練所」改稱為青年學校，5 月公佈「台灣青年學校規則」招收台灣青年，旨在進行軍事訓練。

㈢特設青年訓練所：未能進入青年學校，而年齡在 16～18 歲者，使其入特設之青年訓練所受訓，畢業後始編入青年學校中之相當年級就讀。

㈣青年特別鍊成所：為因應徵兵制度之實施，以對青年男子加強軍事訓練並鍛鍊其身心為目的。

㈤皇民鍊成所：對於未能就讀於國民學校之青年男女，鼓勵他們加入「皇民鍊成所」，以養成其「國民資質」。1944（昭和 19）年 1 月公佈「皇民鍊成所規則」，針對這些未就學的男女青年加以訓練。

㈥國民精神研修所：日本人在台北設立「國民精神研修所」以加強訓練神職人員和公務人員，使之接受皇民精神教育後鍊成皇國民。其餘尚有「青年師範學校」，用以培養教育青年之師資。

除了上述的各類社會教育組織之外，日治時期台灣較重要之社會教育設施，尚有 1914（大正 3）年設立的總督府圖書館，及 1908（明治 41）年設立

---

33. 何義麟，前引書，頁 169。

的文教局附屬博物館；另外各種社會教育機關亦頗發達。根據上列各種社會教育機關的設立，可以得知推行皇民化政策期間，最主要的工作是對青壯年的教育和動員；日治末期的台灣青年已被徹底動員，並強迫接受灌輸皇民精神的訓練教育。

　　據 1942（昭和 17）年統計，日語普及率為 58.02%，「部落振興會」普設在全台 5 州 3 廳，11 市 51 部，56 街 209 庄共有 4,158 個，幾乎各小村鎮都有數個這類組織。由於社會動員深入基層，其影響力不可謂不深。尤其是後述的「皇民奉公會」，配合保甲制度組織區會、部落會，下層更有 68,334 個奉公班，這樣的組織可說是達成全民總動員成效。

　　從九一八事變後（1931 年），日本統治者逐漸重視社會教育。所有教育經費中，社會教育僅次於國民教育，佔 6.87% [34]。但此時之社會教育大都是以日本內地之利益為前提，企圖使台灣人徹底同化成為「皇國民」為其主要目的。原本應該發揮啟發民智的社會教育事業，反而居於附屬之地位。日治時期，透過社會教化運動所推動的社會教育，實際上是一種政治性的「民風作興運動」、「國民精神總動員運動」、「皇民化運動」[35]。

第三節　皇民奉公會

　　1941（昭和 16）年 4 月於台北市成立皇民奉公會籌備委員會，而其目標則是：「基於我國體之本義，努力貫徹皇國精神，各島民守職奉公，全島一

---

34. 汪知亭，《台灣教育史料新編》，台北，台灣商務印書館，1978 年，頁 32。
35. 何義麟，前引書，頁 173。

台灣公民教育與公民特性

致實踐臣道,以期確立國防體制,建立東亞新秩序。」[36]。皇民奉公會之組織與總督府行政機構之體系相同,以達成相輔相成之效。甚至可說皇民奉公會是以統轄機關之姿態領導各級運動[37]。

　　皇民奉公會的設立以總督為總裁,分會遍及全島。根據「皇民奉公會運動規約」章程,它的目標是引導本島人走向「臣民之路」,也就是說,希望本島人民感受到強烈的愛國景象[38]。該會仔細地檢查學校課程,以了解內容是否充分地表達愛國思想,教師則不斷地被指示加強培養學生的國民精神,另外軍訓教官在學校中亦扮演越來越重要的角色。因應戰爭的需求,透過針對青年和少年的志願兵制和奉公團方式,台灣人在1940(昭和15)年代充分地被動員以配合戰時體制的需求。

　　如上述,皇民奉公會除了具備與總督府行政機構之體系相同的基本組織外,尚有外圍團體,這些外圍團體從經濟、文化、教育等各方面來推展皇民奉公運動。以職業別組成的有「台灣產業奉公團」、「台灣商業奉公團」;以年齡或姓名為運動中心之組織有「奉公壯年團」、「桔梗俱樂部」(對未婚女性知識階級進行團體訓練之組織);文化團體有「台灣演劇協會」、「紙芝居協會」(連環畫劇協會);此外,為培養台灣人擔任侵略南洋工作,乃在皇民奉公會附設「拓南農業戰士訓練所」(每州各七所)、「拓南工業戰事訓練所」(台北)及「海洋訓練隊」(台北)[39]。

---

36. 皇民奉公會中央本部刊行,《皇民奉公運動》,皇民奉公會宣傳部,1942(昭和17)年7月,頁13,皇民奉公運動條約第二條。

37. 何義麟,前引書,頁176。

38. 佐藤源治,前引書,頁176。

39. 何義麟,前引書,頁179。

　　於全台各地均存在的「皇民奉公會」，運用街庄保甲等地方組織，編成區會、部落會及奉公班等系統，標榜「台灣一家」，以培養昂揚鬥志、實踐決戰生活、強化勤勞態度，及鞏固民防為目標，將大日本婦人會、台灣青少年團、台灣產業奉公會及其他團體結合成「奉公壯年團」，作為奉公運動之實踐推進隊。

　　另外，皇民奉公會宣傳部透過舉行座談會、懇談會，加強對知識份子的宣導和教化，使之認識時局，不違反國策；對一般民眾則實施圖書、海報、戲劇等宣傳活動；另外巡迴全台舉行演講，主要宣傳「台灣志願兵制度」，並使民眾認清時局以遵行皇民奉公運動；此外發行小冊子、叢書、海報、壁報、傳單等向民眾宣傳；並舉辦展覽會，展出戰爭的圖片與戰利品；同時又徵求「以陸軍特別志願為主題」之電影劇本與標語；且發行「皇民新聞」每月刊載「奉公班迴覽」（傳閱版）一次；對民眾還教唱「志願兵之歌」、「皇民奉公之歌」；宣導工作為深入農村，「紙芝居協會」在各地放映電影、展覽圖片；「台灣演劇協會」也組織「演劇挺身隊」演出「皇民劇」，藉娛樂活動以充分達到宣傳效果。這些活動多樣且廣泛，可見日本人為推展「皇民奉公運動」費盡心思地用盡各種手段[40]。

　　皇民奉公會之組織與活動幾乎已動員全台所有民眾，加上前述之社會教化組織，日本人推動皇民化政策之組織可說嚴密而完整。「皇民奉公運動」的目的不僅在於動員台灣人達成配合戰時體制需求的成效，還要促使台灣人早日喪失漢民族之特性，從而變為日本民族。

---

40. 台灣總督府，《台灣事情》，1942（昭和 17）年，頁 547。

第四節　皇民化政策的主要措施

　　日本人推行皇民化之主要措施透過除教育政策和文化政策外，普及日語應是實踐皇民化最根本的要項，該政策規定學童不准講自己的母語，一律要用「國語」（日語）交談。在一般社會上，獎勵說「國語」（日語）。對於全家大小廿四小時全天候都用日語交談（完全放棄自己母語）的家庭，給予「國語家庭」的優待，除了在家門口可以掛上一個「國語家庭」的牌子以示「榮貴」之外，更可以享受比一般人較優惠的待遇（如食物配給）。

　　此外，「改姓名」則是皇民化運動最具象徵性的一項重要措施，如許多人開始放棄原來的漢姓漢名，改為日本式的名字。例如戴炎輝，當時改成田井輝雄；林金生，改為牧野雄風；胡龍寶，改名叫弘岡靖韋。另外徵兵制度則是實施皇民化的終極目的[41]。試列舉皇民化主要政策如下：

一、推廣日語與「國語家庭」

　　日本人治台初期即制訂推廣日語政策，積極展開普及日語教育。推廣日語大致有兩種途徑，一是透過學校教育，一是透過社會教育。在中日戰爭爆發之前，普及日語工作主要是透過學校教育推廣，唯到了日治末期推行皇民化期間，除學校教育方面更嚴格地要求學生講日語、禁止使用台語外，在社會上更實施「國語家庭」認定制度。凡台籍人士其全家都能使用日語者，可

41.何義麟，前引書，頁125。

向政府機關申請認定為「國語家庭」。這項「國語家庭」的認定是皇民化政策下推廣日語的重要措施[42]。

　　1896（明治29）年台灣總督府以府令第四號公佈在全省設立「國語傳習所」14所。這些學校以「教導本島人國語，資其日常生活且養成日本的國民精神」為宗旨[43]，1898（明治31）年7月28日以勒令一七八號公佈台灣公學校令，至此台灣的學校教育，與社會推廣日語的教育分途並進[44]。在台灣實施以日語為「國語」的殖民教育政策，實與日本國家主義教育思潮和政策有密切的關係。明治維新後，日本建立中央集權的近代國家，頒佈統一的學制，確立國家主義教育政策，透過學校教育灌輸天皇信仰、國家觀念，培養忠君愛國思想[45]，而制訂台灣殖民地教育政策的伊澤修二正是這種國家主義教育政策的倡導者。伊澤就任學務部長後當然將國家主義政策施行於台灣，其方法就是透過普及初等教育體制，實施以日語為「國語」的教育，使台灣人同化為日本人。

　　從1898（明治31）年設立公學校至1919（大正8）年公佈「台灣教育令」期間，日本人在台的學校教育逐步建立。另一方面對成人推廣日語的社會教育，則是從1910（明治43）年左右開始設立「國語普及會」、「國語練習所」、「國語研究會」、「國語夜學會」等機構以致力於推廣日語[46]。1914（大正3）年後，台灣社會正逐漸掀起放足、斷髮（女人不纏足，男人剪辮子）的熱潮，隨著社會風氣的改變，總督府趁機鼓勵全島各廳的社會領導階

---

42. 同上註。
43. 台灣教育會，《台灣教育沿革誌》，1939（昭和14）年，頁168。
44. 中越榮二，前引書，頁28。
45. 唐澤富太郎，《教科書の歷史》，東京，創文社，1980年，五版，頁191。
46. 中越榮二，前引書，頁42。

層組織「風俗改良會」，並進行全面性推展「國語普及事業」，用以促進台灣人的同化，作為「始政二十週年紀念事業」[47]。當時台灣總督安東貞美強調其施政方針係以「國語之普及，風俗之改良」為根本[48]。因此，全省各地社教團體普遍設立，這些團體除專門為推廣日語而組成之團體外，其他民間社教團體如同風會、敦風會、自休會、青年會、婦女會、處女會等都舉辦講習以協助推廣日語[49]。

　　1928（昭和 3）年總督府及各州設社會教育股，謀求改善和振興社會教育事務。於是社會教育漸漸納入正規管理，成為上下完整的組織。並自 1930（昭和 5）年 1 月開始，每月播放兩次「國語普及之夜」。1931（昭和 6）年以府令第七十三號頒佈「有關台灣特殊教育設施」，仿台中原有的「國語講習所」擴大強化，而且在各州廳普遍設立「國語講習所」，並由總督府提供各州廳補助金，以加強講習所設施，改進教育內容。接著不久又為 26 歲以上未受教育者設立「簡易國語講習所」，在農閒期或夜間教授日語，從此推廣日語運動不再依賴臨時性社教團體，而是藉由永久性組織及設施完備的講習所來推展，此措施促使日語普及率略有提高[50]。

　　經過上述「國語講習所」的推廣教育，日語普及率到 1940（昭和 15）年達到 53.9%，到 1942（昭和 17）年則達 58.02%，往後則無詳確統計資料。估計在 1945（昭和 20）年日本統治結束時，台灣人日語普及率應已超過六成。從 1931（昭和 6）到 1940（昭和 15）年 10 年期間，日語普及率呈現快速的

---

47. 鷲巢敦哉，《台灣保甲皇民化讀本》，台灣警察協會，1941（昭和 16）年 6 月，頁
　　207～228。

48. 井季出和太，《台灣治績志》，台灣日日新報社，1937（昭和 12）年，頁 564。

49. 台灣教育會，《台灣教育沿革誌》，1939（昭和 14）年，頁 1019～1050。

50. 何義麟，前引書，頁 129。

進展，這項成果除歸功於「國語講習所」外，還有其他各種推廣日語的措施配合。例如：「幼兒國語講習所」的設立，使男女老幼皆可學日語，全台每年皆舉行一次「國語演習會」，由各州廳從「國語講習所」、公學校及社會青年中挑選優秀成員參加，並出版「國光」、「薰風」等推廣日語的輔助刊物。「國語普及之夜」的廣播原為每月兩次，到 1935（昭和 10）年 6 月起改為每週一次[51]。靠這些推廣日語的措施，1940（昭和 15）年時，其普及率提高到 53.9%，超過了預定目標。

　　日本人推廣日語，可謂用盡心思，想出各種方法來吸引成年的台灣人學日語，例如：對推廣日語有功人員或團體在每 2 月 11 日起的紀元節都加以表揚[52]，但更重要的應該是對「國語家庭」的認定。「國語家庭」認定制度是從 1937（昭和 12）年開始實施。所謂「國語家庭」的條件，首先是要全家人都使用日語（未滿 4 歲及 60 歲以上者除外），其次是過著「皇民式」的生活，內容包括奉祀神宮大麻（拜日本天皇祖先天照大神）、改善廳堂（廢棄傳統信仰）、改穿和服或國民服、設置自用廁所和浴室、熟悉日式年節慶典，並要具有（日本）國民信念，如參與公共事務、納稅等。若具有這些條件就可向州廳的「常用國語家庭審查委員會」申請，經調查屬實，由州知事或廳長認可。取得「國語家庭」資格後即可獲得一些「特典」，如考慮准其子弟進小學校或中等學校、被任用為官公署職員、獲得各種的營業許可、給予獎勵實業的補助、派遣視察內地及其他優待等[53]。

　　皇民化政策推行期間，對推廣日語運動極為重視，除採行「國語家庭」

233

---

51. 台灣總督府，《台灣の社會教育》，1940（昭和 15）年，頁 19。
52. 台灣總督府，《台灣の社會教育》，1939（昭和 14）年，頁 36。
53. 台灣總督府，《台灣の社會教育》，1937（昭和 12）年，頁 63。

之認定、增加各類「國語講習所」、運用廣播和書刊、舉辦表揚會和「演習會」（演講比賽）之外，也嚴格規定在官署和公共場合必須講日語[54]。當時日本人推廣日語的熱切正如台中州知事所說：「本州全力謀求增設國語講習所等普及國語設施，並指定『國語之家』，組成國語常用聯盟。實施加強普及國語週等，不外乎在於促使一般民眾瞭解國語之重要，造成常用國語之風氣。以培養本州民眾皆能通曉國語，慣用標準國語之民風，並促使民眾覺醒以作為皇國民為榮。」[55]

經過努力推廣日語的結果，1942（昭和 17）年台灣人的日語普及率是58.02%，但這項認定的界定標準並不高，其標準是：㈠小學校、公學校或「國語講習所」畢業者；㈡小學校、公學校或「國語講習所」在學者；㈢具有「簡易國語講習所」修畢六個月以上之日語程度者。其中，成年人經「簡易國語講習所」的教授，而變成所謂通曉日語者，大多只能講些簡單會話而已。

在台灣推行的「國語運動」，本質上應是一種政治認可運動而非純粹教化運動，而且日本人是以利誘方式推行日語，加上在公共場合強制被要求說日語。因此，說日語成為向日本統治者表示效忠的象徵，而說台語者則有被視為「非國民」之虞[56]。

從另外一個角度來看，當時台灣人配合日本普及國語政策程度相當高，反抗推廣日語教育政策之具體行動，只有蔡培火先生曾提倡的以台語羅馬字來教育台灣人，反對愚民化的「國語中心主義」訴求[57]。另外，雖有殘存的

54. 台南州編，《社會教育概況》，1939（昭和 14）年，頁 12。
55. 台中州編，《社會教育要覽》，1939（昭和 14）年，頁 147。
56. 何義麟，前引書，頁 135。
57. 蔡培火，《與日本本國民書》，台北，學術初版社，1974 年，頁 42。

漢文書房教育可多少加以抗衡，但到了日治末期，書房已近乎處於被消滅狀況[58]。台灣人的民族運動雖曾反抗教育上的差別待遇，要求更好的教育環境，然而從事民族運動者大都受日式教育出身，其子女也都送到日本求學或在台接受日式教育，因此對日語普及教育多採取默認態度[59]。當時的台灣人必須透過日語來吸收世界新知，只要不故步自封，不願自絕於現代社會，就必須接受日語教育。因此日治末期，日語教育在台灣已佔絕對優勢，台灣人幾無抗拒之力。

二、推展改姓名運動

所謂皇民化是日本統治者意圖改變台灣漢人的風俗習慣，要求台灣人說日語，在精神上培養台灣人忠君愛國的思想。但不論風俗習慣同化的如何徹底，只要姓名不同，其差異必然存在，蓋因姓名乃是民族文化的象徵。日本人既然要徹底同化在台的漢人，因此，推廣改姓名運動，無非是皇民化政策之自然趨勢，具有將殖民地人民與傳統文化割離的效果。

1924（大正 13）年的警察法規中，曾有准許「平地蕃人」採用日式姓名的例子[60]。但 1926（昭和元）年台灣人陳永珍欲改姓名為穎川英一，並未獲准[61]。1937（昭和 12）年有台灣人林姓取名為林田榮一，鄧姓取名為鄧山三

---

58. 吳文星，《日據時代台灣書房之研究》，《思與言》，卷 16 期 3，1978 年。
59. 抗日運動溫和保守派領袖林獻堂，終生不說日語。但也不能免俗的把子女送往日本就學，並支助優秀青年赴東京留學。
60. 台灣總督府警務局編纂，《台灣警察法規（下）》，台灣警察協會發行，1943（昭和18）年，頁 461。
61. 同上註，頁 477。

台灣公民教育與公民特性

郎、江姓取名為江田隆一、江川誠、江島肇等情形。日本統治者發現後，通令警察戶政單位，規定台灣人民出生時取此類名字並不禁止，但依然不准台灣人改為日本姓氏 [62]。而到 1940（昭和 15）年日本人卻頒佈了改姓名制度，此政策具有特別目的，最主要是為消滅漢民族文化，防止台灣人民產生漢族意識，以達到使台灣人徹底皇民化的目標。

實施改姓名辦法，其條件是：第一、須為常用「國語」之家庭；第二、須具備皇民之資質涵養，並富有奉公的精神 [63]。又因改姓名是要消滅台灣人的漢族意識，當然不准再殘存任何足以喚起台灣人民族意識的隱含式姓名。因此日本人認為：「身為日本帝國臣民卻認為祖先的發祥地是支那，且欲將這種觀念以姓名的含意來告訴子孫，如此將失去皇民化的意義。」[64]。

基於這種觀念，不久日本人又發出通告作更詳確的規定 [65]：第一、昭和天皇裕仁二字，不許採用；第二、更改姓名與皇太后之名為同一文字時，其讀音不得相同；第三、新姓名之字義若與原姓有關之中國地名，不准採用（如：陳姓改為江川或永川、則認為與陳姓之起源地穎川有關，不准採用；再者，林姓改為西川、則認為與林姓之堂號河西有關，亦不准採用）；第四、改姓名者，如仍保留其原姓之文字而僅改唸日式讀法者，則仍不准（如：林、吳等，但後來有獲特准者）[66]；第五、凡改姓名者，已改為日姓之文字，但其讀音仍維持原姓讀音者，亦不許可（如：衛姓改為尾江，但讀音仍唸

---

62. 同上註，頁 478，警乙字第二七九五號。
63. 同上註，頁 538，總警第二○○號。
64. 同上註，頁 11。
65. 警乙字第三九○號通告，轉引自台灣省通志，卷二人民志氏族篇，中華技術學院，1965 年，頁 437。
66. 如林呈祿改為林貞六。

「衛」）；第六、原同姓者欲改為同一日姓或組織同一日姓之宗親會，亦不許可（此規定旨在避免漢族宗親意識的存疑）。

上列更改姓名辦法中三、四、五、六諸條規定，其目的明顯地乃欲消滅台灣漢人的民族意識。日本人要三令五申地禁止新姓名中含有原姓名意味之姓名，或仍具有宗族意識的改姓名方式。可見當時漢民族的宗族意識仍非常強烈，對於改姓名大多無法接受。

日本統治者為了使此政策成效顯著，復以各種利誘方式吸引台灣人民更改姓名。1941（昭和16）年諭令全台警察機關：「要慎重審查改姓名者之許可條件，必須要為皇民意識強烈，方可准許。改姓名後，警察管理時，應以皇民對待，對於改姓名者，須注意改善其待遇」[67]。對改姓名者的各種優待有：第一、在社會上，日本統治者與警察改善對待方式，以提高其社會地位。第二、在教育上，特准改姓名者子弟考入日本人就讀之中學進修。第三、在經濟上，提高對改姓名者在木炭、米糖、麭粉、菸酒、布類等日用品之配給量[68]。當時台灣已進入戰時體制，並實施經濟統制，一切民生用品都實施配給制度，因此，以經濟利益來引誘台灣人，條件確實相當吸引人。

改姓名辦法經公佈實施到1941（昭和16）年2月11日屆滿一週年時，全台改姓名之數目如表4-1所示。

237

---

67. 警乙字第二八一號通告，轉引自〈台灣省通志〉。
68. 同上註。

台灣公民教育與公民特性

表4-1　改姓名辦法實施一週年狀況表

州廳別	台北州	新竹州	台中州	台南州	高雄州	台東廳	花蓮港廳	澎湖廳	合計
獲准戶數	118	324	536	249	222	11	5	23	1,498
比率	0.10	0.29	0.10	0.12	0.11	0.08	0.07	0.21	0.22

資料來源：武田壽夫，《改姓名讀本》，1943（昭和18）年，頁49。

一年之中僅有 1498 戶申請改姓名，這種成果並不理想。但經過日本人努力鼓吹且採以物資的引誘後，台灣人或許為了多獲得若干配給品，以裕生活；或許迫於情勢，改姓名之數目在1941（昭和16）年急速增加，詳細數目如表4-2。

表4-2　台灣人改姓名統計表

年度別	1940	1941	1942	1943	合計
獲准戶數	962	8,585	3,748	4,231	17,526
人口數	6,549	65,236	25,966	28,460	126,211

資料來源：《台灣日日新報》，1944（昭和19）年1月24日，第2版。

戰爭時期日本統治者實施嚴厲經濟統制，並建立日用品配給制度，對台、日居民施行差別配給。台灣人唯有配合改姓名政策方可增加配給，但深入分析，即使在這種引誘下改姓名者的比例僅佔全台灣人口數 2%，其比例並不高。此數據、顯示台灣雖經日本 50 年之殖民統治，漢人的宗族觀念依然強烈。更改姓名乃背棄祖宗之行為，故一般民眾大多難以接受。改姓名者的背景大多是地方仕紳、教師、公務人員，中下階層也有不少貪圖小利而改

姓名者 [69]。

1940（昭和 15）年之後，皇民化運動達到高峰，強迫台灣人改日本人姓名，並處罰不說日語者。這些高壓的手段也導致了民怨，但台灣人有時候還是難以抗拒而需配合─例如，拒絕取日本姓名的兒童是無法就讀中學校和高等女學校。

1939（昭和 14）年 11 月，日本在台灣推行改姓名之前，已在朝鮮實施「創氏改名」，廢除朝鮮人員原有姓名，規定改用氏名的稱呼，並動員警察行政力在 6 個月內提出申請。結果在期限內有 317 萬戶提出申請，達 75%。但是，激烈反抗這項制度的朝鮮人也不少 [70]。這種強迫性的制度與台灣必須符合規定才可申請改姓名的制度，兩者存在很大的差距。或許是在朝鮮實施強制性措施後曾受到強烈反抗而改弦易轍，對台採以較寬容措施。再者也可能是鑑於兩處殖民地情況不同所致。

改姓名能達成種族同化的作用，而日本推行皇民化政策中的改姓名，除了種族同化，最主要是具有效忠統治者的政治意義。皇民化政策是要透過教育改變台灣漢人的語言、風俗習慣、灌輸效忠天皇的思想。但是，姓名不同所代表的種族差異，使皇民化政策事倍功半，而且永遠無法貫徹其目標。因此，日本統治者必然要實施改姓名措施，使得台灣人放棄原有的大中國民族傳統，並視為向日本統治者表達忠誠之具體宣示行為。日本統治者透過改姓名的方式稍降低戰時對台灣人的戒懼之心，並以此作為檢視皇民化運動成效的指標。

---

69. 葉榮鐘先生認為改姓名者以非智識階級居多。參閱：葉榮鐘，《台灣人物群像》，帕米爾書店，1985 年，頁 259。

70. 轉引自何義麟，前引書，頁 144。

三、志願兵制度與徵兵制度

「皇民化」的目標是要將台灣人同化為忠良之日本臣民，更而要台灣人為日本軍國主義者發動的侵略戰爭效命。因此，實施徵兵制度應是皇民化政策的終極目的[71]。

日本治台後，台灣人依法已成為日本帝國之臣民，據明治憲法二十條：「日本臣民依法規定有兵役之義務」。但台灣人與朝鮮人、愛奴人（日本土著）則無此項義務，其原因無非是對台灣人的不信任。黃呈聰在「台灣民報」曾批評說：「台灣自歸帝國以來，只有納稅的負擔而已，想是治台當時對新附島民抱懷的心，恐怕其對本國不能忠實奉公，所以不使新附島民負擔兵役的義務。」[72] 有效忠國家的精神才能有兵役的義務，日本不願讓台灣人服兵役是不相信台灣人有效忠其國家的精神，而且給予台灣人民有兵役的義務，亦恐有朝一日，若發生台灣人民倒戈相向情事更難以收拾。

1937（昭和12）年，七七事變爆發，台灣軍司令部宣佈全台進入戰時體制，翌年（1938年）公佈實施「國家總動員法」，隨著戰爭的擴大，駐紮在台的日軍被調往前線，同時為配合對華戰爭的需要，也開始徵召台灣人擔任軍夫、通譯等。有些雖名義為志願或奉公，但明顯的大多是強迫性的[73]。而且，這些人都非擔任提槍上陣的「皇軍」，究其主因乃是對台灣人的效忠程

---

71. 同上註，頁148。
72. 黃呈聰，《對於台灣人兵役問題》，台灣民報，卷2期15，東京，1924（大正13）年。
73. 葉榮鐘，前引書，頁270～301。

度有所懷疑，在尚未「皇民化」之前，日本人畢竟還是不敢相信台灣人。1938（昭和 13）年和 1939（昭和 14）年初期只招募台灣人組成義勇團擔任軍用農夫，這些義勇團與提槍上戰場作戰，兩者仍相距甚遠[74]。

　　至 1941（昭和 16）年 6 月 20 日始經閣議決定在台施行志願兵制度，當天台灣軍司令部與台灣總督府共同發表一項聲明：

　　　　在台灣施行志願兵制度為六百萬島民多年之希望。前不久朝鮮已實施志願兵制度，事實上治台之歷史較日鮮合併之歷史長久，這種情況令人有後雁先行之感。因此，在台灣也有不少希望實施此一制度之呼聲。但鑑於本島情況，實未達到此種時機，以致延宕至今，近來本島民經各方面之培養逐漸有成為皇民之事實，如以此次事變為契機，極顯著地發揮了皇民報國之精神，有些人直接從軍擔任軍夫軍萬，有些人獻金、獻物表達誠意，後方並獻上赤誠之心來熱烈迎送、慰問出征及返回的將士，這些情況都與內地無異。而且進一步希望服兵役，負擔崇高之國防義務，以具體作為皇國民的要求逐漸增加，最近這些希求更加熱烈，政府基於上述情況，認為時機已經成熟，經二十日閣議決定，準備自 1942（昭和 17）年度起在本島實施志願兵制。今後本島人應體會大御心（天皇一視同仁的恩賜）與內鮮人（日本人與朝鮮人）合作，以服兵役為榮，擔負起貫徹國策保護國家之大任。島民要成為真正名符其實的皇民，今日可說達成第一步，此事足堪欣慰。[75]

---

74. 何義麟，前引書，頁 150。
75. 李園會，《日本統治下における台灣初等教育の研究》，瑞和堂，1981 年，頁 1747。

台灣公民教育與公民特性

圖 4-2 「皇民奉公會」製作的海軍志願
兵「招募」海報圖

資料來源：許極燉，《台灣近代發展歷
史》，台北，前衛出版社，
1996 年，頁 28。

1941（昭和 16）年 6 月日本政府決定，殖民地的台灣人今後可以應召服役。次年強制台灣男子加入四個志願團，在台灣、日本和南洋擔任軍隊的苦力、通譯、農業工人和海員。同年取消高等學校和大學生延期服役，當日本同學被征召入伍時，仍留在殖民地或日本求學的台籍學生則加入志願團。

1942（昭和 17）年 1 月台灣總督府命令設立奉公隊，要求大學、專校、高等學校、師範學校、中學校、高等女學校和職業學校所有學生和職員參加，協助糧食的生產，以及在工廠或其他地方從事義務勞動[76]。同年，國民學校兒童全部成為少年團成員，施以軍事訓練，但是和奉仕團一樣，這些團體的主要目的是義務勞動。從林莊生先生回憶錄中可窺知當時學生被要求全力支援戰爭的

情景：

我小學二年級時，外面的世界發生了日本人所謂的「支那事

76. 佐藤源治，前引書，頁 182～186。

變」。生活上主要的變化是常被老師帶隊前往台中車站歡送出征
軍人。搖擺太陽旗唱著:「替天打不義,我們忠勇無雙的戰士們,
現在在歡呼的聲浪中,正要出發父母國。……」

　　到了戰爭末期,我們中學生都被動員去作工。有一次,學校
要我們去烏日車站搬運木桿到大肚山頂做構築陣地之用[77]。

　　台灣人軍佚被派到南洋前線,但從未被派到中國,台灣人也從未被徵召
入正規軍隊,統治者懷著疑慮審慎地評估台灣人的忠誠,這也是台灣比朝鮮
較遲實施志願兵制度的緣故。實際上,考量到中國上的人民與台灣人同為漢
民族,故日本人發動對華戰爭後,對台灣人反而更具戒心,以致志願兵制度
較遲實施。雖名為「志願兵」,但根據年長者之回憶,多數人皆非心甘情
願,多是被迫的,真正志願者極為少數[78]。

　　隨著政爭的擴大與戰局對日本不利,日軍需要兵源更加殷切,因此,在
1944(昭和 19)年 9 月 1 日實施徵兵制度。為因應徵兵制度之實施,以對青
年男子加強軍訓,並鍛鍊身心,在 1944 年 4 月以律令十五號公佈「台灣青年
特別鍊成令」,並在全島設鍊成所二十七處,受訓期間為 4 個月,一年共有
三次。訓練的起迄時間因各鍊成目標不同而異,每次收容的人數為五百名或
六百名[79]。

---

77. 林莊生,《一個海外台灣人的心思》,台北,望春風文庫,1999 年,頁 44。
78. 何義麟,前引書,頁 151。
79. 台灣行政長官署,《台灣省教育概況》,1946(昭和 21)年,頁 36。

台灣公民教育與公民特性

圖 4-3　設在高雄的海軍特別志願兵訓練所圖

資料來源：許極燉，《台灣近代發展史》，台北，前衛出版社，1966 年，頁 28。

　　日本人告訴服役的台灣人：能夠服兵役是台灣人熱烈響應皇民化的結果，服兵役是國民的義務，同時也是一項榮譽。日軍的獎賞、救護、撫卹制度都甚完備，不必憂慮，而且在軍中與內地人（日本人）都受到一視同仁的待遇[80]。事實上，實施徵兵制度並非日本人相信台灣人已成為真正的皇民，實為戰局所需，不得不在殖民地尋求兵源。

　　台灣人在軍中的地位甚低，且日人擔擾台灣人有反叛之虞，根本未將日台人一視同仁。而撫卹等制度也隨著日本戰敗而破滅。台灣人接受皇民化教育，被灌輸為天皇盡忠、為皇國獻身等觀念之後，日本人才敢徵召台灣人上

80.台灣時報，1944（昭和 19）年九月號，台灣總督府情報部，「徵兵特輯」，頁 418。

戰場為日軍效命。結果，卻依然有向國軍投誠情形發生，尤其在海南島有許多台籍日軍攜械向國軍投誠，反抗日軍。而日本人對於向國軍投誠者，經日軍轉告總督府後，則沒收其財產，家屬則被判罪或殺害。據估計在海南島向國軍投誠者達萬餘人，戰後列入名冊者僅有 411 名[81]。不論人數有多少，這段史實證明了皇民化政策依然敵不過民族意識，這也是台灣人民反抗皇民化的具體行動。

　　殖民政府和東京政府表面上視台灣人為忠誠的日本臣民，但台灣人又不被認為可靠到得以徵召入伍，即使派至中國前線也只擔任非戰鬥人員。皇民化運動向台灣人的中國歷史記憶和民族意識宣戰，但是在皇民化決策者心中，由於疑惑台灣人具有的中國背景而頗為躊躇。對於台灣人價值矛盾的態度，使台灣的統治者更強調義務而忽略權利，不斷地提醒台灣人是日本的臣民。因此，官員口中絕少提出有關台灣人與日本人一樣，得以公平接受教育的保證，但不斷地告誡台灣人要像日本人民一樣為戰備而犧牲。摘錄一段關於當時被召集去當「志願兵」的往事：

　　　　日本投降前兩個月，二年級（十五、六歲）的我們也被「召集」去當「學徒兵」了。離開台中之前夜，施先生為餞別請我外食（他的眷屬此時已疏開到萬斗六）。那時市內所有餐廳因沒有東西可賣而全部關閉，只剩二、三家軍部指定的日本料理店還開著。施先生當時奉職皇民奉公會，好像到過那兒，而且客人的我是「出征軍人」理應可以進去。因按當時的慣例，一但收到紅帖的「召集令」，出征軍人可以獲得煙酒的特別配給。不知是戰局惡

---

81. 朱麗珮，〈抗戰時期海南島陣前起義台籍義士事蹟〉，《台灣文獻》，卷 32 期 2。

化或我這個小兵不太像軍人,每一家都拒絕。其中一家還說他們現在只供應特攻隊(敢死隊)的飛行員。施先生只好帶我去一家私人冰店吃沒有紅豆的「紅豆冰」。台灣究竟是產糖的地方,在這種飢餓狀態下,糖好像還可以得到。戰爭最後一年,鈔票已沒什麼用處,處處要靠「配給卷」。此時最幸運的人是自己有能力生產食物(種菜、養雞)的人。平時城市人的生活比農村好得很多,但在戰爭末期其狀態恰恰相反[82]。

第五節　皇民化期間的文化政策

所謂文化是一民族生活之類型,包含衣食住行、社會組織和型態、思想和宗教信仰、語文娛樂等。而文化政策即是指統治者對文化層面採取管制的政策。日治末期日本人推行皇民化期間,對台灣漢民族的文化,採取積極同化政策,意圖強迫台灣人在的語文娛樂、宗教信仰和風俗習慣都同化於日本。經由生活習慣的同化,才能進一步使台灣人內心也同化於日本,而變成效忠天皇的皇民[83]。以下將就日本人在宗教信仰皇民化、風俗習慣皇民化和文學戲劇皇民化等文化措施分述。

---

82. 林莊生,前引書,頁64。
83. 何義麟,前引書,頁91。

一、宗教信仰皇民化

日本治台之初，台灣總督府對台灣原有之宗教信仰及風俗習慣所採取的政策是以安定民心，不加干涉為原則。但又依據「舊慣之社寺廟宇建立廢合手續」[84] 管理台灣舊式寺廟、齋堂、神明會及祖公會之設立等。此外並無關於宗教之法制。

1896（昭和29）年6月，台灣總督府頒發「諭告」：

> 本島原來之廟、宮、寺、院等，其創建雖有公私之別，然皆為信仰崇拜之結果，同時亦為德義之標準，秩序之淵源，治民保安上不可或缺者也。故目前軍務倥傯之際，因不得已而有暫為軍用時，需要特別注意，切勿損傷舊觀，絕不容許有破壞神像、亂用神器之行為，自今以後須小心保護。如果暫供軍用者，須儘速回復舊態，此旨特為諭告[85]。

爾後歷任總督對台灣原有宗教也都採取任其自然，不加干涉的態度。日本統治者甚至更進一步利用台灣人的宗教信仰來籠絡民心，以鞏固其統治基礎[86]。

至1915（大正4）年，日本統治者為瞭解台灣人信仰固有宗教之狀況，

---

84. 明治32年府令第59號，同上註，頁147。
85. 《臨時台灣舊慣調查戶第一部調查第二回報告書》，第4冊，頁63。
86. 何義麟，前引書，頁91～95。

以作為釐定宗教政策之參考，於是開始進行宗教調查[87]。之所以調查台灣的宗教狀況，目的在瞭解台灣人信仰狀況以利其統治，因此，對台灣人之信仰至多斥之為「迷信」，而不多加以干涉。日本在台之宗教活動最重要的應是國家神道的傳布，其活動與皇民化政策有密切關係[88]。

七七事變（1937年）發生後，日本統治者唯恐台灣人叛亂，必須加緊控制台灣民心，於是國家神道急遽擴張，宣導台灣人參拜神社，奉祀「大麻」。並且迫害固有宗教，強制廢止寺廟或合併、改建寺廟，沒收寺廟財產。皇民化政策在宗教方面的具體措施就是，國家神道的擴張，以及迫害台灣漢民族的通俗信仰[89]。

往後陸續在各地建立各種大小神社，建立神社之目的，就是要使台灣人到神社參拜，以促使參拜者崇敬天皇，自覺身為皇民應效忠日本皇國。在各種節日或當地神社例祭日，各級學校學生、各種社教團體均被安排參拜神社之活動[90]。

當時台灣人口約六百萬，平均每年每一人參拜神社的次數已超過一次，另外尚有團體參拜，即學校與地方社教團體共同參拜。若再扣除老幼及行動不便者，則一般民眾每年均須參拜神社數次[91]。

國家神道的擴張，不只是廣建神社強制民眾參拜而已，為普及神道信仰及灌輸其皇國思想，乃於1937（昭和12）年在總督府舉行「神宮大麻」頒佈

---

87. 同上註。
88. 同上註。
89. 同上註。
90. 台灣總督府，《台灣社會教育》，1937（昭和12）年，頁84，轉引自何義麟，前引書，頁95～98。
91. 何義麟，前引書，頁98～99。

典禮，開始將國家神道推展至每個家庭。1937 年，台灣神職會頒佈「本島民屋正廳改善實施要項」，向台灣人宣導如要作皇民，就得每家設日式神龕以奉祀「大麻」，神龕要保持乾淨，且要早晚禮拜[92]。除各家庭被要求拜日本的「天照大神」，學校裡也配合之，並規定每月一、八、十五日全校都要按時參拜神社，每日生活規範中亦要求學童到校後要向天皇肖像行禮，每天朝會升日本國旗後必須遙拜宮城，並遙拜皇大神宮。

　　1942（昭和 17）年的台灣人戶口數是九十九萬七千二百五十一戶，其中安置神龕者有七十二萬七千八百五十九戶，約佔 73%。由此可見國家神道在幾年內已推行得相當廣泛。推行皇民化期間，由於國家神道的擴張，進而產生迫害宗教的情形。部分日本人認為台灣舊有的宗教信仰對皇民化構成一種障礙[93]。因此，企圖廢除傳統寺廟，解散神明會、祖公會等宗教團體，對這種措施表現最為積極者就是新竹州中壢郡，此乃藉「寺廟整理」之美名，進行宗教迫害之事實[94]。

　　日本明治憲法第二十八條規定：「日本臣民在不妨礙安寧秩序及違背臣民義務之範圍內，有信教之自由。」但這種信教自由是有限制的，一般宗教僅是國家神道下的次級宗教，國家神道是「超宗教」的存在。因此，信仰國家神道在戰時也就成為日本「臣民之義務」[95]。

　　1931（昭和 6）年天主教方面認為：神社若為宗教則在教義上不能參拜，因此，要求文部省確實回答，神社是否為一種宗教。文部省回答說：參拜神

---

92. 同上註。

93. 江間常吉、白井朝吉合著，《皇民化運動》，東台灣新報社，1939 年，頁 110。

94. 何義麟，前引書，頁 102～103。

95. 同上註。

社非宗教行為，乃是日本國民對國家忠誠心的表現，故不得以宗教上的理由
拒絕參拜[96]。於是嚴厲強迫信仰其他宗教的民眾參拜神社，而且加強國家神
道對各宗教的壓迫。1939（昭和14）年，日本統治者又公佈「宗教團體法」，
對違反國家神道體制的宗教予以鎮壓。並強制各宗教必須奉祀「神宮大
麻」[97]。這時的國家神道就是神社神道、皇室神道，而且是明顯處於各種宗
教之上的「超宗教」。

　　國家神道在台灣擴張的情形，主要是強制台灣人參拜神社，奉祀「神宮
大麻」，使民眾崇拜天皇，進而效忠其國家。另外也有如上述所言，藉「寺
廟整理」實則迫害固有宗教的情形發生，但由於害怕收到反效果，台灣總督
下令禁止而未波及全台。因此，國家神道對台灣的宗教信仰並未造成重大的
影響。台灣光復後，日本國家神道已被徹底剷除[98]。

二、風俗習慣皇民化

　　日本統治者推行皇民化，乃企圖徹底改變台灣人傳統文化成為日本文
化。因此，皇民化政策除強迫改變台灣人之思想信仰、語文娛樂外，對食衣
住行、婚喪喜慶之風俗和社會組織型態也要求日本化[99]。

---

96. 村上重良，《國家神道ど民眾宗教》，東京，吉川弘文館，1982年，頁57。
97. 同上註，頁60。
98. 戰後，台灣各地神社大多被改為忠烈祠，神社建築今僅存桃園神社保持完整，其餘
　　均已拆毀。何義麟，前引書，頁104。
99. 何義麟，前引書，頁106。

㈠放棄傳統服飾

　　「國民精神總動員台北支部」曾印行「改善本島婦人服飾」之小冊子，在其「改善宗旨」中說：「穿著支那式衣服生活，在不知不覺中所培養的國民意識、國民感情與促進皇民化運動之宗旨必定無法相容，這種情形絕不可忽略，必須給予適當的指導。」[100] 日本人相信服飾的改變不僅是在外表上達到皇民化，甚至可透過穿著日式衣服培養日本國民的意識。因此，一方面要台灣人放棄中國傳統服飾，擺脫與中國文化之關係，一方面則鼓勵台灣人穿和服或西裝[101]。從下列的描述可略知當時狀況：

　　　　我對爾錫先生印象最深刻的是施先生結婚那天，他從台北來
　　參加大典，穿起長衫馬褂，風度翩翩。當時是昭和 16 年（1941 年）
　　四月，日本向英、美宣戰的八個月前，台灣的「皇民化」已進展
　　到最高潮，街上已看不到女人穿旗袍、男人穿長衫，更沒人穿馬
　　褂。所以他這種服飾對我來說也相當稀奇，但妙的是我並不感到
　　羞恥（記得我當時是日本紅衛兵啊！），因看他風度高貴極有尊
　　嚴[102]。

---

100. 國民精神總動員台北支部，《本島婦人服裝の改善》，台北，1940（昭和 15）年，頁 1。
101. 何義麟，前引書，頁 106～107。
102. 林莊生，前引書，頁 69。

㈡改善住宅衛生設施

　　住宅方面，日本統治者認為台灣式的住宅極不衛生，通風及採光等皆須改善。在推動所謂「部落教化」的要項中，極力要求民眾設廁所、浴室、改建窗戶以利採光及通風，以及建設排水溝等各種衛生設施[103]。進一步也鼓勵台灣人將住宅內部改為榻榻米以便過「皇民生活」，培養皇民精神[104]。

　　當時身為醫學博士的後藤頒定各項衛生政策，並且嚴格執行。殖民政府興建水道工程與地區醫院，並嚴格要求做污水處理、水源供應、藥物控制的相關規定。同時建立檢疫站配置職員，進行瘧疾防治和滅鼠運動[105]。改進衛生最顯著的動力來自於權威的殖民地警察，採嚴歷的處罰方式使台灣人確實遵守新規定，而公學校的健康和衛生課程中，則推展新的態度和訊息來強化警方的行動。日本統治者引入西方醫學，培訓部份台灣人行醫開業，並以公醫制度作為疾病預防和控制的重要機制。毫無疑義的是，公醫制度使死亡率急速下降並促使公共衛生顯著改善，而這些成就大多是由醫學校的台籍畢業生所締造的[106]。相較於日本治台之前的全島衛生狀況，日本對台在醫療和衛生上的成果，確實有目共睹。

　　十九世紀以前，台灣是個瘟疫流行的美麗島。甲午戰爭時（1895 年 3 月），日本軍隊 6,190 人登陸澎湖，至 5 月初旬患霍亂症者達 1,945 人，其中

103.江間常吉、白井朝吉合著，《皇民化運動》，東台灣新報社，1939 年，頁 265～266。

104.何義麟，前引書，頁 107。

105.井出季和太，《台灣治績志》，頁 325～329。

106. George Barclay, *Colonial Development and Population in Taiwan* (Princeton, 1954), pp. 138～139.

1,247 人死亡；登陸台灣本島的近衛師團也極受霍亂、瘧疾、赤痢、傷寒、腸炎、腳氣諸症所苦，至 9 月下旬，全師團中保持健康者僅五分之一而已。

　　1895（明治 28）年 7 月，台灣總督府官房，開始設置衛生事務所，掌管全台衛生事務。鼠疫在 1896（明治 29）年由香港侵入台灣，其後 22 年之間流行於各地，死者二萬四千人，1917（大正 6）年即被完全肅清，此成效主要有賴警察的力量。霍亂到 1921（大正 10）年大抵建立了防治體制；天花因強迫種牛痘，1903（明治 36）年以後銳減，1920（大正 9）年被遏止；自 1896（明治 29）年以來一直猖獗，而造成四萬七千隻牛損失的牛瘟，也在 1920 年完全控制。脫離瘟疫威脅的台灣社會，已踏出近代化的第一步。至 1916（大正 5）年止，瘧疾一直是台灣人死亡原因的第一位或第二位；唯自從 1910（明治 43）年日本殖民地政府在北投試辦防瘧工作，該症的死亡率自 1916 年以後逐漸降低。

　　1926（昭和元）年至 1940（昭和 15）年間是台灣社會、經濟急速發展的準備期，台灣人的抵抗轉為活潑的民族運動、文化運動、社會運動。交通發達，人民的流動性增高，農產加工品生產增加，民眾開始採取各種新生活方式，漸用腳踏車或汽車等，西醫超過漢醫，初等教育逐漸普及。1922～1925（大正 1～14）年及 1926～1929（昭和元～4）年間，在台灣各地作了廣泛而詳細的保健衛生調查，以後的衛生工作，大都以此為依據。有著老口述歷史提及當時學校推廣衛生教育措施之一，服用魚肝油的狀況：

　　　　記得當時學校正推行服用魚肝油，我們中飯後排隊到醫務室，
　　由護士小姐射進魚肝油一口。因為魚肝油很難下嚥，吞下後每人
　　給一個糖果潤口。我為了這個甜頭，竟繼續了三、四年。考中學
　　時我們得請蔡先生在報名單的健康證明上簽字。蔡先生趁機教訓

253

台灣公民教育與公民特性

我們說:「你們遇事才來找校醫,平時在街上碰頭,連行個禮、打個招呼都沒有。」他的不滿是可以了解,因當時的小學生都怕老師怕得要命,在街上碰到自己學校的老師莫不恭恭敬敬地行禮,不敢怠慢,至於校醫則不在此例。學生知道校醫只管他們的健康,不會打屁股,自然地「失禮」為常了[107]。

(三)廢止陰曆新年

無疑的,新年應是一年中最重要的節日。明治維新後,日本改採陽曆紀元,新年以陽曆為準;台灣則以中國陰曆過新年。除日期不同外,日本新年之習俗也不同於台灣。因此,皇民化運動也包括廢除台灣陰曆新年,而與日本國一起慶祝陽曆年。在年節習俗上也要求台灣人廢除貼門聯、燃放鞭炮、燒金銀紙等,改以擺飾「門松」等日本方式過新年[108]。

日本人認為:「新曆元旦,宮中有元始祭,舉行嚴肅的祭拜四方諸神儀式,日本國民之習俗應配合宮中的活動,故一般國民的新年當然是依照新曆。」[109]。為使台灣人成為日本國民,必須禁止台灣舊曆年慶典,而要求台灣人改為過日本式新曆新年[110]。

---

107. 林莊生,前引書,頁51。
108. 江間常吉、白井朝吉合著,《皇民化運動》,轉引自何義麟,前引書,頁107。
109. 鷲巢敦哉,《台灣保甲皇民化讀本》,台北,東都書籍株式會社,1941(昭和 16)年,頁310。
110. 何義麟,前引書,頁107。

㈣改用日式婚禮葬禮

推行皇民化運動期間，日本統治者鼓勵台灣人在「神前結婚」，及採用日本的「國式葬祭」。開始推行皇民化之後，日本人不但要改革台灣原有婚葬習俗，而且要所有台灣人採用日本式葬禮以促進皇民化。例如「東石郡葬祭改善會會則」在 1940 年（昭和 15）規定：「本會之目的在於將本島民間向來葬禮祭典改為日本式，樹立正確信仰，破除舊有陋習，以促進皇民化運動」[111]。該會則中並規定禁用台灣人在葬禮中所使用的樂器、喪服及古式道袍，改用「內地式」法衣架裟。另一方面「台灣神職會」也印行「國式葬祭指針」小冊子（1940（昭和 15）年），專門介紹日式葬禮儀式與祭日禮拜方式[112]。

在此一時期採用日式葬禮，最主要目的不在改革台灣葬禮陋習，而是旨在培養台灣人具備日本國民之精神。婚禮方面，日本人透過社會教化組織，初以改善陋習為名，向台灣人宣導結婚時不要用大量聘金、宴客不鋪張、不用鞭炮等，進一步則要求採用「神前結婚」之儀式，這些改革無非是要台灣人放棄原有之風俗習慣，改採日本人之習俗以涵養其皇民精神[113]。

㈤廢除台灣特殊法律習慣

1922（大正 11）年日本統治者以敕令第四〇六號將日本民法施行於台灣，同年以敕令第四〇七號規定民法中的親屬、繼承兩篇不適用於台灣，日

---

111. 東石郡葬祭改善會，《東石郡葬祭改善會則》，台南，1940（昭和 15）年 4 月，頁 8。
112. 台灣神職會，《國式葬祭指針》，1938（昭和 13）年。
113. 何義麟，前引書，頁 108。

本政府所頒佈的僅有民法總則、債權、物權三篇施行於台灣。其民法的親屬關係之所以依照台灣之原有習慣,原因在於台灣有童養媳、同姓不婚等習俗,日本人無法將其改變之故。而財產繼承方法亦呈現差異:日本為長子繼承法,台灣則為平均繼承法。到了皇民化期間,日本人主張廢除這些台灣特有的習慣,將日本民法完全施行於台灣,以消除「內地」與台灣之別[114]。

此外,也有人主張廢除台灣特有的「祭祀公業」。「祭祀公業」是台灣人為祭祀祖先,將先人之遺產留下一部份由子孫共同管理,這些財產大都是田地、房屋等不動產。公田每年的米穀收入,除祠堂所需經費外,其餘由子孫平分,但因祭祀公業的收入頗豐,導致部分祭祀公業偶爾有財產上的糾紛發生,因此,被認為是陋習,有人主張予以廢除[115]。祭祀公業與平均繼承法等台灣的特殊習慣,被認為有礙皇民化之推展,雖有人主張予以改革,但由於擔心台灣人民抗拒,日本人至戰敗為止終未實施[116]。

三、文學戲劇之皇民化

1937(昭和12)年4月1日,日本人經營的「台灣日日新報」、「台灣新聞」、「台南新報」同時廢止漢文版。台灣人發行的「台灣新民報」漢文版也被迫在6月1日廢止。其他各種雜誌的漢文作品也被禁止刊登[117]。同年

114.江間常吉、白井朝吉合著,《皇民化運動》,東台灣新報社,1939(昭和14)年,頁197～206。

115.何義麟,前引書,頁207～227。

116.同上註,頁109。

117.報紙雜誌被禁止刊登漢文後,台灣唯一的漢文刊物是娛樂性雜誌「風月報」,1941(昭和16)年7月曾改名為「南方」。

7月，中日戰爭爆發，台灣實施戰時體制，除禁止使用漢文外，對思想方面的控制也日益嚴厲，台灣的文藝工作者已不能自由從事創作。語文是文學、戲劇表達的工具，其重要性自不待言。報刊雜誌禁止使用漢文後，又限制以台語演出地方戲劇。

　　總而言之，語文的控制可說是推行皇民化政策的第一步。文學、戲劇之功能則是寓教育於娛樂，此乃社會教育的重要工具。日本統治者為了消滅台灣人的民族意識，所以推行皇民化期間，對於文學、戲劇創作語言，不僅強迫使用日本語文，其內容也作嚴格限制。換言之，這時期台灣文學、戲劇的創作產生了所謂「皇民文學」與「皇民化戲」，這些都是作為政治宣傳之用，而非文學家自由創作的藝術作品[118]。

　　1937（昭和 12）年採行禁止漢文刊載的措施，以控制台灣人抗日運動的行動與思想意識，除此外，反抗殖民統治的文學作品，更無法見容於日本統治者。日本人將文學當作政治宣傳的工具，鼓勵作家創作歌頌戰爭的作品，以配合對外侵略，或創作台灣人應效忠日本政府，學習變成日本人的作品。這段時期所有創作因為展現迎合統治者政策的特色，故為此目的而創作之作品又稱為「皇民文學」[119]。

　　台灣新文學運動成熟期最重要的兩種刊物──「台灣文藝」與「台灣新文學」，分別在 1936（昭和 11）年 8 月及 1937 年 6 月被迫停刊。日治時期台灣新文學運動，在日本統治者的壓迫下進入了「抗戰期」，台籍作家所推展的新文學活動沉寂了下來，而旅台日本文藝工作者則大肆活動。首先是在 1940（昭和 15）年 1 月，藉著慶祝皇紀二千六百年（西元 1940 年）的機會，成

257

118.何義麟，前引書，頁 113～114。
119.同上註。

立「台灣文藝家協會」，並發行綜合性文藝雜誌「文藝台灣」。翌年，「文藝台灣」與「台灣文藝家協會」分離。後「文藝台灣」改以「文藝台灣社」名義發行時，「台灣文藝家協會」另行編印「台灣文藝通信社」作為會報。此外，當時代表性的刊物有研究民俗的「民俗台灣」，屬於綜合性刊物的「台灣藝術」、「南方」和「台灣公論」等。

報紙方面，從 1944（昭和 19）年 4 月 1 日起，日本人將全島台、日本人經營的六家報紙統一改為「台灣新報」，這些刊物報紙都受到嚴格的控制，只能刊載迎合日本統治者的言論。其中除「民俗台灣」未成為日本統治者宣傳的工具外，「台灣文學」應是台灣人文學的最後堡壘。另一個代表性文學刊物「文藝台灣」，原是以藝術至上理念做為編輯方針，但從 1942（昭和 17）年 2 月起，亦改變其編輯原則，從此後出現許多「皇民文學」。故此一雜誌也就變成日本統治者利用文學作品，從事宣傳其政策的刊物 **129**。

1943（昭和 18）年 3 月，因戰局的吃緊，首先成立「日本文學報國會台灣支部」，另外日本人為加強控制台灣文學界，乃解散「台灣文藝家協會」，而以相同的成員組織「文學奉公會」，使它隸屬於「皇民奉公會」。這兩個文學團體之部長層級以上的幹部相同，可說目標一致，其目的在加強控制台灣文學界，以樹立「皇民文學」**121**。1943 年由「文學奉公會」在台北公會堂（今台北中山堂）主辦「台灣決戰文學會議」。討論的中心議題是：

確立本島決戰態勢，文學家協助戰爭。「文學奉公會」會長
山本真平致詞說：「今日的文學已不像過去僅在表達文學家個人的

120.尾崎秀樹，《就殖民地文學の研究》，1971 年，頁 169。
121.同上註，頁 175。

感情，其創造活動須呼應國家至上的命令。……台灣必須依照強韌
且純粹無雜的日本精神去創造新的皇民文學，以文學之力鼓勵向
軍人之道邁進的本島青年，並以文學為武器，提高大東亞戰爭必
勝的信念，這是諸君所擔負的任務。[122]

　　會議通過西川滿所提出的「獻上文藝雜誌以納入戰鬥配置的建議」。於
是，《台灣文學》與《文藝台灣》合併為《台灣文藝》，由「台灣文學奉公
會」負責發行。從 1937（昭和 12）年到 1945（昭和 20）年，日本人對台灣
文學界所採取的就是上述政治統制文藝的措施。而這時期代表性的文學刊物
有《台灣文學》、《文藝台灣》、《台灣文藝》三種[123]。

　　此時有一部中篇小說〈道〉（路）—作者是改姓名為高山凡石的台灣作
家陳火泉—內容敘述一位服務於專賣局的台灣青年，埋首改良蒸餾樟腦，他
雖在專賣局服務十年，卻和妻子及四個兒子同住在像倉庫那樣簡陋的房屋裡
面。他想在「天皇信仰」與「滅私奉公」的生活中尋找做為一個日本人的生
活意義。不久他改良的火炫式火爐被採用而獲獎，並得到課長的信任，開始
寫〈往皇民之路〉，但這時，他也開始意識到自己是個台灣人。當他聽到
「台灣陸軍特別志願兵制度」施行的消息後，在他的日記中寫著：「櫻花才
是花，牡丹就不是花嗎？台灣人究竟不是皇民！」主角認為：「因為血統不
同，我才主張精神的系統，透過精神的系統而與神道的精神—大和精神交
流。誰說不可能！若是有人否定，是因為我本身的努力不夠，究竟血統與精
神孰強，將會有顯露的一天。因為精誠所至，金石為開。最後的勝利必定歸

122.龍瑛琮，《文藝台灣ど台灣文藝》，台灣近現代史研究會編，第三號，1982 年，頁 2。
123.何義麟，前引書，頁 116～117。

於精神。」

不久主角就申請去當志願兵。當時他作了一首詩:「此身雖為日本民,自嘆連擊血緣貧,願作大軍御前盾,奮勇赴死報皇恩。」他入伍前將身後之事交待一位女子處理,並囑咐說:「我若戰死,請為我樹立墓碑,墓銘是『青楠(他的號)居士,生長於台灣,死為日本國民』或『青楠居士—日本國民居士為天業翼贊而生,為天業翼贊而活,且為天業翼贊而死』。濱田隼雄對這部作品評論說:「實在找不到一部作品比這篇更強烈而明確地描寫嚮往皇民的熱誠」[124]。事實上,本篇文章可算是「皇民文學」的代表作。

1937(昭和12)年中日戰爭爆發後,日本統治者對台灣人的思想控制日嚴,首先禁止傳統地方戲劇和音樂的演出。被禁演的劇團大部分解散,但有些劇團卻乘機模仿新劇穿起和服或日本禮服、木屐,拿著日本刀演出,有人稱之為「改良戲」或「台灣新劇」。日本人對這種「改良戲」批評說:「這些劇團僅是表面日本化,雖然上場人物穿著和服、木屐等似乎已經皇民化。但實際上,這些和服之下隱藏的是比原來更低俗的戲劇,而且公然橫行。在支那事變(七七事變)爆發之初,竟然尚有不法之徒,沈溺舊思想,對時局缺乏認識,利用戲劇的大眾化及台語的便利,進行不穩的蠱惑及宣傳。這種情形在台灣統治上,實為不可饒恕之事。」[125]。

日本人鑑於上述情形仍在各地發生,為更進一步控制台灣劇團,故於1942(昭和17)年1月成立「台灣演劇協會」作為皇民奉公會的外團團體。該協會的宗旨是「台灣演劇協會規約」第三條所說:「本會的目的在於提供

124.高山凡石,《道》,台北,皇民奉公會宣傳部,1943(昭和18)年,6月,初版;原刊於《文藝台灣》,第6卷第3號。

125.濱田秀三編,《台灣演劇の現狀》,台北,丹青書房,1943(昭和18)年,頁96。

島民健全之娛樂，陶冶其情操，進而激發日本精神，推進皇民奉公運動，並謀求改善提升戲劇，以使島民徹底認識時局。」[126] 從此，台灣之劇團全部由該協會來統制，劇團之演出劇本也必須經由協會，才能送到台灣總督府保安課接受審查，這等於是採行雙重審查制度[127]。

　　日本人為消滅台灣人之民族意識，以利於宣傳軍國主義，並動員台灣的人力、物力，因此，在1942（昭和17）年1月11日，由話劇團「南進座」、「高砂劇團」聯合組成「皇民奉公會指定演劇挺身隊」，深入民間從事宣傳工作。出發前先至台灣神社旁的「國民精神研修所」受訓十天，加強思想教育。兩劇團表演之節目列舉如下：「南進座」有台灣總督府提供的「志願兵」，竹內治作「乩童何處去？」，以及電影劇本「莎雍之鐘」（莎雍為高山族女子之譯音）；「高砂劇團」之節目有累同的「志願兵」、「莎雍之鐘」、瀧澤千繪子作「在日章旗下」、舞蹈「新建設」[128]。

　　1944（昭和19）年組成「台灣藝能義勇隊」，這些劇團都須先受訓後，才能派到各地公演，從事政治宣傳。另外在台灣各地青年團也演出「青年劇」，擔任宣傳工作。1941（昭和16）年青年團編入「皇民奉公會」青壯年團，加強統一團員的動員及活動，於是在各地組成「青年演劇挺身隊」，使「青年劇」更深入民間各角落。戰時日本人也曾經利用電影從事宣傳工作，1941年在台灣總督府設「台灣映畫協會」（台灣電影協會）以管制台灣的電影，並製作宣傳片如：「軍夫的榮譽」、「戰爭與訓練」等。推行皇民化期間整個台灣的戲劇完全在「台灣演劇協會」的控制下，所表演的節目皆為宣

---

126. 同上註，頁103。
127. 何義麟，前引書，頁120～122。
128. 同上註。

揚日本國策、政治宣傳意味甚濃之戲劇。這些戲劇可稱為「皇民化劇」[129]。

第六節　本章小結

　　1889（明治22）年明治政府公佈大日本帝國憲法（俗稱明治憲法）。在國家神道思想下，明治憲法採用神權主義，將國家主權付予天皇。基於神敕主權的明治憲法，擁有主權的天皇並非現任的天皇，而是天皇的祖先，最遠可追溯至具有神格的天照大神。日本由是成為絕對天皇制的國家，天皇制是依神的意志而定，天皇的子孫和一般國民皆不可改變這「天壤無窮」的天皇制度。

　　到1930（昭和5～14）年代，日本軍國主義抬頭後，國家神道成為引導人民從事對外侵略的思想體系，此一時期也就是日本的國家神道與軍國主義結合的時期。而台灣也就是在這種思想形成後，被日本統治者積極地要求變成皇民。於是，崇拜天皇、信仰神社的國家神道也就成為皇民化政策的指導理念[130]。故皇民化理念是國家神道與軍國主義結合下的產物。在1930年代，日本統治者意圖將這種理念在台灣、朝鮮等殖民地加以實現，此即為皇民化政策[131]。

　　日治的最後15年（昭和6～20年），經由各種社會教育計畫以加強公共教育，真的能讓台灣鄉村居民的識字能力和日語流利度提昇嗎[132]？同時也加

---

129. 同上註。

130. 何義麟，前引書，頁35～39。

131. 同上註。

132. T.W.T. Miller, ed., *Education in South-East Asia, Australia, Sydney,* 1968, p.40.

強了尊王愛國的精神了嗎？又徹底地改變了原有傳統生活習慣而改為崇尚日式生活習慣了嗎？針對上述提問，部份歷經日本和國民政府統治的台灣人承認這些改變的存在和同化的成效。

日本運用固有組織，改善並且維持社會控制，他們通常改變這些組織使之更能發揮改革成效。保甲制度不僅和法律與秩序的維護有關，同時也是促使鄉村變革深具卓著成效的重要工具，例如有人對保甲制度評論道：「日本統治者能夠革除吸鴉片、纏足、蓄辮、賭博、以埋金子和銀元儲蓄等不合時宜的習俗，保甲制度有相當大的功勞。」[133]

警察在監督台灣家庭，實施強制性的家庭清潔時，他們使用的方法或許粗暴，但是相當有效。而佐久間總督時期，警察也負責執行，並完成許多成功的運動，如撲滅老鼠運動，每一個台灣人家庭根據住屋的大小，設定每月老鼠的配額，未能捉到並且繳交配額的家庭將會被罰款[134]。

如上述，警察可以使用命令或強制手段，迫使民間改變生活習慣和行為，但是社會教育或公學校的管道則採取難以察覺的強迫方法，如教師透過使用勸導之方式試圖改變受教者的觀念和習慣。即便兩者方法不同，可是目的卻是一樣的，即在同化台灣人並鍊成皇國民。日本統治者積極推動皇民化政策，即使在早期公學校推行不力的鄉村地區，亦透過社會教化運動強力推行多項統治策略，不僅成效卓著，而且在當地人心中留下深刻印象和影響。

根據 Tsurumi 的研究，即認為這些社會教化運動的成效顯著，而台灣人對於這些改革和運動並不全然處於被動立場，如在多項改革社會陋習之主張

133. Ching-chih Chen, *Japanese Socio-political Control in Taiwan,* 239～240; Ching-chih Chen, *The Police and the Hoko Systems in Taiwan under Japanese Administration (1895～1945).*
134. 井出季和太，《台灣治績誌》，頁 471～472。

上，台灣人本身也提出有必要改革的意見。如1927（昭和2）年在「台灣民眾黨」之黨綱中，曾針對改革社會陋習制度列有：

> 反對人身買賣，廢止聘金制度。提倡婚姻自由，勵行一夫一婦，普及女子教育、獎勵婦女職業、普及科學智識、撲滅迷信惡習。節約冠婚冗費，廢止喪祭奢侈。獎勵體育，禁食鴉片。[135]

值得注意的是，如上述，台灣人雖然也力主應該改革社會陋習，但是僅限於改革部份的傳統台灣社會陋習，而非全盤廢止。有趣的是，部份史料顯示：對於全面廢除台灣傳統習俗和生活習慣，而改為日式生活。部份在台日本學者亦持反對意見。如在台日本人中村哲，曾經在「台灣時報」雜誌上撰文檢討皇民化政策。他談到服裝問題時認為：

> 捨棄活動上較方便的台灣服相當困難。如果和服非常便利，人民自會穿用，然而和服卻是價格昂貴又極不方便。將台灣女裝改為洋裝尚有可能，獎勵和服則毫無意義[136]。

由此可知，單就捨棄台灣傳統服飾而改採日式和服之政策而言，改革用意並非在圖舒適，獎勵和服只是為了培養台灣人具備日本的國民意識，而非改善陋習。風俗習慣之同化措施，說穿了只是一種形式主義的皇民化政策，其形式意義大於實質用途。最具代表性且持同樣看法的應是「民俗台灣」之

---

135. 山邊健太郎，1977年，頁18。

136. 中村哲，《文化政策ど皇民化問題》，台灣時報，1941（昭和16）年，頁11。

刊行。在其「刊行宗旨」中曾如此記載：

> 不用說舊有的陋習弊俗應速加革新，俾能享受更多近代文化
> 的恩惠，然而良習歸良習，惡習歸惡習，均應留之於記錄，冷靜
> 加以研究，始為島民當前之急務。[137]

〈民俗台灣〉在第三號「編輯後記」中亦提及：

> ………在自稱文化人之中，責難本島人風俗有礙日台一致之嫌
> 者，竟不乏其人。不顧其本質，唯求形式一致為能事者，始為真
> 正阻礙日台一致者。本刊之職責，僅在冷靜客觀地記錄與研究本
> 島民俗。[138]

這項聲明適足以反擊部分日本御用學者，藉皇民化之名，擬強迫使台灣
的風俗習慣，在形式上同化於日本之主張。總而言之，深究日本統治者之所
以採取這種措施的主要目的，在於促使台灣人改善原有的風俗習慣，從而培
養台灣人的日本「國民意識」，所以並非僅是單純的只為改善陋習而已[139]。
日本統治者在推行風俗習慣皇民化時，都是以改革台灣社會陋習為藉口，要
求台灣人放棄原有的服裝、居家生活方式、婚喪儀式、年節祭祀禮俗和固有
習慣等。並鼓勵台灣人改穿和服或國民服、屋內改用榻榻米、禮俗上採用

137.〈民俗台灣〉，第二卷第2號，編輯後記，轉引自《皇民化政策與民俗台灣》，頁75。
138.〈民俗台灣〉，前引書，頁79。
139.何義麟，前引書，頁109～111。

「國式葬祭」、「神前結婚」和過陽曆新年等,以培養日本國民之精神[140]。

　　總之,在皇民化時期,這些措施的確讓台灣民眾日化不少。再加上五十年來受日本式生活的感染,使許多台灣人在耳濡目染下養成日本人的生活習慣,在戰後國民政府接管以後,被許多來自大陸的中國人辱罵為「奴化」。

　　然而,這些社會教化運動的措施和活動內容,並未能使台灣風俗習慣和社會組織型態完全同化於日本。充其量可以同意:日治時期台灣社會的變遷,風俗習慣的改變雖帶有日本色彩,但這並非表示台灣已經日本化。事實上,以大中國傳統文化思想為核心的思想仍然根深蒂固,只是實質上的生活型態作了變化罷了。

266

140.同上註。

五章　日治時期台灣公民意識與民間生活概況

台灣公民教育與公民特性

有一天，我找同級生岡崎君一起來玩，他竟然大聲罵道：「你是清國奴，誰要跟你玩？」說畢，他將頭一側，一副不理人的樣子。這件事給我很深的刺激，內心想到自己是台灣人，和他們不同，也想到台灣淪為日本殖民地的悲哀。不論校長怎樣在朝會上強調叮嚀，不論你在課業方面的表現比他們有多傑出，但還是有這種自視甚高、深植狹隘種族觀念的孩子，一股淒涼的滋味，不禁湧上心頭。[1]

日本當局在台透過學校體系和非學校體系教育管道，形塑統治者所欲養成的公民特性。但在治台期間，隨著各時期國內外社會局勢，以及思潮的改變影響，統治者希望形塑的台灣人特質，亦隨著時局的變異而有所調整，故展現在學校體系或非學校體系的教育內容也具有極大差異。不同時期所採行的殖民政策和教育政策對台灣造成

圖 5-1　大東亞戰爭開始後，本島家庭升日本國旗圖[2]。
資料來源：許極燉，《台灣近代發展史》，台北，前衛出版社，1996年，頁26。

---

1. 林忠勝，《陳逸松回憶錄——太陽旗下風滿台》，台北，前衛，1994年，頁22。
2. 本島家庭在自家門前升日本國旗的情形。

什麼樣的影響呢？為解答此一問題，則需進一步瞭解台灣民眾對皇民化政策之迎合與排拒的狀況，以茲佐證。

　　因此，本章將探討台灣民眾對日本所推行的各項統治與教育政策，是馴服地放棄對固有文化的堅持，而認同日本政府並甘作忠良的日本皇民？或是堅持固有文化抗拒作日本皇民？不管馴服或抗拒，在過程中台灣人經歷了怎樣的心理變化？又採取何種馴服認同的行為和抗拒反彈的行動？本章將分別從治台初期的抗日武裝運動、政治社會運動和台灣新文學運動談起，另外對於當時耆老的口述歷史資料、傳記和文學作品加以歸納整理，試圖檢視當時民間社會的生活概況和展現的公民意識。

第一節　　台灣人抗日運動

　　日本表面上承認殖民地人民的基本權利，給予人民參政權，但事實上台灣人根本無法取得與日本人相同的地位。日本人在台所實施的同化主義抹煞了殖民地之特殊性，因此也引起台灣人民的反抗。當時世界性思潮—民族自決也對殖民地人民提供有利的支持立論，激發了台灣人發起民族運動，主張自治主義，要求設立台灣議會。

　　日本對台灣的殖民政策是採取抹煞台灣人固有的民族社會背景，加強實施日本語文教育，設法改變台灣人的風俗習慣，以促使台灣人同化於日本為目標。但在政治、法律方面，台灣人與日本人的地位並不平等。誠如矢內原忠雄所說：

　　　　台灣的經濟制度已與日本同化，又其教育亦採同化政策，只

日治時期

台灣公民教育與公民特性

> 有政治完全放棄日本延長主義，蓋在經濟及教育，同化是日本人
> 的利益，擁護這種利益，則需要政治上不同化，即維持專制制
> 度。[3]

　　根據上述，台灣人在日治初期採取激烈的武裝抗日行動，是因為不服異族的統治；但在日本強力鎮壓之下，武裝抗日行動漸漸弭平。其後，台灣人感受到日本人同化主義政策的目標，並不是想要同化台灣人成為真正的日本人，而是同化台灣人成為次等的日本人，並且壓抑台灣人對於政治運作的參與。於是在台灣知識份子領導之下，發起了為期 20 多年之久的自決自治運動，其目的在爭取台灣人參與政治的實權，以及抗議差別待遇制度。本節針對台灣人武裝抗日以及各項自決自治運動加以簡述。

一、武裝抗日行動時期（1895～1915 年）

　　台灣人為了擺脫異族統治，志士紛紛投入抗日的行列。在 1895（明治28）年 5 月 25 日，不願接受日本統治的台灣人宣佈成立「台灣民主國」，五萬名台灣防衛軍 5 月 29 日起在台灣各地武裝抵抗日軍，這期間被日軍殺害者不下一萬四千人，犧牲慘重。此後，台灣住民仍斷斷續續進行抵抗。在手段上，以武裝起義為主，於 1895（明治28）至 1915（大正4）年期間，台灣人抗日行動前仆後繼、視死如歸，展現的抗日精神可說是可歌可泣。這段時期，日本帝國派軍人來台任台灣總督，採取積極鎮壓手段來統治台灣。

---

3. 矢內原忠雄著，周憲文譯，《日本帝國主義下之台灣》，台北，帕米爾書店，1985年，頁 167。

直到 1915（大正 4）年的西來庵事件後，台灣人的武裝流血反抗才告一個段落。日本統治當局至此，始初步確立一個比較平穩的殖民地體制，而台灣人也才領略到，透過武力反抗日本統治是無法成功，只是徒然造成慘重犧牲而已。從吳濁流著作中可以一窺當時台灣人武裝抗日之情懷：

　　當時的抗日戰爭，是自發的，而不是有組織、有系統的，既沒有橫的聯絡，也沒有縱的系統，更不是受人宣傳，煽動而蜂起的。台灣人在無意識中，認為台灣是自己的祖先所開拓的，我們作子孫的，有保護它的義務。我們的祖先，經過無數的艱難辛苦與努力建設起來的村莊，每一寸土地都有祖先留下的汗、血與淚。

　　把這些英雄的神靈稱作義民爺，保衛自己的村莊是自己的義務，這種觀念，不知何時，在無意識中，已混入血液中。具有這種精神，一旦有了外敵，自然就要顯露出來。因此，聽到有日軍來臨，便湧起抗日的感情，產生抗日的思想，變成抗日的行動。

　　台灣人具有這樣熾烈的鄉土愛，同時對祖國的愛也是一樣的。思慕祖國，懷念著祖國的愛國心情，任何人都有。[4]

4. 吳濁流，《無花果》，台北，草根出版社，1995 年，頁 6～7。

時期

台灣公民教育與公民特性

圖 5-2　西來庵事件余清芳被捕圖

資料來源：王育德，《台灣苦悶的歷史》，台北，草根出版社，1999 年，頁 109。

二、自決自治運動時期（1914～1937 年）

　　台灣近代的民族運動，濫觴於 1914（大正 3）年台中中學的創設，至 1937（昭和 12）年「台灣地方自治聯盟」遭解散始告一段落，為時 20 多年。在這 20 年間透過私立台中中學創立運動、「六三法」撤廢運動、海外台灣留學生的活動、台灣議會請願運動，以及台灣文化協會、台灣民眾黨與台灣地方自治聯盟發起一連串自決自治運動等，充分展現當時台灣人反同化主義的意念和精神。

　　根據日本學者的研究，日治時期的台灣民族運動，基本立場是反同化主義，提倡台灣人的「自治」和「自決」地位[5]，爭取台灣人的權利；因為「殖

---

5. 山邊健太郎，《現代史資料 21．台灣》，1971 年，頁 3；轉引自葉榮鐘，《台灣民族

民地」權益的本質是不平等的，所以這些運動之目的在追求平等。台灣人因受到日本不平等差別待遇，故謀求改善之道。

　　第一次世界大戰之後，美國總統威爾遜在 1918（大正 7）年發表和平宣言，主張民族自決；次年，中國的五四運動風起雲湧。當時日本政府對台灣改採文官總督制度，日本國內則正面臨大正時期的民主運動與歐戰後世界性民族自決的風潮 **6**。此時的台灣經過日本二十年的近代化經營後，隨著受日本殖民教育的新興台灣知識份子長成，於是改採非武裝、以法理為依據的方式向統治當局抗爭。國內外局勢提供了天時地利的機會，讓台灣資產階級與新興的知識份子受到思想上的啟發，進而反省台灣的殖民地待遇，因而展開了非武裝、近代性的政治社會運動。以下列舉吳濁流先生憶及當時採非武裝抗日運動的情形，和部分台灣人心境轉變之感受，摘要如下：

　　　　第一次世界大戰後，台灣人覺悟到，用武力無法與日本對抗，才改變形式，利用文化運動，提高民族意識。這時，清朝已亡，民國興起，台灣人對祖國的思慕又深了一層。這祖國愛，因為是抽象的，觀念型的感情，用言語是不能說明的。現在就把我的生平作為具體的例子來說明它吧！我在明治三十二年，也就是日本佔有台灣後第五年出生，完全接受日本教育長大的。沒機會接觸祖國的文化，似乎不會有祖國的觀念，但是，事情並不能如此簡

運動史》，台北，自立晚報社，1971 年。

6. 民族自決（National Self Determination）之條款，刺激戰後民族主義之發展，促成東歐新興國家成立，英法及世界各殖民地受此影響，殖民地人民紛紛展開獨立的鬥爭。

單的憑理論來解釋。[7]

　　眼不能見的祖國愛，固然只是觀念，但是卻非常微妙，經常像引力一樣吸引著我的心。正如離開了父母的孤兒思慕並不認識的父母一樣，那父母是怎樣的父母，是不去計較的。只是以懷戀的心情愛慕著，而自以為只要在父母的膝下便能過溫暖的生活。以一種近似本能的感情，愛戀著祖國，思慕著祖國。像我這樣，中等的，並沒有遭到什麼苦況，儘管如此，對日本人的作為，卻都是反抗的。這就是所謂民族意識吧！日本人所做的事，不論其好壞，都不能滿意，要加以反抗，這反抗心，是怎樣來的。[8]

　　這些發起或參與自決自治運動的團體都是合法的團體，因此，形式上並未主張推翻日本統治[9]。但事實上，脫離日本統治是抗日份子潛藏於內心的願望，合法的組織不敢明言，非法的台灣共產黨則將此想法明列於黨綱中。這種情形證明台灣人抗日並非侷限於主張「自治」、要求「同等待遇」之層面；只是抗日活動為取得合法地位必以避免被打壓，不得不採取妥協措施。

　　1931（昭和 6）年九一八事變發生後，日本軍國主義抬頭，所有抗日的民族運動、社會運動被迫解散。而訴求台灣議會設置的請願運動，也於 1934（昭和 9）年被迫終止。在 1937（昭和 12）年恢復由武官擔任台灣總督後，配合戰爭需求全面推行皇民化運動的期間，日本當局更難見容任何反對意見

---

7. 吳濁流，前引書，1995 年，頁 8～9。

8. 同上註。

9. 值得關注的是，抗日的深層意義代表認同祖國或認同台灣？根據這段期間的相關史料研判，這些政治社會運動組織和團體抗日之後的深層意義，有認同祖國，也有提倡台灣獨立之言論者。

的出現和反對團體的存在。

　　1914（大正 3）年至 1934（昭和 9）年，這段期間，代表台灣人自決自治立場和態度的組織與團體，相當程度地反映了當時台灣社會對於日本同化政策的反抗。依據學者張炎憲對當時台灣政治社會運動所做的分類，大略可分為：㈠台灣自治自決運動，㈡社會主義運動，㈢回歸中國大陸運動等[10]。其中對抗日本同化政策最為積極的是台灣自治自決運動。簡述台灣自決自治運動如下：

㈠私立台中中學創立運動

　　台中中學的創設，是台灣人在難以忍受總督府愚民政策下，所激發出的義舉。當時數位台灣地方仕紳因為關心台灣人子弟就學的問題，在急公好義的激發下，捐款二十餘萬，為創設一所提供台灣人弟子地就學的學校而努力奉獻。此一創立運動除了表達對日本強權的反抗、對知識的尊重和對教育的重視外，無非是一種無私的自助精神之揭露。

㈡六三法撤廢運動

　　日本的殖民地—台灣及朝鮮同時受到世界民族自決思潮的影響。朝鮮在 1919（大正 8）年首先發生「三一運動」，反抗日本殖民統治，要求獨立。1920 年初在林獻堂的支持下，台灣在東京的留學生深受朝鮮獨立鬥爭之影響，乃組織第一個台灣人的政治組織「新民會」，主張廢止「六三法」，並

275

10. 張炎憲，〈台灣文化協會的成立與分裂〉，《中國海洋史發展論文集》，中研院三民所，1984 年，頁 12。

發行「台灣青年雜誌」，展開非武裝的民族運動[11]。

「新民會」基於下列數項理由，主張取消「六三法」[12]：

1. 取消總督府長久以來脅迫本島人的諸多差別待遇規則。其中，最令台灣人恐懼和敵視的是保甲制度和盜匪懲治令。保甲制度要求部落為其成員的犯罪負責，但該制度並不適用於台灣本島的日本居民；盜匪懲治令規定任何兩人以團體方式作亂，一律處以死刑。

2. 「六三法」的廢止，代表日本將內地法制延伸至本島，台灣總督將須更負責任地在帝國議會內面對日本大眾的監督。日本內地的輿論似乎比在台灣本島的日本居民更能感受台灣人的不平控訴和真正需求。

3. 最後，「六三法」的廢止，亦開啟台灣代表進入日本國會之路。

本質上，「新民會」的會員推動反對「六三法」時，他們所反對的是一個阻礙日、台人平等的立法和行政制度，亦即他們要求的是被當作日本人來看待。但是，1920（大正9）年之後，「新民會」內保守派的主張，一改較積極的訴求和主張，轉變為宣傳和爭取地方自治與台灣人民的特殊要求。蔡培火[13]的《與日本本國國民書》不斷地提醒讀者，殖民地的台灣人從未享受過屬於日本人的權利，儘管有同化政策，台灣人仍然不是「天皇眼中一視同仁的臣民」。蔡培火不斷地譴責本島人所受的待遇，使讀者理解到，他真正想為同胞追求的是公平的權利與司法，而地方自治和議會請願運動是為爭取

---

11. 何義麟，《皇民化政策之研究──日據時代末期日本對台灣的教育政策與教化運動》，中國文化大學日本研究所碩士論文，1986年，頁21。

12. Edward I-te Chen，轉引自 E.Patricia Tsurumi 著，林正芳譯，《日治時期台灣教育史》，宜蘭，仰山文教基金會，1999年，頁156～157。。

13. 蔡培火自 1914（大正3）年起成為政治改革者，1928（昭和3）年他已經成為地方自治和議會請願運動的鬥士。

台灣人權利的最後一線希望。蔡培火堅持設置地方議會和鼓勵本土語言文化是必要的，文章中更控訴日本對台灣人的差別待遇，認為後藤新平漸進同化理論的思想，是繼續阻礙台灣人被平等待遇的藉口[14]。台灣人無法得到同等的待遇是毫無道理的[15]。

最後《與日本本國國民書》中強調：「我們（台灣人）表現的忠誠和日本人不分軒輊，每年我們貢獻超過一百萬元給中央政府，這些對於我們培養公民資格的要求有何意義呢？」[16]

蔡培火藉著筆戰剖析空洞的同化政策，期使台灣人政治化並喚起日本人的良知。另外，台灣留學生也受到朝鮮獨立運動和中國發展的感動，發表了如下的看法：

> 受到朝鮮人示威的鼓舞，進而將故土與朝鮮對照……，根據這些台灣人的說法，財政上，台灣自 1904（明治 37）年已獨立於日本國庫，而朝鮮政府仍然依賴日本財政補助。台灣企業的規模和人民的財富勝過朝鮮。台灣知識分子也認為，台灣人的教育水平優於朝鮮人，因為台灣國民教育比朝鮮更普及……其他方面，台灣知識分子指出，台灣的軍人總督，可以指揮島上駐軍，而朝鮮總督則無此權力；朝鮮人在朝鮮政府中工作的比率高於台灣；再者，朝鮮有很多韓文日報，台灣沒有台語報紙。[17]

---

14. 蔡培火，《與日本本國國民書》，頁 39～44。
15. 同上註，頁 148～152。
16. 同上註，頁 157～158。
17. 蔡培火《台灣民族運動史》，台北，自立晚報叢書編輯委員會，1971 年，頁 77～78。

時期

台灣公民教育與公民特性

　　1920（大正 9）年代，在東京的台灣青年，已開始意識到諸多台灣本土所面對不平待遇的問題。因此，東京的台灣留學生組成「新民會」，舉辦長達數年之久的定期聚會，最初是社交性的，但漸漸地轉而關切政治，更頻繁地討論日本對台灣的政治弊端。這些聚會中，出現了兩個息息相關的政治流派，分為保守派和激進派[18]。

　　1920 年代起，蔡培火等保守派健將，持續要求總督府和日本人民實踐同化政策的承諾。他們要求：廢除實質上和法律上對台灣人參與政治、社會和經濟生活的限制；廢除連坐和強迫勞動的保甲制度、放寬對島上企業的限制、廢除對大眾媒體的控制、實施義務教育，以及終止日本人壟斷高等教育資源。他們表示，以上這些都是作為日本天皇忠誠之臣民所應享有的權利[19]。

　　由於殖民地警察防堵了任何想要鬆動殖民地統治者地位的公開活動，因此，保守派將訴求重點放在本島人不被視為完全的日本公民之訴求上，改革重點在於倡導廢除「六三法」。但是也有反對的聲音，如林呈祿（1887～1968年），強烈批評「新民會」保守派未認識到台灣的文化傳統，與日本是截然不同的。因此，他認為，不是單純地廢徹「六三法」，而將日本法律延伸至台灣，就代表可以解決差別待遇的問題，他倡導必須建立台灣人的地方議會[20]。

18. E. Patricia Tsurumi 著，林正芳譯，《日治時期台灣教育史》，宜蘭，仰山文教基金會，1999 年，頁 155。
19. 蔡培火，《與日本本國國民書》，頁 159～162。
20. 林呈祿，《台灣人士鑑》，1937（昭和 12）年，頁 459。

(三)台灣議會請願運動

　　由於當時台灣人的處境，必須承認日本對台的主權，然後才能從事合法的政治運動。因此，台灣人採取自治主義，這種自治主義是往後台灣人推展民族運動的起步。雖然，日後台灣的民族運動陣容，因對此訴求的支持程度不同而發生了分裂，並產生了社會運動與農民運動等，分裂的組織其訴求已不同於自治主義，但當時日本統治者殖民政策與台灣人反殖民運動兩者的對抗，主要仍是基於各堅持「同化主義」與「自治主義」理念的戰爭[21]。自治主義的概念在蔡培火所著《與日本本國國民書》」中有清楚的如下說明：

> 　　我們根據自治主義主張急設台灣議會。我們由於受著數千年的歷史與特別風土的影響，像諸君與我們有不同之生活，我們亦有與諸君迥異的特質與特殊生活……。若將我們的特質予以忽視而強要我們同化於諸君，此乃人格的絕大污辱，此事，即經百年千年而不可能有所成就。如與諸君協同提攜，使我們能創造自己的生活，互相開拓進路是再好不過，此即是在日本主權下，施行台灣自治之謂。……我們願將立即要求台灣自治的事保留，而主張台灣議會之急速設立。[22]

　　在東京的議會設置請願運動促進自決，和台灣民族主義的氣氛，進而流

---

21. 台灣抗日民族運動，逐漸左傾後日本人採取嚴屬取締。社會主義者的活動迅速被壓制。因此，台灣抗日民族運動仍以自治主義為主流。
22. 蔡培火，《與日本本國國民書》，台北，學術出版社，1974年，頁26。

台灣公民教育與公民特性

圖5-3　台灣議會請願運動圖。[23]

資料來源：莊永明，《台灣百人傳》(1)，台北，時報文
化，2000年，頁71。

傳到台灣本島，使得台灣的地方自治請願運動也受到激勵。但是，殖民政府堅決反對台灣人倡導地方自治運動，並使用各種手段打壓公開討論地方自治和簽名募集的行動；然而，總督府的打壓行動，受到來自日本內地輿論極大的壓力，因此舉凡符合法律規範內的活動則很難再受到禁止。

為此，警察首長請示如何處置請願者，田總督指出他們只是行使憲法賦予的權利，建議使用「勸誘」的方法來約束這些團體[24]。

---

23. 台灣議會請願運動是「非武裝抗日運動的外交攻勢」。1926（昭和元）年，請願委員赴日進行「外交戰」前，在新竹火車站留影；他們特別在紀念照上加上標語：「倡民權、爭平等」「議會未成功、同志須努力」「要求自由平等、打存專制主義」。

24. 《台灣警察沿革誌》，卷三；轉引自E. Patricia Tsurumi著，林正芳譯，《日治時期台灣教育史》，宜蘭，仰山文教基金會，1999年，頁166。

㈣台灣文化協會

1921（大正 10）年台灣文化協會在台北成立，表面上是要改善台灣人民的文化水準，實際上是在本島從事議會請願運動[25]。1920 年代，「台灣文化協會」所展開的民族主義啟蒙運動，對台灣社會產生了廣泛的影響。例如民族主義意識之昂揚、青年運動及學生運動之勃興、衛生觀念之普及、迷信陋習之破除、新舊思想觀念之

圖 5-4　台灣議會請願團抵達日本東京圖[26]。
資料來源：莊永明，《台灣百人傳》(1)，台北，時報文化，
　　　　　2000 年，頁 70。

分化、農工群眾之覺醒，以及新舊文學論爭之產生。總督府擔憂此舉會造成統治上的不安，曾授意御用紳士組成「台灣公益會」與之對抗。

1926（昭和元）年，「台灣文化協會」由於左右思想之對立，導致分裂，左派維持原名，右派旋創設「台灣民眾黨」。此後台灣人主導的政治、社會運動漸呈現混亂狀態，力量不只分散而且轉弱。

25. 蔡培火編譯，同上註，1971 年，頁 368。
26. 台灣議會請願團抵達日本東京，準備向日本帝國議會提出請願，受到日本台灣同鄉的熱烈歡迎，「海內外」一致要求自治的呼聲，是同聲吶喊的。

台灣公民教育與公民特性

　　1931（昭和 6）年，總督府以台灣民眾妨害日台融合，違反統治方針為理由，勒令其解散。同年 12 月，復取締所謂「台灣赤色救援會」，已成為台灣共產黨外圍組織之「台灣文化協會」，也一併被消滅。

　　此後，繼起擔負政治社會運動任務者，乃是 1930（昭和 5）年為促進地方自治制度實施而成立的「台灣地方自治聯盟」。經「台灣地方自治聯盟」不斷地呼籲請願，到了 1935（昭和 10）年，總督府始改革地方自治制度，州級以下的議員實行半官選半民選，而選舉權則限制在年納稅五日圓以上者始有資格參選。選舉結果為自治聯盟推薦的 16 個候選人中，有 10 人當選。此制度存續時間極為短暫，到 1937（昭和 12）年盧溝橋事變發生後，總督府藉口戰時為求社會安定，因此將「台灣地方自治聯盟」予以強制解散。

　　「新民會」保守派在 1921（大正 10）年設立「台灣文化協會」，並且支配該會到 1927（昭和 2）年。這期間，該會主辦的公開演講和戲劇等活動，通常謹慎地鼓動民眾反日情緒[27]。但保守派呼籲台灣人用簽署地方自治請願書，來表達他們的反日態度。漸漸地，該會的示威活動中，最敢言的演說者不是保守派的領導階層，而是批評請願路線的台灣知識青年。該會自始就明確地支持「台灣文化有別於日本文化」的定位。但是其文化運動的內涵仍保留曖昧空間，他們沒有說明所指的文化究竟是中國的文化還是台灣的文化[28]？

　　協會的表演、戲劇和公開演講都是使用台灣方言。因為使用方言，所以能集聚聽眾的向心力，觸及大部分台灣人的生活和內心感受[29]。「台灣文化協會」另一個很重要的運動是，鼓勵台灣人響應並使用閩南語拼音文字運

---

27. 蔡培火，前引書，1971 年，頁 286～287。
28. E.Patricia Tsurumi 著，林正芳譯，前引書，頁 170。
29. 蔡培火，前引書，1971 年，頁 306～308。

動[30]。

基於訴求和活動能深得人心，故「台灣文化協會」比「新民會」或「台灣議會設置期成同盟會」更具群眾基礎；它在1921（大正10）年10月成立時，會員數是1,032人，最多曾到達13,014名[31]。

當時「文化協會」相當受到年輕學生的青睞，學生成群結隊地入會，支持協會反日的風格。學子踴躍加入的風潮，

圖5-5　台灣文化協會的同志1920年合照圖[32]。

資源來源：莊永明，《台灣百人傳》(1)，台北，時報文化，2000年，頁30。

後來之所以被禁止，跟渴望閱讀《台灣青年》有相當密切關係。因為即便《台灣青年》是在東京發行，但是台北的中學校、師範學校和公學校的台灣學生常常避開當局搜尋的行動，一期接一期如飢似渴地閱讀。[33]青年人爭相閱讀《台灣青年》的情境，吳濁流先生曾在其著《無花果》中描寫個人經驗：

30. 蔡培火，《台灣於國字問題》，轉引自E.Patricia Tsurumi著，林正芳譯，前引書，頁170。

31. 宮川次郎，《台灣的政治運動》，轉引自E.Patricia Tsurumi著，林正芳譯，前引書，頁171。

32. 「台灣文化協會」的同志在1920年代留下了這一張可貴的照片，最右站著的王受祿，前坐者右起為蔡培火、王敏川、黃呈聰。留影選有陳逢源（前排左一）、黃朝琴（第二排左三）和韓石泉（第三排最左）。

33. 謝春木，《台灣人的要求》，台北，台灣新民報社，1931年，頁14～15。

台灣公民教育與公民特性

　　一方面，第一次世界大戰後，民族自決，自由主義的思潮澎湃地湧到這個孤島，使本島人的知識階級的血液沸騰起來。在東京，有《台灣青年》雜誌的發刊，也寄到我的分教場來。我讀了之後，有不少地方發生了同感，因而意識到所謂六三法案的壓制。1896（明治29）年3月30日，日本政府公佈法律第六十三號，賦與台灣總督府得在其管轄區內發布與法律有同等效力之「律令」，此即謂六三法案，台灣一切惡法，如匪徒刑法令、鴉片吸食取締令、浮浪者取締令、保安規律、保甲連坐法等），並加強了對差別待遇的不平等意識。我同時又愛讀《改造》雜誌，對自由平等的欲求更為熾烈起來。**34**

　　相當多的青年人喜愛和支持《台灣青年》，而開始對「六三法」壓制本島人的事實有所覺醒，並加強了對差別待遇的不平等意識，因此加入「文化協會」的各校學生漸漸涉入反日行動和事件，導致政府禁止學生涉足文化協會活動。**35** 從以下的回憶錄部分摘錄可得知當時狀況：

　　　　以林獻堂與蔣渭水為中心組成的文化協會活潑地動起來了。在影響還未波及鄉村之前，日本當局就用奸策，為了籠絡村中的知識份子，把中等學校畢業的及當公學校教員的本島人集合在新埔組成了青葉會，新埔分室（警察分局）的主任和公學校校長擔任顧問，從中操縱。**36**

---

34. 吳濁流，前引書，1995年，頁48。
35. 《台灣警察沿革誌》，卷3，頁173～174。
36. 吳濁流，前引書，1995年，頁49～51。

我雖然躲在鄉間，幾乎不與外人接觸，台灣人的文化運動的
波浪，還是會湧來的。這一年的暑假，我的母親的公學校召開同
學會，知識份子便利用它，高唱民主主義，發表各自的見解。情
動於衷及見於行的我，當然上
台演說了一番。說了些什麼現
在全無記憶，大概是吶喊自由
吧！這樣子利用同學會，不僅
是我的母校，遍及台灣全島的
每年公學校的同學會，一定會
釀出種種問題，使當局瞪眼。
這也可以說是受文化協會的影
響吧！[37]

相較於學生的激情，「台灣文化
協會」老會員的文化意識，就某個程
度而言，比起學生或協會領袖的立場
較為模糊。1927（昭和2）年國、共
合作破裂後，一些台灣學生在中國完
成學業後，帶著對請願運動的不滿回
到台灣；雖然這些左派青年不能滿足

圖5-6　《台灣青年》的主要幹部圖[38]。
資源來源：莊永明，《台灣百人傳》(1)，台
北，時報文化，2000年，頁67。

285

---

37. 同上註。
38. 從右上順時鐘分別為林獻堂、蔡惠如、彭華英、黍慶祥、蔡培火、林呈祿、林仲澍、
　　王敏川；他們都是站在時代前鋒的先覺者。

日治時期

台灣公民教育與公民特性

於台灣的請願運動,並批評「台灣文化協會」領袖,且主張地方自治。但是警察的嚴格搜捕行動使得這些左派青年無法秘密運作,另組合法團體又難逃查禁之命運,在別無選擇之下,只能加入「文化協會」以宣傳其理念[39]。

而此時,從日本返鄉的知識份子也因為相同的理由加入「文化協會」,結果,「台灣文化協會」的活躍會員中包含了眾多的左翼分子。左翼青年積極參與協會巡迴全島的「文化講座」,尤其熱中於對農民及都市工人講演。演說中,他們敢於譴責在台日本人;另外,「文化協會」成立的巡迴劇團,也提供給他們另一個展現口才的場所。這一切活動看在日本統治者眼中,總督府認為巡迴劇團的演出,和「文化講座」一樣,都是持著與殖民統治當局對立的立場[40]。

歷經上述知識份子所做的努力,台灣人的民族意識已被喚醒,而展現了台灣人民的個性與特色。

知識階級的崛起,主要包括留學回來的學生,這些知識份子不再盲從祖先保守的途徑,而採自由開放、直言無隱、勇於批評的作風。當他們覺察到現今政治

圖5-7　台灣文化協會第六回定期總會演講情景圖[41]。
資料來源:莊永明,《台灣百人傳》(1),台北,時報文化,2000年,頁72。

39.《台灣警察沿革誌》,卷3,頁885。

40.《台灣警察沿革誌》,卷3,頁158。

41.台灣文化協會於新竹公會堂舉行演講。

與社會環境結構的弊端時，則渴望去除這些弊端；他們不滿意田總督新政府的結果，因為它沒帶給台灣人民與日本人平等的立足點；他們亦不滿意田總督努力設置的地方議會，因議員不是由人民普選出來的，所謂「自治」只是徒具虛名而已。因此，他們開始推行政治平等運動，在東京議院前，為自治或「地方自治」提出請願。

文化協會通常不會公開地介入農民的抗爭，但它的確對此類活動具有相當影響力，如 1925（大正 14）年 10 月有名的「二林事件」發生之前，當地蔗農就曾聽過來訪的文化協會演講者，批評林本源製糖會社操縱農民的生計 [42]。在當地醫生和「文化協會」二林分會負責人的領導下，400 位農民組成台灣第一個蔗農聯盟，拒絕將甘蔗以壟斷價格賣給林本源製糖會社，並且提出農民的三個共同要求 [43]。但公司拒絕接受，而在派非聯盟工人收購甘蔗時，發生了流血衝突，警察逮捕了 93 人。在台中地方法院開庭審理時，「台灣文化協會」的著名律師曾為其辯護 [44]。

「文化協會」的保守派領袖頗支持農民運動，因為透過農民運動可以提高農民的台灣意識，並且讓農民了解團結的重要。協會的左派則較注意農民運動的階級鬥爭內涵，以對抗大型的日本資本主義及日本政府。協會的左、右翼兩派在連溫卿和蔣渭水的努力下貌合神離地勉強共事 [45]。

1927（昭和 2）年在林獻堂和蔡培火的領導下，保守派脫離協會建立新的政治團體—「台灣民眾黨」，蔣渭水、謝春木等溫和派也相繼加入。激進

---

42. 《台灣警察沿革誌》，卷 3，頁 1028。
43. 這 3 個要求是自由選購肥料並且自己決定使用肥料的方法；監督甘蔗過磅；以及在收割甘蔗之前訂定收購價格。
44. 《台灣警察沿革誌》，卷 3，頁 1026～1029。
45. 同上註，頁 177。

派的「文化協會」持續舉辦反政府的演講會和公開集會,但重點則改為對城鄉群眾的動員。

連溫卿在後來也與「文化協會」的理念歧異而退出,因為他較重視配合共產主義在日本、中國等地區的策略[46]。政府壓制激進派的協會,1932(昭和7)年12月,殖民地警察逮捕了10餘名協會領袖,原本蓄勢待發的「台灣文化協會」就此瓦解[47]。

㈤台灣民眾黨

1927(昭和2)年保守派退出「文化協會」,繼而成立日治時期台灣唯一合法的政黨—台灣民眾黨[48]。台灣民眾黨為了與激進的台灣文化協會爭奪民眾的支持,積極介入組織勞工和支援方興未艾的農民運動,有些民眾黨黨員受到「文化協會」的刺激,漸漸相信,台灣的社會經濟和政治結構需要更徹底的改革。1929(昭和4)年「台灣民眾黨」終因意識型態不同而分裂。

46. 許世楷,前引書,頁292~293。
47. E. Patricia Tsurumi 著,林正芳譯,《日治時期台灣教育史》,宜蘭,仰山文教基金會,1999年,頁178。
48. 蔡培火,《台灣民族運動史》,台北,自立晚報叢書編輯委員會,1971年,頁366~368。

圖 5-8　台灣民眾黨第二次黨員大會圖[49]。

資料來源：莊永明，《台灣百人傳》(1)，台
　　　　　北，時報文化，2000 年，頁 125。

圖 5-9　台灣民眾黨創黨合照圖[50]。

資料來源：莊永明，《台灣百人傳》(1)，台
　　　　　北，時報文化，2000 年，頁 36。

㈥台灣地方自治聯盟

　　1927（昭和 2）年，「文化協會」極端的保守分子另成立「台灣地方自治聯盟」，目標僅是延伸日本內地的地方制度到台灣來實施[51]。聯盟呈遞地方自治計劃給總督府，並且使地方自治請願成為日本帝國議會的議題。這樣的訴求看似溫和，但它是在 1930 年代初期提出的，分析當時的情況，任何非官方或非武力團體提出政治議論的空間，已漸漸艱困。

　　對保守派來說，靠統治當局的默認和依賴日本內地輿論支持的管道，只

---

49. 台灣民眾黨第二次黨員大會於台南市南座劇場召開，王受祿擔任大會議長，主持會議。其旁即為副議長韓石泉。

50. 台灣民眾黨創黨的目的為「提高台灣人民之政治的地位、安固其經濟的基礎、改善其社會的生活。」1929（昭和4）年，第一次黨務磋商會企求「與社會之進步、時勢之要求、民眾之希望同其步驟」。與會的領導人蔣渭水在此照前排坐者右二。

51. 《台灣警察沿革誌》，卷 3，頁 523～582。

是達成獨立必要的手段，而非目的；而採取如是策略性之路線是需要的，因為若公然反抗日本統治勢必遭到更迅速的鎮壓。

在日本的殖民地學校和教育機構中，朝鮮青年和台灣學生受到同樣的影響，但是朝鮮反殖民運動人士認為不值得為爭取地方自治而奮鬥。朝鮮反殖民運動人士因為無法在日本統治之下達成目標，通常選擇流亡海外，持續反抗。朝鮮反殖民運動人士認為同化和獨立只能二選一。這也說出了保守派領袖的真實感受。

總督府官員當時的看法是：議會請願運動最終之目的是使台灣自日本獨立[52]。但這些運動領袖追求此目標的途徑，是藉由在日本的法律和政府體制下工作，透過日本的媒體積極地遊說、宣傳，並糾集台灣的支持者，以純日本式的作風，鞏固與日本政客和意見領袖的個人關係，他們大多尋找有權勢者，不過也願意接近不同政治色彩的個人或團體。這些運動領袖極有耐心地等待日本體制及政治家，得以協助他們實現他們試圖達成的轉變。相較於日本其他殖民地政治社會運動領袖的作法，台灣的保守派很少從事不合作或採消極地抵抗運動[53]。

社會運動要能夠擴大，必須先要有「良知的成員」，此即《台灣民報》在一篇評論中所說的「賢人運動」：

> 民眾運動也要有先覺者為之調查社會的病理，樹立改革的方策，喚起大眾的自覺，合力工作。然後有合理的社會的出現……大多數的民眾、或全民眾，對或依社會組織，開始運動以前，定要

52. Ching -chin Chen，op. cit., p. 450。
53. Ibid., pp.442～443。

有少數的先覺者，出為大呼疾叫，誘導大眾立於共同戰線之事，
求之史實，徵之理論，想不會錯的。這先覺者的活動，也可以稱
為賢人運動。……被先覺者叫醒的民眾、能夠自發的立於戰線之
上、直接改革不合理的諸社會組織，才配說是名實相符的大眾運
動。[54]

　　而開展賢人運動的時候，最重要的即在訓練民眾，將附從者與旁觀大眾
引入參與運動。這一篇文章又說：……誘導民眾能夠有組織的團結，始其不
致輕浮悖謬的舉動…民眾運動的先覺者，若輕視民眾的訓練，是無望其成功
的[55]。

　　日治時期的台灣社會運動，總體來說，有其「通則化信念」的背景，這
就是《警察沿革誌》所說的「漢民族系統」一民族性易世革命思想的滲透[56]。
但漢民族依歷史的記載，並非不能與其他外來民族和平相處，只因日本的統
治方式是採歧視隔離的二分法，故促使台灣人排斥並抗拒：在政治上總督府
採專制統治，所有的法律均由殖民地統治者專斷制定，各種法制均含有對殖
民地人民歧視乃至橫施強暴的成分；在經濟上，台灣則成為日本獨占資本財
團榨取、掠奪天然資源的對象[57]。

291

---

54. 評論，1927（昭和2）年5月1日，民眾運動的過程。台灣民報，第155號，頁2。
55. 評論，1927（昭和2）年5月1日，民眾運動的過程。台灣民報，第155號。
56. 王乃信、林至潔等譯，《台灣總督府警察沿革誌》，第二編，〈治台以後的治安狀
　　況〉，中卷，〈台灣社會運動史〉，第四冊〈無政府主義運動民族革命運動農民運
　　動〉，台北市，創造出版社，1989年，頁4。
57. 周婉窈，《日治時代的台灣議會設置請願運動》，台北，自立報系文化出版社，1989
　　年，頁7。

台灣公民教育與公民特性

　　每一個社會都有通則化的信念，並且因為每一個社會都有階層化的現象，因此弱勢階層受到剝削在所難免。《台灣民報》便提出這樣的呼籲：

> 　　……全世界的人類，大多數是弱者。弱國的國民是國際的弱者。殖民地人民是政治的弱者，無產者、勞動者是經濟的弱者，而婦女是性的弱者。勉強分起來，可以籠統的分作這幾種。但是，世上弱者的生活，是一樣地悲慘！……然而世上弱者，至少也占全人類的十之八九，是絕對的最大多數。這個絕對的最大多數的人類，難道是在閻羅簿上註定為弱者嗎？註定他們不得不過那悲慘的生活嗎？欲反抗這個宿命的人生觀，世上的人類，卻抱著太多量的奴隸根性啦！尤其是東洋人。人類社會，確實是一個極佻皮的東西。為何絕對的最大多數的人類，不得不讓少數者任意排比？又為何不得不過那悲慘的生活？但是，這也沒有什麼奇怪。武力、政權、經濟權統在他們強者的手中呢！可是，這裡僅僅有一個武器，要留下給弱者用於求他們的幸福的。這個武器是什麼？就是團結。[58]

　　《台灣民報》在當時所出現的這一段文字，是不是傳達了一種訊息：絕對大多數的人，因為都是被統治者，沒有武力、政權、經濟權，權益要靠自己爭取。只要團結，將資源動員起來就有力量[59]。

---

58. 社評，1926（大正15）年2月28日，團結組織的必要。台灣民報，第94號。

59. 蘇瑞田，《日據時期台灣社會運動的資源動員—歷史學與社會學結合的嘗試》，國立新竹師範學院社會科教育學系，1998年，頁227～228。

　　但是論團結談何容易，分析近二十年的台灣自決自治運動之所以一直有團體成員分裂的問題，主要導因於台灣的政治社會運動，原本就存在著組成份子在運動路線上的爭議，以資產階級為主的領導菁英也存有派系問題。資產階級往往在日本帝國主義殖民地近代化與對外擴張過程中，在經濟層面受到統治當局的吸納而有脫離運動的趨勢；中產階級領導的勞農運動也不見容於日益法西斯化的日本殖民政府，更在日本殖民政府利用統治術，一方面加強利用內在矛盾以分化政治社會運動（例如：造謠、選舉、利誘等），另一方面增加社會控制的外部壓力以鎮壓政治社會運動（例如：警察、官僚、軍隊等），雙管齊下的措施，常能將政治社會運動成功地壓抑下來。

　　除了統治術的運用之外，日本殖民政府當局也實施籠絡殖民地人心的政治改革、義務教育、實施徵兵、日台通婚、皇民化運動步調放緩等，使得台灣人民在日本統治者推行皇民化運動後，政治順從度能愈來愈提升。

　　細述 1920（大正 9）年 11 月的「六三法」撤廢運動，1921（大正 10）年 2 月的台灣議會設置請願運動，同年 10 月台灣文化協會的成立，1927（昭和 2）年 7 月台灣民眾黨的短期建黨，至 1934（昭和 9）年議會設置請願的停止，台灣人的抗日運動大都以和平訴求為主調。

　　和日本國內的政治運動一樣，在強大的軍閥壓力下，這些運動雖然都無法發揮太大的效果 [60]，但是從日治初期的武裝抗日到知識份子出面領導自決自治運動，過程中都相當程度地展現和證實，台灣人並非毫無反抗意識，只是為達台灣獨立以及台灣人自決自治的目標，這些組織和團體所使用的手段和方式不同罷了。

60. 張國興，〈日本殖民統治時代台灣社會的變化〉，載於《台灣史論文精選下》，台北，玉山社，1996 年，頁 58～59。

293

第二節　台灣新文學運動（1920～1940 年代中葉）

一、台灣新文學運動的起源和精神

發軔於 1920 年代，以 40 年代中葉為終點的日治時期台灣新文學運動，具有反帝國侵略、反封建餘毒的文學精神。其結合了政治參與和人文關懷的文化性格，具有強烈追求民族自決和思想自由的特色。它不僅是日本帝國主義下台灣民眾的文化鬥爭和思想啟蒙運動，也與國際間弱小民族的反抗文學思潮，以及歐美作家追求人性，和社會解放的進步文學思潮同步發展 [61]。

台灣新文學作家以反帝國殖民、反封建殘孽的思想為指標，做為台灣作家追求民族自決、社會正義、人間大愛的創作方向，並且深遠地影響了台灣小說走向批判性社會寫實的路線，充分表現出一個台灣知識份子在異族殖民統治下苦悶的心路歷程。台灣新文學運動主要代表人物為賴和先生，其影響台灣後代作家亦最為深遠。他的寫實精神引領了不少的繼起者，尤其是楊守愚、陳虛谷和王詩琅；他的反諷技法也影響了蔡愁洞、吳濁流和葉石濤；而他那不屈不撓的抗議勇氣更鼓舞了楊華、楊逵和呂赫若 [62]。

日治時期，日本殖民政府為了獲取更多殖民地經營的利潤，在台灣推動

61. 賴和，《賴和集》，台北，前衛出版社，1990 年，頁 43。
62. 賴和，前引書，1990 年，頁 46。

294

圖 5-10　賴和的「造像」圖 [63]

資料來源：莊永明，《台灣百人
　　　　　傳》(2)，台北，時報文
　　　　　化，2000 年，頁 74。

圖 5-11　賴和宣導抗日民族意識圖 [64]。

資料來源：莊永明，《台灣百人傳》(2)，台北，時報
　　　　　文化，2000 年，頁 81。

許多促進近代化的措施。這些措施表現在文化上是消滅漢民族固有文化，使
台灣居民逐漸皇民化，變成日本統治者易於控制和利用的順民；再者具備識
字能力以提升人力價值。因此，日本統治者也開放了受教育的機會，讓處於
台灣社會上層階級且較容易妥協之地主、富農、商人的子弟，有接受日本化
教育的機會 [65]。而且期許這些受殖民教育的台灣人，能成為日本殖民統治的

---

63. 張我軍說：「最引起我的興味的，是懶雲（其號）的八字鬚……，又疏又長又細，全
　　體充滿著滑稽味，簡直說：『他的鬍子是留著要嘲笑世間似的。』」
64. 賴和（拿旗幟者）的醫務繁忙，但他也常常放下聽診器，為喚醒民眾而努力，這是
　　他搭火車準備走向群眾，宣導抗日民族意識。
65. 賴和，前引書，1990 年，頁 254～255。

# 日治時期

台灣公民教育與公民特性

穩定支持力量，對於鞏固日本殖民統治體制是有利的。

日治時期大多數知識份子，都出身於這階級，包括後來從事台灣新文學運動的許多詩人、作家在內。他們不但接受日本文化薰陶，同時吸收西方先進的文化和思想，然而構成他們思想意識型態的主要部分，卻是濃厚的傳統民族文化思想和行動模式。儘管日治時期主要人口結構是農民，而且其中80%為沒有土地且目不識丁的佃農，但是社會上，有了這些思想較進步、開放的知識份子發揮啟蒙的作用，農民也因此找到他們疾苦的代言人[66]。

如前述，日本治台的前期，為武裝抗日頻繁的時代，自然在文化上沒有什麼表現；但是各地方仍有眾多詩社，以維持民族精神於不墜，並保持了傳統文化的精髓。而日本治台的後期，也就是從 1920 年代開始，台灣進入了嶄新的一個階段，那便是新文學運動的開展，台灣新文學運動乃是這新文化運動的一環。

台灣新文學運動其實是以抗日及民族解放為主要目標的政治運動。其目標在反帝制、反封建，採取漸進、迂迴、溫和的啟蒙方式，以灌輸台灣民眾習得新知識，達到反帝制、反封建、推翻日本殖民統治、革新台灣社會結構，以及邁入現代化的完美社會。

台灣新文學運動由於受到中國五四運動的刺激而孕育發展，所以一開始就有強烈的民族性格[67]。日治時期從 1920 年代到 1940 年代（大正～昭和年間），大約 20 年的台灣新文學，以其作品的時代性意義而言，呈現出下列幾個特色：

(一)這個新文學運動始終呈現反帝制、反封建的文學風格，是中國文學的

---

66. 同上註。

67. 賴和，前引書，1990 年，頁 254～255

一個環節；又民族性格濃厚，是抗議和抵抗的文學。

㈡台灣新文學是屬於全民性的文學，它代表及反映台灣一般民眾的心聲，具有強烈的平民性，並非專屬於某一階層的遊戲文章。它具體地描寫台灣民眾生活的各個層面，充分表達出台灣民眾被殖民、被剝削、被欺凌的現實生活狀況。

㈢台灣新文學採用寫實主義的寫作方式，排除浪漫的無病呻吟，展現言之有物內容。運用白話文，冀求能以簡潔易懂的白話文以便滲透廣大的群眾，喚起他們的民族意識。儘管後期的作家甚多為日文作家，但文字只是表現的工具，無損於新文學運動的民族風格。而後期日文作家的作品，更深化了新文學運動的各項特色。

㈣台灣新文學不但表現了傳統民族文化，同時具有堅強的本土性格，把台灣特殊歷史命運帶來的地方性色彩，強烈地表現了出來。

㈤台灣新文學以中國文學為基礎，廣泛地吸收了來自日本或歐美的新思潮，及近代文學的表現方式，逐漸形成具有世界性和普遍的規模。它不但是屬於台灣的，更是屬於中國的、人類的文學 [68]。

透過分析台灣新文學運動作家的寫作內容，可以感受其悲天憫人的人道精神。並且客觀地透視日本殖民政府，如何對台灣民眾進行摧殘和剝削，也深刻地凝視被壓迫的台灣民眾，怎樣地在黑暗和困苦的地獄中掙扎。更看到台灣人從覺悟到反抗的無奈和苦悶。這些作家透過觀察環境與人生的關係，尋找能讓人活得更有尊嚴之動力。

台灣新文學運動把 1920 年代到 1940 年代的台灣社會，和台灣民眾的現實生活，真實地呈現在他們的作品中，不僅還原台灣人不屈服的抗議、抵

68. 同上註。

抗、控訴精神，也締造了台灣文學的根基，並建立了全世界被壓迫弱小民族文學的典範。

二、台灣文學中的公民意識

台灣文學是血淚的文學，是民族掙扎的文學。四百年台灣史，是台灣居民被迫虐的歷史。隨著不同政權的統治，不同階段有著不同的社會樣貌與居民的生活情狀，但統治者展現的剝削欺凌則始終如一。文學應該反映人生，不能與社會真實情境脫節，台灣新文學運動展現出來的自然也不外是被迫虐、被欺凌者的心聲。

賴和先生把台灣新文學運動的根本精神付之實踐。他注重實際的創作，並力求作品能反映真實人生，不與社會脫節，是一位以作品來啟示及領導眾多台灣作家而力求上進的導師。因此，賴和先生被稱為台灣新文學之父，實是名副其實。

從 1925（大正 14）年開始，在台灣新文學草創初期，賴和先生以文學作為抗爭手段之一，著有一篇形式清新、文學優婉的散文〈無題〉問世。他反對日本強權、也向台灣人民保有的落伍、封建和愚昧性格宣戰。他身體力行，諸凡當時的抗日社團如文化協會、民眾黨和其後的新文協等，以及它們所辦的種種活動，他幾乎是每役必與，創作〈鬥鬧熱〉、〈一桿稱仔〉、〈不如意的過年〉、〈善訟人的故事〉等小說，與〈覺悟下的犧牲〉、〈南國哀歌〉等詩篇，主要在描寫封建社會陋習對人民無形的摧殘，以及殖民地人民被欺凌、剝削後，終於勇敢反抗的故事。此為台灣文學開創了一片天空，樹立了不朽的典範。

台灣新文學運動開展的中期，我們又目睹了台灣文學巨人吳濁流的出

現。第二次世界大戰進入最慘烈階段之餘,在日本憲警虎視眈眈下,吳氏冒死寫下《亞細亞的孤兒》。

以下將就這些新文學作家於皇民化時期所遭受的創作壓抑事實,以及如何突破日本統治者對思想上的宰制加以簡述。除此之外,摘錄並欣賞部分文學作品,更可從中得知當時民間所展現的公民意識。

(一)皇民化時期的台灣文學

進入 1937 年皇民化時期後,日本對內厲行「軍國主義」和「全體主義」政策,日本殖民政府在台灣也採取一連串強硬的政策。為了應付戰爭需求及鞏固後方,日本殖民政府意欲去除台灣人的民族意識以同化為日本人,於是加緊推行皇民化運動,而台灣人僅存的少許文學自由也被剝奪。1937(昭和12)年 4 月,日本殖民政府禁止漢文,除了造成《台灣新文學》的停刊外,各報的漢文等欄如《台灣新民報》的中文新聞報導,及副刊文字也一律被消滅。在台灣史學上輝煌一時、刊載過許多藝術成就甚高作品的《台灣文藝》,也在無形的彈壓抑之下停刊[69]。

日本殖民政府禁止漢文的同時,對於遍存於台灣各地的民間私塾,也下令全部加以禁止,僅留下報章上的「漢詩欄」。這項禁令造成白話文作家失去發表的園地,此後台灣文壇成了清一色日文作家的天下[70]。然而,在台灣新文學運動開展的十幾年間,為數不少的中文作家,創造了相當可觀的優美作品。大抵而言,他們所從事的創作都能本著反歧視、反殖民的基本理念,因而對社會大眾產生了一定的影響。值得一提的是,唯一未遭禁止的《風月

---

69. 吳濁流,前引書,1991 年,頁 271。
70. 賴和,前引書,1990 年,頁 15~16。

台灣公民教育與公民特性

報》於 1937（昭和 12）年 9 月創刊，採文言和白話並刊的方式[71]。分析此刊之所以未遭禁止的原因，可從刊物中出現不少「日支親善」、「日支提攜」為主旨的「親日」作品。此刊物可能是日本殖民政府幕後所主導的刊物，旨在中文園地成了真空以後，保留此一以中文撰寫的刊物供只懂中文的讀者閱讀，以收統治宣傳之效[72]。在陳逸松和林莊生先生的回憶錄中也提及當時刊文禁漢文一事：

> 1937 年 4 月 1 日，日本統治者為消滅台灣人的民族思想，推行「皇民化運動」，禁止台灣人使用漢文。6 月，＜台灣新民報＞廢止漢文版，楊逵的《台灣新文學》也在此時出了最後一期（第 2 卷第 5 號）而不得不停刊了。當時唯一還保有漢文版的就是那份吟風弄月的消遣性雜誌「風月報」（漢、日合刊）了。[73]

> 蔡惠郎先生戰後去日本時，常拜訪前台灣總督長谷川清。長谷川是海軍上將，在中日戰爭時被派任中國戰區的艦隊司令官，太平洋戰爭時任總督，在日本投降前一年辭職，並退休軍籍。因此戰後大多上將級軍人以戰犯被審時，他沒有被起訴，可以說是很幸運的人。他在台灣主政期間（1940～1944 年）推行皇民化運動不遺餘力，但其作風比前任小林躋造（1936～1940 年）還算溫和得體。說起小林，他是台灣人恨之入骨的人，因為他是廢止新聞「漢文欄」的兇手。在七七事變（1937 年）以前，台灣的新聞無論是

---

71. 同上註。
72. 同上註。
73. 陳逸松口述，吳君瑩紀錄，林忠勝撰述，《陳逸松回憶錄：太陽旗下風滿台》，台北，前衛出版社，1994 年，頁 264。

官方或民間的都有漢文欄供不懂日文者閱讀。小林以一介武夫的
見識，以為取消漢文欄後台灣人會自然的改讀日文。殊不知這種
政策根本是否定台灣人知的權利，無異於肉體上的殺傷。當時的
漢文作家，如賴和、楊守愚等都因此不得不封筆，而台灣的漢文
讀者也從此被遺棄於文化和信息傳播之外了。[74]

　　自從日本統治當局頒佈了漢文禁令，尤其《台灣新文學》於不久後的 6
月間發行最後一期停刊後，台灣文學可以說頓失依據，進入了停頓期；等到
1940（昭和 15）年《文藝台灣》創刊，作家們才又一次獲得一展雄風的創作
舞台，但僅限於日文作家而已。在這停頓期間值得一提的是，作家龍瑛宗以
處女作〈植有木瓜的小鎮〉（原題パパヤのある街）入選日本著名綜合雜誌
《改造》的徵文（1937 年 4 月），成功證明了台灣作家運用日文從事文學創
作的實力[75]。

　　台灣文學創作之所以形成「停頓」的現象，除了頒佈漢文禁令為其直接
原因之外，七七事變發生後，日本大舉揮軍入侵中國，造成台灣社會不安、
人心惶惶，也是間接因素之一。日本殖民政府除了從台灣徵集兵員（限日
籍）之外，還以「軍伕」名義，大量徵用台灣青年到大陸前線充當軍中伕
役，對台灣民間思想言動各方面的監控也變本加厲。致使文學界人士不得不
謹言慎行，不敢輕易發表反日作品[76]。

　　1939（昭和 14）年年底，「台灣文藝家協會」組成，參加者有台、日作

301

---

74. 林莊生，《一個海外台灣人的心思》，台北，望春風文化，1999 年，頁 55。
75. 賴和，前引書，1990 年，頁 16～17。
76. 同上註。

家詩人共 62 人，把當時主要的作家都網羅在內。1940 年年初，並刊行機關
雜誌《文藝台灣》，主導的是日本作家兼詩人西川滿。表面上這個組織與機
關雜誌是台日作家合作的，事實上則由日本人佔據主導地位，尤其次年協會
改組後，《文藝台灣》成了西川滿一手包辦的文學雜誌。此刊固然也發表了
若干可觀的台灣文學作品，但仍以在台日本作家的作品居多。此刊共發行了
38 期，迄 1943（昭和 18）年年底始宣告停刊。《文藝台灣》能維持這麼久，
在日治時期來說堪稱異數，主要導因於這是一份日本人主導、半「御用」的
雜誌[77]。

　　日本政府在侵略中國後，又進一步發動「大東亞戰爭」，向東南亞幾個
同盟國的重要據點打起了閃電式侵略戰爭。在台灣的殖民政府除了繼續強徵
大量軍伕，乃至以山地青年為主的「高砂義勇隊」之外，還實施「陸軍志願
兵制度」與「海軍志願兵制度」，後來「皇民化運動」、「改姓名運動」也
如火如荼地推動，在文壇上亦有「文藝報國」等戰爭口號響徹雲霄，整個台
灣陷入風聲鶴唳的狀況中。

　　但在這樣的世局下，我們很奇異地發現到，理應統合在「台灣文藝家協
會」及《文藝台灣》下的台灣作家，居然有張文環等人脫離了該協會，另組
「啟文社」，發行《台灣文學》，其下除了出任主編的張文環本人之外，尚
有呂赫若和楊逵等作家。此刊能夠摒除迎合日本殖民政府的皇民化作品，可
以說間接地延續了台灣文學的基本精神。可惜此刊壽命仍然不長，僅發行了
11 刊即告結束。

　　1943（昭和 18）年，日本戰力吃緊，文壇上成立「台灣文學奉公會」。
同年年底，在台北舉行了「台灣決戰文學會議」，研討如何確立本島文學

---

77. 同上註。

「決戰態勢」，並要求作家普遍協助戰爭。日本人作家西川滿在會上提議撤廢所有民間結社，還要把他的《文藝台灣》奉獻出來協助戰爭。在形勢比人強的情形下，張文環不得不附議，於是《文藝台灣》與《台灣文學》玉石俱焚，雙雙宣告停刊，並自次年起由台灣文學奉公會出版的《台灣文藝》取代。到了這個時局，純文學作品不再有存在的餘地，許多作家還被迫動員到農場、工廠、礦場等生產機構去「體驗」生活，被命撰寫鼓吹增產、歌頌產業人員的報告文學，如此強勢和強制作法，迫使不少較有聲望的作家，連封筆的自由都沒有[78]。

1944（昭和19）年3月，全島六報（包括台灣日日新報、興南新聞、台南的台灣日報、高雄的高雄新報、台中的台灣新聞、花蓮的東台灣新聞）統合，4月1日改以「台灣新報」發行，由藤山愛一郎出任社長。5月，由台灣文學奉公會發行的《台灣文藝》，表面上是《文藝台灣》與《台灣文學》的綜合體，事實上是《文藝台灣》統合了《台灣文學》。整個編輯群，除張文環一人是屬於《台灣文學》外，其餘全由《文藝台灣》的人包辦了，大戰晚期，台灣文藝界兩大思想對壘，代表日本人陣營的「文藝台灣」，顯然是抵不過台灣人陣營的《台灣文學》的，但卻技巧地謀殺了《台灣文學》。[79]

這一段期間的作品就是所謂的「皇民文學」，其中也不乏描述當時青年

---

78. 賴和，前引書，1990年，頁18～19。
79. 林忠勝撰述，前引書，1994年，頁280～281。

日治時期

台灣公民教育與公民特性

內心苦悶徬徨之作,顯示出日本殖民政府對台灣人心靈戕害之深、之鉅,十足反映了時代的病象。但是,即便是皇民文學,也是時代下的產物,記錄了一個時代中部分台灣人身上的斑斑創痕,同樣具有深刻的歷史意義。在陳逸松的回憶錄裡就提及如下的感慨。從此,作家們「以筆代劍」,淪為「聖戰」報導的工具。

> 從此,《台灣文學》退出了歷史舞台,但她走過的足跡卻永遠令我難忘。在皇民化運動時代,我們知識份子堅持原則,不肯被日本同化,不想做日本皇民,我們創辦《台灣文學》做為對抗皇民化的堡壘,讓台灣作家充分發揮他們的良知,保持了台灣人做人的尊嚴。不僅如此,正如張文環所說的「我們還有一種驕傲,因為在困難當中,我們的每一作品現在都可以再版,它堅強的奮鬥,對我國家民族是問心無愧的。」想到這裡,不管我們歷經多少艱辛,付出過多少代價,都覺得是值得的了。[80]
>
> 社會運動最重要的基礎是經濟,再次才是政治,至於文化則屬長程目標,無法急功近利,且必須與政治、經濟相結合,才能產生鉅大的力量,否則就會被孤立,其所發揮的影響力自然也就薄弱。[81]

㈡文學作品中的公民意識

文學應該反映人生,不能與社會脫節,透過賞析台灣新文學運動時代作

---

80. 同上註。

81. 林忠勝撰述,前引書,1994年,頁266。

家的作品，不難幫助讀者還原當時的社會情境，瞭解當時的生活狀況和台灣人的想法及心情感受。

1. 感受人種差別待遇

透過閱讀吳濁流先生寫實的文學作品，可以感受當時台灣人承受差別待遇制度下的不平和無奈，但是並不是受殖民教育的知識份子面對日本殖民統治，都採取悶不吭聲和默默承受的順服態度。吳濁流先生就在《無花果》中描述學生為了抗議不合理制度而採行罷課運動，雖然在獲得日本統治者合理改善後，不再繼續發起抗爭運動，但是相當程度地顯示，即便受殖民教育的台灣人，對於為台灣人爭取所該獲得的權力，和維護民族尊嚴之訴求，仍然是相當堅持的：

> 「大國民」的意思是：當時公學校的「唱歌」（音樂本）中有「大國民之歌」的歌曲，這首歌的主旨是及早成為日本人。這轉成了隱語，當「御用走狗」使用。「辜狗」的意思是：日軍來台時，有個姓「辜」的人，自動地去迎接日軍，親自帶領日本人入台北城。日軍為了賞其功勞，給了他很多的官有地（公地），並且把鹽的專賣歸給他。一個無業遊民一躍而成大紳士，完全是做了走狗的緣故。[82]
>
> 從日本旅行歸來的我們，突然對於民主主義這個新思潮，熱血澎湃起來。我在圖書館尋找關於這方面的書來閱讀。不久，不論哪一個，都喜歡談論畢業後的待遇問題了。有一天，在晚餐席上，不知是誰說：同樣讀完師範學校，日本人就做教諭，我們台

---

82. 吳濁流，前引書，1995 年，頁 35。

305

台灣公民教育與公民特性

灣人就當訓導，是不當的，這種差別是違反民主主義的原則的。
大家給了他熱烈的鼓掌。繼他之後演說的人一個又一個出來，我
也出去講了話，說了什麼，現在已不記得了。此後每天晚上，四
年級生反覆著同樣的事，終於在推進昇格運動上意見取得一致，
選出實務委員，另一方面，若沒和畢業生相呼應，運動的目的難
於貫徹，就決定利用寒假歸鄉的機會和畢業生取得聯絡然後實行。
但是，過了年後，當局就公佈了昇格法令。依這法令，訓導昇格
為丙種教諭，日本人是甲種教諭。因此，我們的運動目的已沒有
必要，也就自然銷聲匿跡了。這是由於當時校長太田秀德先生的
功德。這位校長最同情並了解台灣人，每一個學生都很尊敬他。

校長常說內台融合，一視同仁，可是事實好像不完全是那麼
一回事。請看這教員名牌張掛的情形。這不是差別嗎？日本人就
掛在上段，這用的著嗎？青年團訓練，大隊長和中隊長都由日本
人當，同樣是師範畢業的，本島人的前輩當小隊長，後輩的日本
人當中隊長，這豈不是天大的矛盾嗎？[83]

回想在關西的兩年半，實在是多難艱困的日子。內台教員間
的暗鬥、日本人教員的優越感，這都是在鄉下的學校裡所經驗不
到的。[84]

吳濁流在短篇小說＜水月＞中，以台灣人與日本人所受的差別待遇為背
景，娓娓道出台灣人因承受不公平所導致之苦悶和無奈。

---

83. 吳濁流，前引書，1995 年，頁 84。
84. 同上註。

　　現在一旦看到現實的無情，再和那自己共事的日本人來比較，同是中學畢業，在「會社」的年資又不如自己，卻沒有一個不是已升為課長或主任的，僅剩他一個人到了不惑之年，仍然是個雇員。日本人的薪水不但比台灣人高，而且又加上六成的津貼，他們又有宿舍，所以生活安定，都有餘錢可供儲蓄。現在製糖會社雖然每年很賺錢，只是對台灣人這樣刻薄，想到這裡，禁不住怒火沖天，這樣的環境，豈是大丈夫可以忍受的呢？[85]

　　吳濁流所著短篇小說＜功狗＞中，訴說著台灣人與日本人同樣是教員身份，不僅承受的工作份量較重，所得的職等和薪俸卻遠遠相差日本人所得一大截，因之心中難免忿忿不平。

　　足登日本屐，閒散過日；可是，她就兩手不停日夜織帽子來補貼家用。他又想到他的教員身份，俸給又高，又有津貼，也可以貯蓄以防不測；雖然是台灣人，若是訓導，也有退職金可以領，就不致這樣。[86]

2. 警察的專斷和對台灣人的壓制

　　日本殖民政府的統治尖兵是警察。日本警察動不動就藉殖民地的惡法摧殘大眾，展現極端的專橫霸道。賴和的〈一桿稱仔〉具體地描寫日治時期，沒有土地的農民，如何受到殖民社會中政治和經濟的雙重壓迫，生活在莫大痛苦中的情形。這篇小說以「同時，市上亦盛傳著，一個夜巡的警吏，被殺

---

85. 同上註，頁18。
86. 同上註，頁100。

在道上。」為結束。輕描淡寫的一句話，點明了台灣民眾對警吏的厭惡之心，並力倡唯有徹底覺悟，合力推翻殖民統治才有光明遠景的道理。

同樣以警察為主題的〈不如意的過年〉卻以諷刺而挖苦的筆觸，剖析警察的統治心理。巡查大人因為在過年時收到的「御歲暮」（年禮）過少而遷怒於勞苦大眾。他以為為維持他的尊嚴，發揮他無上的權威，是非常必要的，因此，更加兇狠地虐待大眾、欺凌他們，似乎惟有置他們於死地才能彌補他權威的失望[87]。

日本統治者透過保甲制度和警察制度嚴密的監控，讓台灣人民的生活充滿了壓抑和不自在，深怕一不小心得罪了「大人」了，又免不了一頓皮肉之苦。除了身體可能承受的傷痛外，戕害最深的是人人噤若寒蟬的自由被剝削感。如吳濁流在〈陳大人〉短篇小說中主要以台灣人擔任警察工作，依恃著警察的身份狐假虎威，連對待自己的同胞，也表現出一副趾高氣昂的模樣，更遑論日本警察在當時的權力有多大，及其專橫的模樣。

　　　　此事經過了有幾天，陳大人適逢禮拜日回家去，他的母親見
　　到陳大人就嚷，提起打阿舅事情，一邊哭一邊罵：
　　　　「英慶，這個小畜生，居然膽敢打阿舅。」罵得厲害。但陳
　　大人似乎全無介意，回答說：
　　　　「打阿舅，打阿舅，阿舅犯法你知道嗎？」
　　　　「犯什麼法？」
　　　　「亭仔腳上劈竹篾。」
　　　　「劈竹篾犯法，逆天更犯法，你自己不講，講人犯法。」

---

87. 賴和，前引書，1990 年，頁 257～258。

「他犯違警例。我不是尋常人，是官，是大人。這頂帽子是日本天皇陛下所賜，有這頂帽子，哪有阿舅，無論什麼人都可以打，可以縛，我的官職雖小，但我的職權很大，無論高等官，敕任官，一旦有事我就用這個繩索綁起來，鄉下人全不懂警察的權大，連阿媽你也不曉得。」

陳大人一頭講一頭拿出繩索來給他的母親看，他的母親看了愕然說不出話，但須臾又大聲罵道：「這個畜生，任你講，日本天皇也不敢打阿舅，你有這頂帽子就可以打阿舅，斷無這樣的道理。你，你，你是逆天，我沒有臉見娘家了。」

「花是苦楝，人是警官。」

這句話是當初諷刺警官的，意思就是比擬日本武士時代的「花是櫻木，人是武士」。警官就像武士一樣，愛殺人就可以殺人。當時的警官雖不能亂殺人，他的權勢與武士是差不多的。其中陳大人的作風，比別的警官更令人咋舌。[88]

3. 面對皇民化運動的挑戰

曾歷經和響應「皇民化政策」的台灣人家庭，其成員心中之無奈和苦悶也鮮為人知，如吳濁流在《吳濁流集》中的〈先生媽〉篇著中，以及《無花果》中有深刻且細膩的心情感受之描寫：

……錢新發的憂鬱不單這一件。他的母親見客到來，一定要出來客廳應酬。身穿台灣衫褲，說出滿口台灣話來，聲又大，音又

---

88. 吳濁流，前引書，1991 年，頁 39～40。

台灣公民教育與公民特性

高，全是鄉下人的樣子。不論是郡守或街長來，也不客氣。錢新發每遇官客來到，看了他母親這樣應酬，心中便起不安，暗中祈求「不要說出話，快快進去。」可是，他母親全不應他的祈求，仍然在客廳上與客談話，大聲響氣，統統用台灣話。錢新發氣得沒話可說，只在心中痛苦，錢家是日本語家庭，全家都禁用台灣話。可是先生媽全不懂日本話，在家裡沒有對手談話，因此以出客廳來與客談話為快。台灣人來的時候不敢看輕她，所以用台灣話來敘寒暄，先生媽喜歡得好像小孩子一樣。日本人來的時候也對先生媽敘禮，先生媽雖不懂日語，卻含笑用台灣話應酬。錢新發每見她的母親這樣應酬，忍不住痛苦，感到不快極了。又恐怕因此失了身份，又錯認官客一定會輕侮他。錢新發不單這樣誤會，他對母親身穿的台灣衫褲也惱的厲害……。

……晚飯後，金井新助的家庭，以他夫婦倆為中心，一家團聚和樂為習。大相公、小姐、太太、護士、藥局生等，個個也在這個時候消遣。到了這時候，金井新助得意揚揚，提起日本精神來講，洗臉怎樣，喫茶、走路、應酬作法，這樣使不得，一一舉例，說得明明白白，有頭有尾，指導大家做日本人。金井先生說過之後，太太繼續提起日本琴的好處，插花道之難。且講且誇自己的精通。藥局生最喜歡電影，也常常提起電影的趣味來講。大學畢業的長男，懂得一點英語，常常說的半懂不懂的話來。大家說了話，小姐就拿日本琴來彈，彈得叮叮噹噹。最後大家一起同唱日本童謠。此時護士的聲音最高最亮。這樣的娛樂每夜不缺……。

……獨有先生媽，絕不參加，吃飯後，只在自己房裡，冷冷淡淡，有時蚊子咬腳。到了冬天也沒有爐子，只在床裡，憑著床屏，

310

孤孤單單拿被來蓋腳忍寒。她也偶然到娛樂室去看看。大家說日
本語，她聽不懂，感不到什麼趣味，只聽見吵吵嚷嚷，他們在那
裡做什麼是不知道的。所以吃完飯，獨自到房間去。**89**

　　文學若是能契合真實社會型態，當能為時人發言，更具有力挽合理價值
和維繫民族意識和情感的功用。這些新文學運動作家的作品，讓讀者真實感
受到以台灣社會主體性為出發的社群關懷。最難能可貴地是，這些作家能反
省檢討政治領域的意識型態，避免成為統治政權以及政治運動的附庸，而喪
失文學本身的主體性。文學與政治是不能劃分的，文學也不能孤立於真實社
會的背景脈絡而存在，人道主義作家的政治嗅覺總是異常靈敏，而有政治關
懷的作家，亦應瞭解到自己的專業活動是能發揮為大眾代言，進而發生功效
的。

第三節　電影活動中台灣人的公民意識

　　電影的魅力在於塑造另一種情境，讓人暫時隱藏在電影情境的時空中，
忘卻實際的生活面貌所帶來的壓力和苦悶。也就是因為它具有提供人們作夢
和遨遊的特質，因此當人們觀賞電影時，就更容易卸下防衛的心，信服於電
影情節以及旁白所說的理念。林莊生的回憶錄中對觀賞電影時的陶醉有十分
生動有趣的描寫：

---

89. 吳濁流，前引書，1991 年，頁 26～33。

日治時期

台灣公民教育與公民特性

　　我在小學時常「奉讀」明治天皇頒佈的「教育敕語」，所以還記得其起句是「朕惟……」，其結語是「御名御璽」。於是好奇地問他，裕仁是否自稱「朕」？他說不是，裕仁是用「washi（日語：儂）」。當蔡先生歷述這段掌故時，再三叮嚀我不要外傳，他怕「警總」（按指類似現今的警備總部）會找他麻煩。很久以前，在雜誌上看到某著名作家歷述他在抗戰前，在某地看一場美國電影的經驗。他說當他正被劇情誘導，神遊於紐約的高樓大廈時，突然椅子下的臭蟲咬他一口，這一咬終使他從夢中回到現實，頓時領悟到電影外掛著的標語「娛樂不忘國家」的真諦。七十年代的台灣人，就算是出去國外，「警總」還是無時不在、無處不在。似乎人人具備「旅行不忘『國家』」的修養了。**90**

　　日治與戰後初期，官方政府無不致力於掌控電影事業，以收宣傳教化與維繫社會治安之效。究其因，在媒體影片傳播較不發達的年代，透過大家對影片視聽媒體的好奇和期待，的確可以達成為特定意識型態宣傳的良好功效。基於下述兩個理由，檢視日治時期電影播放內容和對製片單位進行分析，不失為提供另一個還原當時情境脈絡的途徑。**91**

　　(一)電影是政治的傳聲機制：電影被運用為政治宣傳工具時，不僅可傳達主流意識型態的訊息，更能強化肯定官方歷史，以抹殺人民記憶。

　　(二)電影是社會的心理反映：電影市場上的影片，不論經過多少個人化、

90. 林莊生，前引書，頁56。

91. 王文玲，《日據時期台灣電影活動之研究》，國立台灣師範大學歷史研究所碩士論文，1994年，頁2～3。

藝術化與戲劇化的詮釋，都仍能表現當代社會文化的部分縮影。因電影所表現的內涵是當時作者的思想，而作者的思想即是社會文化的一部分；劇中的人物動作亦是社會影響下的產物，所以說：「電影是表現人的生活、物的生命、宇宙中的不變法則。」對某些人來說，電影的表現是一種強而有力的社會心理反映，同時代表了社會規範的投射。

　　如上述，因為電影不僅被運用為政治宣傳工具，還常被視為當時社會文化和生活情境的縮影。所以透過對日治時期電影活動發展狀況做一分析，可以瞭解台灣人民有無反對或抗衡日本統治者的心聲和動作。

　　表 5-1 列出日治時期官方介入電影活動之情形。日治時期電檢政策主要是反三民主義和革命思想，因此中國片的播放受到極大限制，卻獎勵日片和洋片的播放。影片播放內容大抵包括衛生、統治、國防、產業、文教、自然與住民、水電與交通、都市與名勝古蹟、時事、慶典和軍國主義宣傳為主題。從表 5-1 明顯看出日本統治者將電影視為政治宣傳的工具，透過電影的播放，傳達統治者所欲宣達的重要施政措施和理念。如在戰爭時期就積極地加強以時事、慶典和軍國主義宣傳為主題的電影活動。

日治時期

台灣公民教育與公民特性

表 5-1　日治時期官方政府介入電影活動[92]

電檢政策	1. 不得主張三民主義或革命思想 2. 獎勵日片、放寬洋片、權宜限制中國片
電影事業主管單位	1. 1926 年（大正十五）以前為各州廳各行其事 2. 1926 年以後統一由台灣總督府警務局主管
地方警力	戲院臨監與管理（治安、衛生）
紀錄片、新聞片的拍攝	單位： 1. 1943 年以前：台灣總督府、台灣日日新報社、台灣教育會等 2. 1943 年以後：台灣映畫協會
	內容： 1. 衛生、統治、國防、產業、文教、自然與住民、水電與交通、都市與名勝古蹟 2. 時事、慶典、軍國主義宣傳
官方電影巡迴放映團	台灣總督府文教局巡迴電影班、愛國婦人會電影放映隊……

資料來源：王文玲，《日據時期台灣電影活動之研究》，國立台歸範大學歷史研究所碩士論文，1994 年，頁 264～265。

　　根據王文玲的研究統計，日治時期所播放的台灣本土電影寥寥可數。即便是台灣出品的劇情片，超過半數均帶有殖民統治或軍國主義教育政治意味。在民間各地播放較多的是為數可觀的紀錄片和新聞片，更充分顯示日本統治者將電影視為宣傳教化工具之強烈企圖[93]。

　　又因為台灣本地製片業蕭條，本土電影僅為少數，在絕少的台灣出品劇情片中，半數以上又含有政治宣傳色彩，剩餘者則以商業性賣點為重；真正能深入台灣社會，以寫實或批判手法，呈現台灣人情風貌與社會變遷中諸多問題的電影，實在少之又少。映演活動的片源幾乎仰賴進口，雖然進口電影

---

92. 同上註，頁 264～265。

93. 同上註，頁 272。

較少直接涉及殖民和反殖民，以及軍國民主義的訴求，但是因為殖民與反殖民者，皆意識到電影的傳播性與影響力，遂千方百計地在映演過程中營造最利於自身的政治宣傳環境。

　　如從事電影旁白的辯士即是扮演營造氣氛的重要角色；反殖民者的辯士通常採以台語進行旁白，而且有關政治性訴求主題時，辯士會曉以大義或從旁鼓動台灣民族意識；而支持殖民者立場的放映團體，就以日語為旁白語言，灌輸尊天皇與愛國的精神，以及鼓動全民響應皇民化政策。表 5-2 茲舉「愛國婦人會」與「文協美台團」電影放映隊為例，比較基於殖民者立場顯明的兩者，對電影放映活動所做的努力，以明雙方政治性放映過程的異同。

表 5-2　「愛國婦人會」與「文協美台團」電影放映隊映演過程之比較

	愛國婦人會電影放映隊 （殖民者立場）	文協電影放映隊「美台團」 （反殖民者立場）
成立時間長短	1901～1945 年 （明治 34～昭和 20 年）	1926 年～1929 年 （大正 15～昭和 4 年）
入場料（門票）免費或便宜	常以門票免費之名行募集愛國基金之實	入場料（門票）便宜： 1926 年（大正 15 年）十錢 1928 年（昭和 3 年）十五錢 1929 年（昭和 4 年）二十錢
地方支援與宣傳力量	1. 由愛國婦人會各州郡支部會員負責宣傳與支援 2. 利用官方行政體系代為宣傳 3. 透過社會教化團體如：壯丁團、青年團、少年團等代為宣傳	由文協（或民眾党）各州郡支部會員負責宣傳與支援
國歌或團歌的帶動唱	國歌：「君之代」	「美台團」團歌

台灣公民教育與公民特性

	愛國婦人會電影放映隊 （殖民者立場）	文協電影放映隊「美台團」 （反殖民者立場）
放映政治宣傳影片	如：「國旗日的丸」、「皇軍的面目」、「大細亞的建設」	通常並無明目張膽的反殖民運動可供放映，故政治性訴求有賴辯士的曉以大義或從旁鼓動
放映社會教育影片	如：鼓勵婦女解放、自家庭中走向社會、宣揚母性光輝、技職訓練……有關之電影	如：宣揚奮發向上、刻苦耐勞之心志、夫婦情誼、母性光輝……有關之電影
放映科學主義影片	如：資源開發、產物振興……有關之電影	如：「丹麥之農耕情況」、「丹麥之合作事業」、「北極的怪獸」……
辯士使用語言	國語（日語）為主	台語為主
警察臨監與否	無	有，可隨意喝令注意或中止
深入鄉鎮基層與否	有	有

資料來源：王文玲，《日據時期台灣電影活動之研究》，國立台歸範大學歷史研究所碩士論文，1994 年，頁 273～274。

　　從表 5-2 分析「愛國婦女會」與「美台團」映演過程之比較，說明了日治時期殖民者與反殖民者相關團體，無不積極善用電影媒體，以作為宣達其政治意識型態的工具。但是相較之下，抱持反殖民立場的文協電影放映隊「美台團」積極組成，且參與巡迴放映的時間僅限於 1926（昭和元）年至 1929（昭和 4）年，其影響所及的人數恐怕不如預期的多，而所能發揮的效益恐怕也有限。

　　此導因於：㈠日本藉資本家壟斷台灣映演與發行業，文協電影放映隊「美台團」並沒有能力自行拍攝影片，能就本土或國外已拍攝完畢之影片，做選擇；無法自行拍攝影片，即失去灌輸特定意識型態的主導權；㈡進口影片以日片為大宗，台灣出品的紀錄片、新聞片與半數以上的劇情片，則皆為政治宣傳教化之用；㈢在日本殖民政府嚴厲的電影檢查制度下，無法直接映演反殖民統治影片，又需配合警察的「臨監」，故映演現場有日警監控，致

使文協電影放映隊「美台團」大大降低，利用影片的播放機會散播反殖民思想的成效；㈣反殖民者的電影放映活動，因為需要開闢財源，所以需收門票，此將降低民眾觀看意願；且經費的不充裕致使宣傳力量亦較薄弱。

　　凡上述種種原因都導致在形勢比人強的情況下，反殖民者的映演活動因無政府後援，甚且受政府掣肘，所以壽命通常難以持久，如反殖民立場的文協電影放映隊「美台團」，僅為期 4 年之久，即告解散。

　　唯一與殖民者電影放映隊最大不同的在於辯士的旁白，除了講台語能激發一定的台灣本土意識外，利用旁白適時地導引入所欲表達的感受和想法，也不失為營造一個鼓動思想的好氛圍機會所在。

　　總結言之，當時的放映隊都注重與科學主義、社會教育議題相配合，但是站在殖民者立場之放映隊，著重內地化主義和軍國主義，而反殖民立場者則旨在宣揚反殖民運動。反殖民者電影放映隊的成效並不顯著，主要導因於參與時間太短（僅為 4 年），以及日本殖民政府監控太嚴格等因素。但是可以肯定的是，部分台灣人雖然知道反殖民統治的艱困，在電影放映活動上，卻仍看得見反殖民團體旨在喚起台灣人本土意識的努力。

　　日治時期，在缺乏其他強勢傳媒的社會裡，電影扮演了傳遞時代新知、開啟民眾國際視野的關鍵性角色，對於推動台灣社會現代化，並突破日本帝國主義殖民的孤立情境，仍發揮著沉潛而深遠的影響。

第四節　台灣民眾對皇民化政策之回應

　　依據差別待遇的同化主義殖民政策，日本殖民政府在台施行的具體政策有：1920（大正 9）年改革地方制度，設立州、市、街、庄與各級官派諮詢

日治時期

台灣公民教育與公民特性

機關；1921（大正 10）年施行法律第三號，改革特別立法制；1922（大正11）年再設置總督府評議會作為總督行政上的諮詢機關，並制訂新台灣教育令，開放中等學校以上「內台共學」；1923（大正12）年將本國民、商、民訴、治安警察及其他附屬法律延長施行於台灣本島。這些為適應第一次世界大戰後殖民地狀況的同化主義，被稱為「只是帝國主義的新衣裳」[94]。

陳逢源曾批判同化主義說：

> 殖民政策的同化主義是民族的優越感，是由帝國主義產生出來要將母國的制度和文化強制施行於殖民地。……如要涵養忠君愛國的精神非努力施行善政不可，單靠同化主義是不可能的。

1931（昭和 6）年日本發動九一八事變，日本軍部勢力抬頭。1937（昭和12）年中日戰爭爆發，日本進入戰時體制，台灣又恢復武官統治，由海軍大將小林躋造繼任總督，開始推展所謂的「皇民化運動」。隨著戰事激烈，為掌握人心，穩定殖民統治，乃加強普及日語與宗教信仰風俗習慣之同化，灌輸台灣人效忠日本的思想，並實施某些政治上的平等假象。如敕選貴族院議員，給予台灣人五名眾議院名額來籠絡台灣人，以此使台灣人為其侵略戰爭而賣命。推行皇民化政策期間的重要措施有：實施國民學校制度與義務教育，成立「皇民奉公會」，施行「志願兵制度」與徵兵制度。除對學校教育、文化生活嚴格控制外，「國語家庭」、「改姓名」、「徵兵」等更是皇民化政策的代表性措施。

---

94. 矢內原忠雄，1935（昭和 10）年，頁 175。

　　皇民化政策是更積極的同化政策。同化只是消極的「日本化」，皇民化則注重台灣人內心的「日本人化」，兩者在本質上有異；這是因歷史背景、具體政策及目標不同所致。「皇民化」是指「日本人化」，真正的意思是「要成為忠良的日本人」。[95]所謂忠良的日本人，其忠良標準就是要「奉公守法」，並有為天皇殉死的精神。日本人所企望的皇民化，並非希望台灣人過與日本人平等的生活，而是要台灣人跟日本人一樣為願意為日本國而犧牲，亦即，「做為忠良日本人的台灣人」，意思就是要台灣人為日本國賣命[96]。

　　1931（昭和 6）年九一八事變發生後，日本軍國主義抬頭，所有抗日的民族運動、社會運動逐一被迫解散；推行皇民化期間（1937～1945 年），日本當局更不容許任何反對意見的存在。此舉致使台灣民眾對皇民化政策在當時雖無激烈的反對言論，但從行動上看，「改姓名」的台灣人約佔 2%，加入「國語家庭」者約佔 1%，這些數據說明了台灣民眾未曾積極響應皇民化政策[97]，尤其民間亦充滿了頗多的抱怨，如下列兩段回憶摘錄內容可得知當時民間的反彈聲音：

　　　……當局之方針往往沒把皇民化運動與皇民奉公運動之差異弄
　　清楚。在本島推行日本式的生活方式時，只急於給與，而忽略了
　　培養。譬如衣、食、住之問題，當局只顧慮到「應有之方式」，而
　　沒考慮到如何在生活中生根。[98]

95. 竹內清，《事變と台灣人》，台灣新民報社，1939（昭和 14）年，頁 136。
96. 何義麟，前引書，頁 25。
97. 何義麟，前引書，頁 186。
98. 林莊生，前引書，頁 149。

台灣公民教育與公民特性

以奉公運動來說要本島人忘記過去的事情，跟內地人站在同一出發點學習，也無法變成內地人。倒不如承認有些東西內地人沒有；或雖然性質不太一樣，但本島人也有其長處之東西而給以承認；這樣對日本文化本身之進步也有好處，而且對我國領導的「大東亞共榮圈」也有所貢獻。[99]

台灣多數民眾未曾積極響應皇民化政策，除了從響應皇民化主要措施之參與率極低現象可知外。戰後，台灣人民歡欣鼓舞、熱烈歡迎國民政府官員與軍隊的情形，更顯示台灣人在民族的認同上，並未真正變成日本皇民。但是無可否認的，部分台灣人已接納日本殖民政府的經濟體制、社會道德而將日本色彩融入生活中。

歷史上任何殖民統治都會產生一批投機份子，成為殖民體制下的順應者，日本統治台灣時也不例外，有部分台灣人為迎合日本所推行的皇民化政策，在生活和心智上，這些人盡其全力地依照殖民者的政策改造自己，但這些對日本「認同」、「妥協」的台灣人，內心也歷經有複雜的抉擇過程。而拒絕皇民化的台灣人，又怎樣來看待這些介於「皇民」和「漢人」中間的人種呢？

如學者張良澤先生曾痛苦的回憶說：

在日本統治時代，兩條腿的台灣人，以「四腳仔」罵日本人，不幸的是，我們自小被喚作「三腳仔」，但這決不是我們真的比別人多長一條腿，只因為父母受日本教育，按日本姓名「改姓名」，

---

99. 同上註，頁 152。

為了取得配給物資而使家人常說日本話，變成所謂「國語家庭」。
當不成「皇民」，馴至成了非人非畜的一種怪物，為「漢人」所
笑。**100**

可見台灣人中那些選擇接受皇民化的人，不只心中隱藏著一種心靈的苦
悶，而且還受到同胞的取笑，甚至咒罵。如根據 Tsurumi 所描述：

　　1922（大正 11）年之後，就讀小學校的少數市區台灣人，應
該是更日本化，由日籍老師教導，加上數量比日本同學少，許多
人當然自認為已經真正地被同化了。但是，這種家庭兒童與日本
同學之間仍有摩擦發生，一位有這樣背景的先生回憶他曾經與同
學打架：「記得我曾經在小學校和一個日本小孩激烈地打鬥，我真
的揍他！他叫我清國奴〔一個貶抑中國人的稱呼〕我就揍他，我
非常傷心，不是因為清國奴是對台灣人或中國人侮辱性的稱呼而
傷心，我傷心的是因為我不是清國奴，我和他一樣都是徹底的日
本人！我那時大概是這麼想的。」「同化的」和「未同化的」台
灣少年間打架的的回憶則更多，「未同化的」報導人堅持，他們對
所謂的「同化的台灣人」感到鄙視。**101**

---

100. 黃得時，〈從台北帝國大學到國立台灣大學現況〉，《台灣文獻》，卷 26、27、411
　　期合刊。

101. 台灣總督府，《台灣的社會教育》，1938（昭和 13）年；轉引自 E.Patricia Tsurumi
　　著，林正芳譯，《日治時期台灣教育史》，宜蘭，仰山文教基金會，1999 年，頁 135。

台灣公民教育與公民特性

另外，在張文環的小說「滾地郎」[102]中，也巧妙有力的刻畫出改姓名的心理狀況，改姓名不僅本人常受困擾，改姓名者所住同村之民眾，也會以蔑視的眼光來表示其不屑之意；這時接受皇民化的台灣人夾在日本人與台灣人之間，有著說不出的困擾與苦悶。

皇民化政策是要使台灣人外表和心靈均日本人化，從心靈上消弭台灣人民對日本統治的反抗。在日本統治的五十年間，部分台灣人受漢文書房教育者，或是具有認同漢文化意識者，在皇民化過程中或許會出現上述那種內心的掙扎。但是，年輕一代出生於日治時代中期之後，受日本同化教育的台灣人，接受皇民化政策，是否也會有上述那種苦悶的心靈產生呢[103]？也許從下列 Tsurumi 提出的時人對話和感受，可試圖解答上述問題：

都市的公學校學生更有機會從一年級起，接受徹底的日本教育。修完公學校或小學校升入高等學校的市區台灣人，他們首次感受到教育當局對於兩個族群的差別待遇，或者日籍同學對台灣人的成見。一個小學畢業生回憶道，在小學校畢業前夕，他父親向他表示，如果順利通過入學考試，他將進入台北第二中學，他嚇了一跳問道：「為什麼不是進入台北第一中學？」畢竟，他是個優秀的學生，而大家都知道台北一中最好。父親率直地回答，台灣小孩進入二中而不是一中，這給他沉重的打擊，因為在他生命中第一次了解到，他是個台灣人而非日本人。[104]

愈往上爬，差別待遇愈明顯。無力留學日本或無法進入殖民

102.張文環著，廖清秀譯，《滾地郎》，台北，鴻儒堂，1976 年，頁 7。

103.何義麟，前引書，頁 188。

104.E. Patricia Tsurumi 著，林正芳譯，前引書，頁 135～136。

地最高學府的台籍中學畢業生，特別感到挫折和痛苦，他們深深
怨恨台灣高等教育機構偏袒日本考生。[105]

　　日本治台初期人口約三百萬，戰後時達六百萬，五十年間人口增加一
倍，台灣人口急速增加，主要是因為衛生改善，死亡率降低，出生率提高，
以致人口逐漸年輕化[106]。這群年輕世代皆是生長於日本確立同化政策之後，
對於受過日本殖民教育者而言，說日語，以日語來思考，接納日本的價值觀
與文化生活方式，本是理所當然；況且日本傳到台灣的文明，大部分是屬於
現代文化，而非日本的傳統文化（日本的傳統文化大多源自中國）。因此，
年輕一代的台灣人接納日本的殖民地教化措施，應已到達某種程度；1940 年
代日語普及已達六成，同化政策生成年輕一代不會說中國語、寫白話文，而
且對祖國的認識也相當模糊[107]。之後的皇民化政策更是針對這群青壯年與更
年輕一代的學齡兒童而推展。

　　這樣的教育背景，促使這批年輕人在「自覺」應身為「台灣人」或「中
國人」時，內心必定要經過一段徬徨、無奈與痛苦的掙扎。在日本殖民體制
下，年輕一代台灣知識份子接受殖民教育長大，日化甚深，但卻又時常可發
現教育體制中存有種族差別的不滿事實[108]，如吳濁流先生在其著作《無花
果》中，深刻描寫他發現存在種族差別待遇之事實，及其心情感受：

105.同上註。
106.陳紹馨，《台灣省通至稿卷二人民志人口篇》，台灣省文獻委員會編，1964 年。
107.何義麟，前引書，頁 188。
108.同上註。

台灣公民教育與公民特性

……內台教師間的對立，明爭暗鬥，無時或已。尤其內台教員人數相等，實力也在伯仲之間。依照慣例，在這樣的巨型學校裡，當本島人首席的教員，非向日本人教師卑躬屈膝便無法工作下去的。我一向任性，對人家低頭屈膝以求相安無事，實在無法勝任。[109]

……甫到任，我便為這新任所的濃厚日本色彩而吃了一驚。進了校長室，教職員名牌的排列順序更惹了我的眼目。日本教師竟優先地掛在上段。這兒日本人有一半，全都住在好宿舍，本島人宿舍多半是廟或租用的民房，簡陋得不成話。我的宿舍是街上一家舊戲院所改造的，比起日本女教師的宿舍還差的很遠。一天晚上，有個本島人同事來玩，對這事大鳴不平。校長還是口口聲聲不離「內台融合」、「一視同仁」那一套，事實卻適得其反，凡事都袒護日本人教員，對本島人採取差別待遇。每有日本人教員到任，便在校長宿舍開只有日本人參加的歡迎會。他們多領薪給的六成，連宿舍也是六成優越待遇，這是法律上說不過去的差別觀念。[110]

……以前，只知道差別，不平等，從未思索更根本的問題。而這已經是政治問題，並且也是民族問題，不能只靠常識來加以判斷的。面對日本的強大武力，台灣人等於是雞塒裡的雞而已，注定無能為力了。反抗只有招來破滅的噩運。但是內心裡依然有時會生起不平不滿之念。[111]

---

109. 吳濁流，前引書，1995 年，頁 77～78。
110. 同上註。
111. 吳濁流，前引書，1995 年，頁 79～80。

　　這批接受殖民教育的台灣知識份子，如何在努力學習做「日本人」與自覺本身為「台灣人」或「中國人」，兩者之間作抉擇呢？可以肯定的是，皇民化政策對台灣人的人性和心靈造成鉅大的傷害，以致日治時期台灣人在民族與文化的認同上，產生一種「亞細亞孤兒」的民族認同危機[112]。

　　　……我從小就在恐怖的威脅下長大的。當時，日本人發動了所謂滿州事變，得手後野心就越來越大，以致有了征服全世界的妄想，因此對台灣人的態度也就愈益苛酷起來。他們想把台灣人的性格，靠人為手段打破，改造成日本人，於是有皇民化運動的推進……。[113]

　　　盧溝橋事變發生是我調到關西後三個月。戰事演變成中日全面衝突，兩國便籠罩在不可避免的戰雲當中。台灣的為政者採取以夷治夷的政策，把台灣人驅向戰場。另一方面向青少年們鼓吹對中國的憎恨敵愾心，把公學校畢業生全部納入青年團的組織，加以訓練。這訓練是以日本人為主體，把區域內的青年團員編為大隊，下分三個中隊，中隊下又分為三個小隊。大隊長及中隊長由日本人當，台灣人教員則當小隊長，必須聽從日本人教員的指揮。這訓練每週辦一天，上午，以軍事教練為主，配以訓話，講那一套日本精神、國體明徵、大義分明等，下午則從事勞動奉仕。訓練都是軍隊式，天天都毆打喝叱，教員室成了刑事審問室。不難看出，有的人只是被無謂的憎惡感驅使著，向青年們施凌虐。

112.何義麟，前引書，頁189。
113.吳濁流，前引書，1995年，頁81～82。

這種情形不久便影響到學校教育，那種殺伐野蠻的作風也肆虐到純真的兒童們身上，體罰雷厲風行……。[114]

遇有校長及其他日本人教員，提出不當的要求時，及訓育上認為不適當的措施時，我們本島人教員就團結一致，以理論排斥他們。因此每天晨會中都要展開一場唇槍舌劍的爭論，可是這也還不足以消弭上述情形。學生遭狠打毒揍的，被罰跪在混凝土上的，經常都可以看到。後來有一次一個日本教員打傷了一個地方名流的孩子，給告到法院裡，暴虐的情形才稍微緩和下來。

一天，我動員了青年團員去種樹。那天天氣不好，綿綿細雨落不停。我分擔的地方石頭特多，挖掘起來特別吃力。我拼命鼓勵一小隊青年團員，努力工作，四下都暗下來以後好不容易地才種完。正在收拾工具，集合隊員打算回去時，鄰隊的鵜木走過來說：

「喂，你們幹完了，該幫我們一點忙啊。」

那口氣幾乎是命令的。這個年輕小伙子是個代用教員，平時就是日本色彩最濃厚，經常都很狐假虎威，蔑視台灣人的日本人。我不甘示弱，回了一句：

「這樣的時候才是應該發揮日本精神的。」

對方立即變色，就要逼向我。這時我小隊上的五、六個團員迅速上前，站在我面前。鵜木常對青年團員拳打足踢，所以他們才會在那樣的時候沒意識地圍上來的，或者因為我是跟他們一樣的台灣人，這就不是我所能猜知的了。[115]

---

114. 同上註。
115. 吳濁流，前引書，1995 年，頁 82～83。

第五節　台灣人對日本統治措施的因應

　　從傳記、回憶錄和口述歷史資料中，可歸結出數項當時台灣人的想法，以及差別待遇制度下，台灣人對日本統治措施的因應之道。

一、台灣人順天認命的想法

　　部分台灣人在感觸曾歷經荷蘭、西班牙的殖民統治、被視為反清復明的暫時根據地、清朝的化外之地，又再淪為日本殖民統治地，數百年來的台灣人，很難體會所謂台灣主體性的彰顯是何義，即使有武裝抗日行動、有訴求自決自治的政治社會運動發生，但是在反抗無效下，多數台灣人轉為消極地順天認命心態，同時反抗意識也轉為薄弱，如林莊生的回憶錄中提到：

　　　　登在《民俗台灣》的資料如果稍微注意，可以窺見本島同胞之國家觀或人生觀。例如今年4月號有一篇「點心」，註明為「杏花」之筆者所提供之資料中有「日本天年」這句話－雖然筆者把它錯寫成「治理」。這句「天年」很值得注意。故老用這句話有「時代已變為日本統治的時代了…事情會變成這個樣子也是當然」的意思，是有某種「諦觀」。換句話說，治台後之故老把治台當作一種命運，因此他們誓約的忠誠是消極的。「日本天年」這句話將這個心情表露無遺。[116]

116.林莊生，前引書，1999年，頁151。

日治時期

台灣公民教育與公民特性

台灣作家葉石濤回憶受殖民教育的情景時，也認為台灣人在接受殖民教育後，反抗意識變得很薄弱：

> 太平洋戰爭中的高中都採用軍事化管理這一點倒無疑義。不過，我願意說，學風倒是相當帶有濃厚的自由主義色彩。日本人師長中，除去兩、三位極右派的神道主義者之外，其餘師長倒都和藹可親，民族歧視的情況並不多；那時候，日本帝國已統治台灣四十多年，皇民化的奴化教育也相當奏效，台灣人的反抗意念也很微弱，所以倒能維持和諧的局面了。[117]

二、忍受警察專制和對台灣人的壓制暴行

如上述，在描述當時社會狀況的文學作品中，也有多位作家寫實地將當時警察欺壓台灣人民的事狀，以文學作品的方式呈現。文學作品多採用虛擬的故事情節和杜撰人名，深刻地將作者的感受透過文字記載下來。透過閱讀回憶錄和傳記，也有不少的感受抒發：

> 日本人很難贏得台灣人的合作，因為其軍人和警察都太嚴厲了。台灣島民過去就常企圖推翻中國人的統治，而且在一八九五年亦曾抵抗日本軍隊。而今將十年了，他們在城市裡仍然採取消極的抵抗，在較偏僻的鄉野則訴諸破壞和游擊行動。一般說來，

117.葉石濤，前引書，頁10。

雙方都互不喜歡、互不信任，這種情況持續了許多年。[118]

　　當時日本採用威服政策，為了保持官吏的威嚴，對任官的都給予圈有金帶子的帽子戴。我也戴這種帽子，腰上繫著短劍，一舉手一投足，都成了大家注意的目標。加之，日本當局為了消滅台灣人的民族意識，採取打破台灣人的舊習慣或傳統的政策。因此，台灣老一輩的讀書人頗為日本的政策所苦，並且由於不懂日語，害怕與日本人接觸。台灣人是台灣人，日本人是日本人，兩者之間有一條鴻溝，自然隔成兩個社會。[119]

　　……我們畢業那一年，校長太田先生出差內地不在時，發生了北師事件。事件是師範學校的學生，因靠左行走的事和警察衝突，向警察投石，包圍南署長，署長拔劍恐嚇學生這一件騷動。因校長不在，很多學生被檢舉下獄。校長從日本歸來，知道了這事，非常憤慨，卻無法可施。只好指摘署長拔劍行為不當，吵架兩方都不好，署長和校長同時引咎辭職了。這太田校長離開台灣教育界，實在是可惜的事。當時有「花是相思樹，人是警察官」的流行話，那是和「花是櫻木，人是武士」一樣，說明警察的橫暴。[120]

三、受殖民教育之台灣人認同卻又抗拒日本的矛盾情結

　　受殖民教育的台灣人，經由學校教育的教化，相當程度地認同日本文

118.彭明敏，《自由的滋味》，台北，前衛出版社，1989 年，頁 25。
119.吳濁流，前引書，1995 年，頁 45。
120.同上註。

化，並且有時也認為自己已同化成日本人。但是，差別待遇的存在，卻又一直造成這些受殖民教育的台灣人，心中存在著許多不滿的情緒；另外，這些孩童回到家中後，有時候父執輩反日的評論觀點和支持中國的論說，也造成他們內心困惑和矛盾的感受。這樣的心情感受可以透過一些口述歷史、回憶錄及當時時人的著作得知：

　　　　到三年級開始才有畫圖課。當時戰爭已經爆發了，所以我們畫的內容都和戰爭有關。而每次圖畫裡被擊落的飛機，都是中國的飛機。有一次我和幾個同學在後面看圖畫，我就說為什麼掉下來的飛機都是中國的，日本的飛機為什麼不會被擊落？我同學很生氣的說，日本的飛機不會掉下來，只有中國的飛機才會。[121]

　　　　……我的興趣轉移到文學方面。奇怪的是我所讀的盡是些法國文學和舊俄文學，至於英美文學，因為那時候英美是「敵性國家」的關係吧，抑或不合我的氣質，涉獵的範圍並不廣。……由於日本人和德國納粹和義大利勾結，我們也很不情願地唸這些國家的文學…。[122]

四、學校教育內容，面臨家庭教育和真實社會情境的挑戰

　　透過學校教育管道大力推行皇民化教育的成效如何？不管從數據或是從當時耆老的口述歷史、回憶資料可得證，一般認為成效是顯著的，但是學校

121.林平泉先生發言，宜蘭縣立文化中心，前引書，頁192。

122.葉石濤，前引書，頁11～12。

所教授的內容，以及所營造出使之易於皇民化的學校氣氛，在下課或畢業
後，是否仍然深刻地影響著這些受教學生？抑或是回到家中後，即面臨文化
衝突而導致無所適從的困窘？與未入學受殖民教育的家人互動中，又曾發生
過哪些微妙的變化？這些議題值得關切，並且找到更多佐證。葉石濤和林莊
生先生分別在其回憶錄中曾對上述議題有深刻地描述：

　　　　我這六十多年的生涯跨越兩個截然不同的時代。幼少年到青
　　春初期是在日本法西斯軍國主義的巨大陰影下受教育而長大的；
　　而且我僅受過的高中教育也是在帝國統治下、太平洋戰鼓笳聲下
　　完成。不僅如此，我也曾正式做過帝國二等兵，日本戰敗之後，
　　以波茨旦一等兵退伍。所以直到我二十歲前後的生活，完全和現
　　在六十多歲的日本老人的經歷沒有什麼不同。最大的不同在於我
　　從小自覺自己是漢民族的一份子，我們的祖先來自唐山這一點上。
　　至於有沒有濃厚的民族精神那就很難說了，我只知道，我好比是
　　雙重人格的人，在學校、在社會的公開場合裡，必須講日本話，
　　一舉一動都要像日本人一樣。回到家裡，我們又換了個人似的，
　　把日本人的一切關在大門外，過著我們傳統的生活方式，說台語、
　　拜公媽、去廟宇燒香，以及偶爾聽一些長輩所說的有關中國大陸
　　的傳承和故事。**123**

　　　　我小學時老師要我們寫一篇＜給戰地將士的信＞，當時這種
　　文章叫「慰問文」，是小學作文課程的一個重要題目。通常這種文

331

123.葉石濤，前引書，頁6～7。

章用句是轟轟烈烈，內容是空空洞洞，可說是一種典型的日本八
股文。我當時摹倣這種文體寫了一篇，自以為很得意。母親將此
文遞給施先生看，問他我日文的寫作能力如何？施先生看後不但
沒有褒獎反而很失望地說：「莊生什麼時候也學了這種大人的文章
了！」。他告訴我作文要用自己的話說出自己真實的感覺。這當頭
一棒給我打擊非淺，因我一直認為作文的目的是要學「大人」那
種文章。

　　當時日本的小學教育是全力灌注「僅僅知道自己，完全不知
道他人」的「愛國」教育。我們這群小學生都被洗腦成為緊緊繃
繃的日本紅衛兵。從日常談話中，我常感覺他對「皇軍」缺少敬
意，但對西方國家，尤其是他們的軍隊裝備之優良頗為傾倒的樣
子。當他說的是德國或義大利贏時我還可以接受，但如是英國或
美國時我就怒髮衝冠，跟他爭辯，力主「忠勇無雙」、「無敵皇
軍」的優越性。**124**

五、學校教育全面響應皇民化運動，使得台灣人喪失反省 和批判能力

　　盧溝橋事件後，日本內地及其殖民地配合戰時體制的需要，大力地推行
皇民化運動。學校作為統治者有效的思想傳輸管道，當然也全面如火如荼地
響應。於皇民化時期接受皇民化教育的台灣人，因為就學時年齡小，心智也
尚未成熟，對於學校體制配合皇民化運動所實施的政策和宣傳，沒有反省和

124.林莊生，前引書，頁63。

批判能力，所以幾乎照單全收。可以說，日治時期同化程度最深的，當屬這個時期受教育的台灣人。摘錄當時學生在學校配合皇民化運動的部分回憶如下：

> 太平洋戰爭爆發的時候，全國的建設都停頓下來，當時上下團結一致，完全只求戰爭勝利，那時候老師會加強時事報導。當時正是日本人全面戰勝的局面，所以我才知道南洋一帶的地名。例如馬尼拉、新加坡、婆羅洲、新幾內亞等。大家還縫「千人針」，寫「千人力」，送給出征的軍人。另外還要做公工，像搬石塊、割馬草等。每月還要到神社參拜，祈求出征的人武運長久。[125]

> 我們當時的課本裡面印有台灣的斗笠、蓑衣、美濃紙傘等，還有一隻鳥啾停在水牛背上。不過到了戰爭的時候，情形就改變了，老師告訴我們喝神明的香灰水是迷信的，要過新曆的新年，不要過舊曆的新年。還鼓勵我們改姓名，參加國語家庭。[126]

第六節　本章小結

日本佔有台灣以後，由首任總督樺山資紀上任的 1895（明治 28）年 5 月至 1919（大正 8）年 10 月，共任命七個軍人總督，軍事統治台灣。這期間（1895～1920 年），台灣人不斷以武裝力量抗日，直到第一次世界大戰結束

125. 李英茂先生發言，宜蘭縣立文化中心，前引書，頁 191～192。
126. 同上註。

台灣公民教育與公民特性

後,「民族自決」之聲震撼全球,日本國內也出現「大正民主浪潮」;1919(大正8)年10月至1936(昭和11)年8月,台灣總督改由文人擔任,台灣社會在此期間步入近代化路程;而原住民的抗日自1921(大正10)年以後也告一段落,此後台灣人的抗日轉為組織性的政治、社會運動。

日本殖民政府因為已不需疲於奔命於掃蕩各地之抗爭活動,開始將更多心力置於經營台灣建設發展上,尤其台灣社會由日本殖民政府的警察「大人」維持秩序以後,社會安定、生產擴大、人口漸增。1926(昭和元)年至1940(昭和15)年年間,不只農作生產力大為提高,各項醫療衛生設施和宣導也廣為加強。台灣發展至1940(昭和15)年代,工業生產品的價值超過農業生產品,且都市化進展快速[127]。1936(昭和11)年9月至1945(昭和20)年8月,台灣為因應戰時體制之需要,又恢復軍人總督統治方式。當然抗日和政治社會運動還是被禁止的。

細數自1920(大正9)年11月的六三法撤廢運動,經1921(大正10)年2月的台灣議會設置請願運動,同年10月台灣文化協會的成立,1927(昭和2)年7月台灣民眾黨的短期建黨,以至1934(昭和9)年議會設置請願的停止,台灣人的抗日運動大都以和平訴求為主調;和日本國內的政治運動一樣,在強大的軍閥壓力下,這些運動都無法發揮太大的效果[128]。

而政治社會運動的領導和參與者,不論是屬於保守派或激進派,台灣反殖民運動都是日本教育的產物,透過學校、教師和出版品,台灣人對當代日本不再陌生。如果台灣知識分子接納社會現狀,他們將發現,請願運動證明

127.張國興,〈日本殖民統治時代台灣社會的變化〉,載於《台灣史論文精選 下》,台北,玉山社,1996年,頁62~63。

128.同上註,頁58~59。

這些知識份子有一流的表現，卻只得到二等國民的待遇[129]。受到不公平待遇的台灣知識分子當然會質疑這樣的社會價值，而這樣的發現，促使很多的知識分子成為反殖民主義的擁護者。

不分保守或激進，台灣反殖民運動大體上是知識分子的運動。雖然在台灣反殖民知識分子的塑造過程中，多少受到國際主義和中國經驗的影響，但這些領袖和群眾絕對是日本教育下的產品[130]。這樣的結果，與英國殖民印度的情況似乎有雷同之處，亦即受殖民教育的知識份子在教育中獲得啟發後，轉而對抗教育者爭取該有的權力和民族尊嚴。

從上述，不管從武裝抗日行動、政治社會運動、文壇興起的新文學運動，亦或是台灣人對皇民化政策的回應，我們都可以肯定台灣人未被日本同化，但是卻不能否定日本的殖民統治教育政策對台灣造成深遠的影響。同化異民族本非易事，必須經過數百年的血統、文化融合才能達成；皇民化所強調的並非文化與種族的融合，而是透過政治化強迫台灣人對日本政府效忠，對日本國家的認同；日本這項企圖有沒有達到目的呢？此事我們可以從戰後萬人空巷的列隊歡迎國民政府及軍隊，以及男女老幼爭相學習中國話的事實加以否定，這種情形足以證明皇民化政策並未使台灣人完全地認同於日本[131]。

但是戰後歷經國民政府的經營，在有評比對象的情況下，兩相比較後，是否在戰後更加認同日本文化，則需要進一步驗證。但可以肯定的是，多數受過日本教育的台灣人歷經國民政府的統治後，對日本文化產生一種懷念的深刻情感，是可以被肯定的。

---

129. E. Patricia Tsurumi 著，林正芳譯，前引書，頁 181。

130. 同上註。

131. 何義麟，前引書，頁 189。

章　日治時期台灣公民教育之影響及比較分析

時期

台灣公民教育與公民特性

當日本統治者欲對台灣豐富的資源加以開發時，他們體認到強化學校教育制度的設立，是必要且急迫的，因為透過學校教育制度可以助長他們的計畫。嚴格說來，學校教育制度的設立在台灣島上是前所未有的；而不可否認地，日本治台五十年已經艱難地完成教育制度的普及化，以及提昇台灣教育的現代化。

日本殖民政府為了達成同化台灣人成為皇國民的目的，不管透過學校教育體系或社會教育體系所採行的措施，的確相當程度地形塑了台灣人，具備其所預期的國民特質。

本章將就前五章所論及的內容加以整理，並進行比較分析。分別就：台灣本島與日本內地公民教育之比較、日治時期間台灣社會展現的公民特性，以及日治時期公民教育成效和對戰後之影響等議題，加以歸納分析，並提出批評和反省。

第一節　台灣本島與日本內地公民教育之比較

一、教育目標之比較分析，歸結前述發現如下：

(一)日本內地和台灣本島的基礎教育，本質上都是為國家提供服務的工具。

(二)普及教育須擔負兩大任務，一為凝聚國民意識、灌輸效忠國家的觀念；二為給予現代化過程中，日本模式的修養、技能和態度。

㈢透過教育的「有意」培育，日本與台灣學童成為日本實踐國家目標的有用工具。

㈣台灣本島教育之最重要目的，在達成使「台灣人成為效忠奉公之基本皇民」。

㈤日本內地的教育目標是教育日本人成為社會的「中堅國民」，在長大出社會後，能成為「有為的青年」。

㈥台灣之教育一方面呈現殖民地教育體制，另一方面則是日本內地教育制度延伸的一環。

㈦學校不鼓勵個人或團體擁有自主權利或決策地位。教育的目標在於使台灣人成為日本人忠實的追隨者，而不是有能力的日本領導者。

日本自明治維新後促使內地教育現代化，而從 1895（明治 28）年統治台灣起，開始以日本內地為範本以建構殖民地的學校制度，並將內地經驗在台灣應用實施。所以表面看來，台灣教育政策和學制之改革似乎與日本內地並無差異，然而實際上從第三章、第四章和第五章之論述，都可以明顯地發現兩者的教育制度和內容存在著差別待遇的事實。例如對台灣教育經費投入的不足，且經費運用未能使師資及設備作充分擴充，以及有計畫地視教育體系為政治掌控的工具，和意識型態傳輸的媒介，凡此種種都是造成差別待遇的主因。

綜合言之，長達五十年的治台時期，「教育制度根本上未曾改變」。即便新教育令已頒佈，但是大多數在台日本人始終認為，提供台灣人平等的教育機會和其他相關的同化措施，對日本人是一種威脅。又隨著在台日本人激增，其子弟之就業和接受較高教育之要求增加，總督府始終面臨著謀求保障在台日本人既得利益之沉重壓力，因而在台採行殖民地教育色彩濃厚的差別待遇政策。其次，日本統治的最後十年，更以充實軍備為最重要的施政要

項，因而犧牲其他施政。所以在戰時用於維持既有的教育機構之經費和人力甚少，也因此，使得教育策劃者不得不放棄所有的改革構想。若就當時側重對台灣人初等教育，和對失學民眾進行補習教育之皇民化訓練的事實來看，總督府之教育目的旨在使「台灣人成為效忠奉公之基本皇民，而不是希望台灣人成為社會『中堅之國民』」。

雖然日本統治者對台灣人明顯地實行差別待遇的教育措施，但是整體而言，日本和台灣的基礎教育目標倒是一致，都是為國家提供服務。透過普及教育達成兩大任務，亦即凝聚國民意識和灌輸效忠國家的觀念；同時希望涵養台灣人具備日本模式的修養、技能和態度。另外教導台灣人使其「適當的」社會化並習得基本職業技能，以成為幫助日本實踐國家目標的有用工具。

二、日本內地與台灣「修身」和「國語」教科書之比較分析，歸結前述發現如下：

㈠日本內地「修身」和「國語」科教科書的目標和特色：

1. 日本於明治維新後，雖然重視實用知識技能之傳授，但是在學校教育中，仍以強調良好公民德行之培養為教育的首要任務。

2. 在日本內地，「修身」和「國語」課的宗旨是使國民學校學生成為忠誠的日本國民。

㈡台灣本島「修身」和「國語」教科書的目標和特色：

1. 1898（明治 31）年頒佈的「公學校規則」第一條指出：「公學校以對

本島人子弟施德教，授實學，以養成國民性格，同時使精通國語為本旨」。
將施德教放在授實學之上，承認了道德教育（公民教育）的優位性，而精通
國語則是附屬的地位。

2. 日本殖民地教育之目的就是透過時數很多的「國語」課和「修身」
課，對每一個公學校台灣兒童進行徹底的改造，使之忘卻漢文化的思考模式
和生活習慣，而成為同化的皇國民。

3. 日本統治者期待透過「國語」和「修身」教科書將台灣人塑造成守
法、勤奮的日本臣民，但又不是成為真正的日本人，不會要求日本人所享有
的特權或機會。

4. 在台灣公學校所使用的「國語」和「修身」（及各科）教科書是由殖
民地教育官員特別編撰，配合每個時期不同的殖民統治政策而加以編修而成。

5. 日本統治者以道德教育為名，透過「修身」教科書的內容，灌輸無所
不在的意識型態，把台灣兒童教育成守規矩、服從性高的「好兒童」。

6. 「國語」教科書的目標揭示，具備日語的能力是不夠的；更大的目標
是：培養日本式的思考和感情經驗，以及培養效忠日本天皇的精神。

7. 「修身」和「國語」教科書之內容呈現強烈的意識型態，但其中也不
乏近代性知識的傳授。台灣兒童在吸收了這些近代性的教育內容後，也使得
他們對近代文明、文化有所瞭解，具備成為近代公民的潛力。

8. 「修身」和「國語」教科書隨著戰爭時期的到來，課本內容為了配合
戰時體制的需要產生了明顯的變化，如課文中以日本為背景，以及提及日本
英雄的主題和內容均變多了。另外，而相關日本帝國和國家的比重也增加
了，明顯地可看出教育為政治服務的跡象。

9. 日本殖民政策展現對台灣女子教育的重視，可從公學校內男女學生學
習同樣的課程看出。透過「國語」和「修身」教科書中的插畫和故事可知，

日本統治者對於男孩和女孩的角色扮演要求一致，如男孩和女孩做同樣的家事，照顧生病的媽媽或清理垃圾；女孩和男孩一樣，喜愛體操、田徑、游泳、網球、棒球和排球。整體而言，日本的殖民政策對女子教育的重視，促使台灣婦女得以進入專業和公共領域。

10.學校中的「國語」和「修身」教育所教授的道德觀與價值觀，在某種程度上的確成功地傳達給台灣兒童，接受了這些價值觀與道德觀的台灣兒童，在個人道德行為上，有「很好」的表現。例如台灣社會在日治時期幾乎能夠夜不閉戶、路不拾遺，就是一個例子。尤其在戰爭時期，強化的思想統治與精神動員之影響，所達成的塑造成效更好。

(三)歸結日本內地與台灣本島「修身」和「國語」教科書之差異，發現如下：

　1.在台灣公學校所使用的教科書，與文部省印行的日本小學校課本雖然相類似，但內容和目標明顯不同。

　2.日本兒童使用的國定「國語」讀本與「修身」教科書強調進取及個人成就，讀本中常常出現個別的男性或女性經由努力而崛起的故事；而台灣兒童所使用的府定公學校「國語」讀本與「修身」教科書則強調誠實、順從、與家庭和鄉里融洽相處以及子承父業的美德。

　3.國定和府定公學校「國語」與「修身」二種教科書在以同樣人物為教材主題時，敘述的重點和內容也有所不同。例如出現明治天皇的教材，於國定教科書中，介紹了明治天皇所發佈的「向世界求學問」等五條誓詞；而公學校教科書則介紹明治天皇對台灣人民的關心。

　4.戰時體制下，日本內地的國定教科書明顯地比台灣的府定學校教科書呈現了更較多的國家主義內容。

5.日本統治者在台灣實行的教育，就內容和目標而言，的確異於日本內地的實施內涵。例如公學校的「修身」和「國語」教科書，較強調服從、勤勞、衛生等特定的「道德」規範，而避免積極鼓勵台灣兒童進取精神的養成等。但在回顧日本近代教育的發展並比較日本兒童所使用的國定教科書時，我們也發現，教科書中許多「反教育」的操作，事實上也同樣出現在國定教科書中。

日本殖民教育之目的就是對每一個公學校的台灣兒童進行徹底的改造，授課時數較多的「國語」課和「修身」課就是為了達成這個目標。在日本，「國語」和「修身」課的宗旨也是使國民學校學生成為忠誠的日本國民，但在台的教育官員認為，這個任務施之於不同文化背景的台灣兒童身上，更展現其困難度。因此要求公學校的教師要更具耐心和細心，要多鼓勵和讚美學生，但是也必須嚴格地要求在教室內、外的所有時間均應使用日語。[1]

日本治台末期課本起了細微變化，以日本背景和英雄事跡的主題課文變多，而關於日本帝國和國家的內容比重也增加了。但台灣公學校的教科書中，明顯地比日本或台灣的小學校教科書呈現較少的國家主義內容。透過分析公學校「國語」和「修身」課本顯示，公學校的目的在於同化台灣人成為日本人，但卻不是成為真正的日本人，只是置於社會階層的底部而已。教育的目標在於使台灣人成為日本人忠實的追隨者，而不是有能力的社會領導者。有趣的是，公學校課程中的知識水準通常不輸給小學校。公學校教科書不是小學校課本的簡易版，只是日本統治者別有居心地藉此灌輸意識型態，因此相較日本內地和在台小學校的教科書，府定公學校教科書內則蘊涵更多

---

1. 井出季和太，《台灣治績志》，台北，台灣日日新報社，1937（昭和 12）年，頁330～331。

的意識型態。

總而言之，透過對教科書的分析，可明顯地發現，日本統治者對於在日本實行的公民教育目標與實施內容，均迥異於在台灣實行的公民教育目標和內容。兩者最大的差別在於目標不同，導致使用的方法和手段呈現相當差異。對台灣人實行的公民教育目標在於「鍊成皇國民」，亦即同化於日本，成為效忠日本天皇的皇民，但又不等同於真正的日本人。

這樣的教育目標下欲形塑造台灣人順從認命於天皇，並為日本完全付出，但卻不可以爭取相關權利，也就是只盡義務，不求權利的順民。而日本統治者明瞭，要使此目標快速達成的手段之一，就是切斷台灣人對漢文化的依賴，唯有語言與生活習慣完全地日本化，才能真正同化於日本。而欲達成上述目標，當然要透過學校體系的教科書內容做特定目的之灌輸和洗腦，以透過潛移默化的過程達成良好成效。

三、「差別教育」與「差別待遇政策」延伸出的問題，歸結前述發現如下：

㈠日本人治台期間，不論有意或無意，在政治、文化、教育、社會任何一方面，都存在對台灣人的「差別待遇」與「歧視」態度。如台灣人在任何公私機關都遭遇不公平的歧視，甚至在教育上也呈現差別待遇，如教學活動、教科書內容、學校設備、教育經費、師資等都存在著差別待遇的現象。當然，從本質上而言，殖民地的統治者對被統治者採取「差別待遇」政策原不足為奇，但這卻使得台灣人反感憤恨，並且成為民族覺醒的要素。

㈡進一步列舉日本人對台的「差別待遇」實例，如日本統治者很少照顧

貧窮或是鄉村地區的公學校，即使有，也是針對地方上的有錢人子弟，且採行的教育政策和教學內容與社區中的實際生活經驗是脫節的。此外，台灣的中等教育是以培養日本人子弟為主，數量上佔絕大多數的台灣人子弟，反而只是中等教育的次要對象。

㈢即使台灣人在受教育後，被期待僅擔任社會下層的工作（然而政府各部門較高等級的職位、學校裡的行政職位，還有涉及商業及工業界高階層的職位，都是保留給日本人的），但是台灣人民對「差別待遇制度」卻只能抱持默許和容忍的態度。因為對被統治者而言，差別待遇制度雖然存在，但至少仍然能夠帶給他們微小機會以接受基礎教育，然後取得謀生的職位以維持生計。

㈣相較於歐洲諸國的殖民地教育成效，日本在台的殖民地教育的確就學率更為普及，而且較為平等。即便如此，整個殖民地教育體制終究仍是一種為配合殖民地當局的意圖，差別地訓練人民的道具。

㈤在 1930 年代就學率提高後，除了識字率的普及，讓台灣人得以透過閱讀進而瞭解台灣的歷史和文化外，在就學過程中所體認的差別待遇，也對台灣年輕人的精神態度帶來變化，這對「台灣意識」初步的形成具有重大影響。

㈥台灣人對於學校課程中僅編纂稀少的本土教材感到憤怒，他們也常因殖民地日本人所享用的教育經費和資源比台灣人多，而批評當局對台灣人教育吝於投資，但反而較少批評教育制度本身的差別性。

從就學率來看，1943（昭和 18）年台灣人之入學率為 65.7%，翌年為 71.5%[2]。雖然與歐洲國家其他殖民地教育的普及率相比，我們可以肯定日本

2.《台灣總督府國語學校校友會雜誌第十七號》，1905（明治 38）年，頁 152。

時期

台灣公民教育與公民特性

統治者對於提升台灣人就學率和識字率之成就。但相較於在台日本人，1917（大正6）年時小學就學率男子已達95.5%，女子為94.6%，同時期台灣人男子就學率才達21.4%，女子則只有3.7%，兩者就學率的差距甚大。台灣社會開始邁向近代化的 1920（大正 9）年，雖然台灣人男子小學就學率已高達80.9%，女子也提高到60.9%，但仍然跟不上在台日本人99.6%的就學率。

除了就學率的差別外，最嚴重的教育上差別待遇是中等教育的入學機會多為在台日本人所有。中等以上學校雖然增設不少，例如 1944（昭和 19）年，計設有職業補習學校90所、職業學校27所、中學校及高等女學校各22所 [3]，然而台灣人入學機會公平之要求，並未獲得滿足。亦即，職業教育仍以台籍學生居多，而中等普通教育仍舊以日籍學生為主體。總之，日治五十年期間並未開放平等共學機會。

教育自始即是殖民地政策的重要一環，配合開發與建設，以及消滅傳統文化的前提下，對台灣人全力推行普及國語（日語）政策。學校教育是以低廉的代價，實施普通教育為主體，對於中等教育及高等教育，始終故意漠視，因為他們深知透過普通的國民教育，可以養成大批供其驅使之人力；然而透過中等教育及高等教育培養出更多的台灣人才，對於他們的統治，不但無益，反而有害。日本人據台之後始終以征服者的姿態加強對台灣人的政治統治，並進行經濟上的剝削，當然也不會忘記在精神上也要支配台灣人。

在精神上的支配，最重要的手段當然是透過教育。綜觀這一時期對台灣的教育，顯現了不平等的「愚民政策」。確立日本「治台」殖民政策的第四任台灣總督兒玉源太郎，曾闡明其教育方針說：教育一日亦不可付之忽視，然而亦不可漫然導入文明潮流，養成趨向權利義務論之風氣，應使新附之民

---

3. 《台灣教育會雜誌》，〈無題錄〉，第 11 號，1903（明治 36）年 2 月 25 日，頁 52。

不至陷於前例之弊害。

　　殖民政府對台教育這問題的處理自始就很慎重，如對傳統的舊式書房教育，雖然知道允許其存在，將不利於「統治」，也不合時勢，可是考量當時的社會局勢仍不敢遽然加以廢除；雖然普遍地施行最低限度的新式普通教育，但對於中等教育則嚴加限制，不讓台灣人有自由升學的機會。後來雖然在台灣創設中等教育及高等教育，其目的一來是為裝飾門面，表示他們願意接納台灣民意，順應時勢潮流，二來是為在台的日本人子弟設想，使其可以不必遠涉重洋就可以升學。換句話說，殖民政府本來就無意造就知識水準較高的台灣人，只願授予普通教育提昇人力素留，以供其驅使。因此對台灣人和對日本人的教育政策有顯著的差別和不平等現象，而且這種差別和不平等在任何地方都可以看到。

　　從下表數據中更明確比較出在台日本人和台灣人進中等學校的入學狀況。

表 6-1　全島公私立中學台日學生人數之比較（根據 1938 年之統計）

	學校數目	日本人	台灣人	其他	共計	日本學生之百分比
男	14	4,749	3,269	7	8,025	59.6
女	15	5,164	2,287	12	7,463	69.2

資料來源：林莊生，《一個海外台灣人的心思》，台北，望春風文化，1999 年，頁 175。

表 6-2　同年度報考者與錄取者中之台日學生之比率

性別 \ 學生	報考者		錄取者		錄取率（％）	
	台灣人	日本人	台灣人	日本人	台灣人	日本人
男	5,248	1,925	724	1,266	12.8	60.0
女	2,244	2,610	676	1,412	30.0	54.0

資料來源：林莊生，《一個海外台灣人的心思》，台北，望春風文化，1999 年，頁 175。

台灣公民教育與公民特性

一些傳記和回憶錄中也有部分相關的記述：

> 從這兩表可以看出 1938（昭和 13）年代，台灣的中等教育是以培養日本人子弟為主要對象，台灣人子弟被看成次要的存在。錄取率男校是日本人三人取二人，台灣人七、八人取一人；女校是日本人二人取一人，台灣人三人取一人。有些日本人解釋說這是由於台灣學生國語（日語）較差而影響其他學科所使然。固然語文能力是理由之一，但不管學力如何差，總不會懸殊到這個程度，何況當時的人口，台灣人多於日本人十幾倍啊！
>
> 中學時代跟日本學生共學過的台灣人常說他們在班上的成績比日本人優越，言外之意好像要強調台灣人比日本人行。其實這是因為優秀的台灣人才能進入中學，但不優秀的日本人也可以進去的緣故。[4]

葉石濤先生也有相同的回憶記述：

> 我那時候的功課一團糟，每學期的成績都名列台灣人學生最末一個。而我下面全是日本人學生。這也沒什麼奇怪，在州立二中唸書的日本人學生大多是較笨的學生，如果他們的成績好，也就不至於來唸二中了。儘管如此，我們很少跟日本人學生發生衝突，一來他們是少數民族，二來他們也較天真吧。[5]

---

4. 同上註。
5. 葉石濤，《一個台灣老朽作家的五〇年代》，台北，前衛出版社，1995 年，頁 10。

　　以下摘錄關於兩個「殖民地教育」的故事，實在讓人有「身為台灣人真的好沈重」之感觸。林品桐先生曾就其經驗提及：「據日本的一位評論家說，他有個從事教育行政的朋友，於 1922（大正 11）、1923（大正 12）年曾奉命來台灣的日本某小學，他問校長，共學制度施行後日本人和台灣人的相處如何？會不會吵架或打架？那日本人校長一聽見這質問，表情很嚴肅地回答道：吵架、打架是把台灣人當作對等人看待才會發生的，我們這裡是把台灣人當作『人以下的東西』看待，所以絕不會發生吵架、打架的情事。這種優越感，是在台灣執行政策者的普遍心理。」[6]

　　又另一則故事是曾任過台灣糧食局長李連春，年輕時候曾經到過日本神戶商業學校求學，當他在商業學校畢業考時，成績名列前茅。可是日本學生對於來自殖民統治的台灣青年，一向是卑視的，李連春奪得第一名，對於他們的優越感，不只是個諷刺，認為是一種恥辱，全體學生群起反對，公然迫使學校當局重行考試，學校只好照辦。複試結果李連春還是考了第一名，大家再無話可說，學校才給了他一筆優渥的獎學金。他領到錢後，便去買書，苦學精神一如往昔。1923（大正 12）年李連春在神戶商業學校畢業。[7]

　　從以上所列舉的真實故事，可知台灣人在殖民差別政策中所受到的歧視壓力，其精神生活是如何的辛酸和苦楚。

---

6. 林品桐，〈日據初期之「國語」（日語）教育政策及措施〉，《台灣文獻》，第 50 卷，第 2 期，1999 年，頁 142。

7. 林品桐，前引書，頁 142～143。

四、對殖民地教育提出批判與檢討，歸結前述發現如下：

㈠檢視殖民地雙軌學制的實施，對於保留台灣文化的成效實難看出端倪，倒是日本統治者更可以為所欲為地透過掌控教科書之編製，達成其同化台灣人的目標。

㈡配合戰爭體制的需求，初等學校徹底實施軍國主義式教育，顯露統治者的專橫霸道，也抹煞了近代教育所強調的尊重學習者個性與天賦能力發展之理念。

㈢近代教育理論認為應當把教育本身當作內在目的，而不是視為了達到「一個和被教育者沒有關連的目的」之手段。同化方針則否定這個定理，它以同化為目的而指導教育，要求受教者去接受一個自己從來不曾接觸到的異質文化，並且對其產生深度認同。亦即，同化教育在引導學習者偏離生活，進而吸收一些完全沒有必要的知識內容。在此種教育之下，施教內容不是孩童生活所需要的，因此學校內的學習生活和孩童真實的世界，變得愈來愈疏離。此種措施不僅導致學童降低學習興趣，嚴重者尚產生生活適應和認同混淆的問題。因此，殖民統治者所揭櫫的「同化」政策，雖然標榜一視同仁，實則是對被殖民民族的一種傷害，嚴重地戕害人本精神。

㈣為了日化台灣人民，所以日本統治者採取貶低甚至打壓台灣文化的手段，如透過皇民化運動以改變台灣人的生活習慣，進而以日本文化取代傳統台灣文化。但是，台灣人卻渴望台灣文化能跟日本文化受到平等的認可與對待，並冀望透過教育的途徑，把祖先遺留下來的事物傳遞給他們的子女。可見，雙方的期待和認知間，產生了極大的落差。

㈤殖民政府了解，若開放高等教育（尤其是法律、文學、政治和哲學教

育）給台灣人就讀，將導致不安甚至叛亂，故反對提供上述的高等教育機會給台灣人就讀。然而為提升並培育更多具知識的人力為日本統治者效勞，對基礎教育的普及極為重視。

㈥近代教育的主要特色在於讓個人從內部去發展。然而日本對台實施的國語教育，正是一種無視於台灣人文化差異而強制執行的教育。雖然新語言在很多方面很有用，但是對一個小孩子來說，實際上，在家裡不需要它，個人通信也不需要它，反而教授當地語言是比較更具實用性的，使當地語言精緻化將更具有社會價值。另外，日本統治者亦強調教授日本內地歷史，而忽略當地歷史的學習。這種對語言與歷史的態度，不僅隱含強迫性，也隱含使台灣人產生文化自卑感。

㈦近代教育堅持注重學習者的個性與天賦能力，如此始符合民主精神和理念。許多不同學派的心理學家都逐漸地體認到，孩童時期正常的自我表達對個人人生與性格發展深具重要性。然而同化精神卻忽視了這些，不管個性與天賦能力的差異，卻一成不變地控制學習者。此將導致個人的自由和獨立發展受到阻礙，而才智的開展，也將侷限於仿效的習慣。

㈧由於治台後期皇民化政策的倡導，使其在台灣積極推動同化教育與日語教學，對本土文化素材明顯欠缺。這種同化教育政策下，教科書呈現的內容均與台灣本土的地理、歷史和文化無關，嚴重壓抑台灣本土文化的發展，也背離台灣學童的實際生活經驗。這不但造成台灣學童認同上的疏離，也阻礙其創造性思考的發展。

日本政府跟台灣人民雙方對於保存文化有各自的立場。對日本統治者來說，實行共學政策與他們的文化同化政策可以相呼應；然而台灣人卻渴望「同一制度但學校分別」以保留台灣文化。以日本人觀點而言，則因為擔心在台日本學童因為與台灣人一起就學將降低其學習程度，因而對共學制度堅

台灣公民教育與公民特性

持反對意見者眾多。直至統治後期，台灣學童在學習日語的成效上表現優異，始說服日本人廢除雙軌制，真正實施共學。檢視雙軌學制的實行成效，對於保留台灣文化的成效實難看出端倪，倒是日本統治者更可以為所欲為地透過掌控教科書之編製，達成其同化台灣人的目標。

林茂生對於殖民地教育所帶來的戕害人本精神事實提出批評：

> 以同化為目的的坦率聲明，使得這兩方人民（指台灣和朝鮮）在心理上都同樣地感受到民族尊嚴受傷害……對一個擁有文化自尊的民族如台灣人，教育的缺失是如此的明顯……當一個有心智與文化的個人或民族，對自己努力範圍被強迫設限，必定會振作而超越限制，或至少向設限者要求發展的機會。……喪失一個人的文化是很不利的，因為這預示著性格的粉粹與損傷個人生存的根基，尤其是受到外來的逼迫……。[8]

日本人治台初期，我們看見日本人本身對日本教育價值及日本文化的懷疑。但是，在日俄戰爭之後，他們發現並肯定日本文化確實是值得尊敬，並且了解提供給日本人的教育是有價值的，及其對日本之發展是有必要的。因此對教育的訴求從原本的懶散變成雄心勃勃的大力推廣。

由於受這種態度的影響，教育內容不得不隨之配合。來自政府方面的保守力量，促使更強而有力的同化措施開展。因此，在 1922（大正 11）年，將原本有差別並隔離日本人與台灣人的教育制度，加以合併並強化塑造台灣人

---

8. 林茂生著，林詠梅譯，《日本統治下台灣的學校教育—其發展及有關文化之歷史分析》，台北，新自然主義，2000 年，頁 58。

民，使他們更接近日本人的模型，並擴大同化方針。

太平洋戰爭全面展開後，日本軍國主義教育便徹底實施，在這種環境下的台灣初等教育，以軍政為主導，隨日本內地所公佈的「國民學校令」實施國民學校制度。自此之後，台灣和日本內地的教育已完全的統一；而為了貫徹皇民鍊成之目的，台灣也導入義務教育制；初等學校中，軍國主義教育的徹底實施，充份顯露日本統治者的專橫霸道。

但台灣畢竟是一個殖民地，雖然同為亞洲人種且有部分共同的文化遺產，卻終究不是日本人。台灣人不只缺乏效忠日本的動機，也對日本的各項事務完全陌生。因此為達此一目標，統治者採取強制手段在台推行普及日語。因為透過使用共同的語言，可以促進相當程度的認同。

但是當統治者所採行的教育政策對「一個人最高級、最自然的個性和潛能發展」不感興趣，而是將教育目標設定在使每個人達成效忠日本為其最終目標。因此採取讓台灣人與其歷史割離和排除台灣方言的教育措施，此對台灣人的自主權和本土文化的生存權都是莫大之戕害。

又公學校的課程強調忠誠、孝順及服從正統政權—這些都是儒家的傳統思想。同時，又灌輸台灣兒童要注重身體勞動，並視之為一種具尊嚴、有榮譽的休閒娛樂。教育當局亦不厭其煩地要求教師以身作則，使兒童見賢思齊，教導學童打掃教室、在學校菜園裡工作。日本統治者透過普及教育訓練台灣人養成基本技能，但是對於提供台灣人就讀中等和高等教育，則始終持反對態度。如陳逸松回憶錄裡也呼應了當時的情形：「日本在台灣為便利其殖民地統治，不讓台灣人讀政治，怕台灣人受政治思潮洗禮，起而反抗，故當時台北帝大只有文政學部，而沒有法學部，更不會有政治學科。」[9] 他們

---

9. 林忠勝，《陳逸松回憶錄—太陽旗下風滿台》，台北，前衛出版社，1994 年，頁 45。

的重點是，讓更多的台灣人接受基礎教育，具備識字能力後為天皇效忠。

日本統治者對台灣人所設定的教育目標始終沒有改變，即便1922（大正11）年教育令廢除了學校中所有的種族差別待遇，加速同化政策。但台灣人心裡有數，同化政策引領之下的教育措施和內容依然是要將台灣人同化在日本人社會的底層。所以台灣人用的國民學校課本仍然刪除窮苦的日本人爬到高位的故事。而有能力的台灣人還是將子弟送到日本留學，因為讓台灣人子弟進入日本一流的專校或大學，比取得殖民地共學學校的入學許可要容易得多。

五、社會教育與皇民化運動之實施成效，歸結前述發現如下：

(一)日本統治者認為講日語是成為「真正日本人」的必備條件，因此積極推動普及日語教育運動。誠如一位殖民地教育家兼國語運動推行者山崎睦雄所說的：「國語是國民精神的母胎。」[10]我們可以說在當時推廣日語運動相當普遍，但是也只有大約5%的台灣人民使用它，而在皇民化時期，登記成為「國語家庭」的戶數也不多。從上述日本統治者對日語普及運動的實施成效評估，似乎未能達成滿意成效的學評價。

(二)同化一直是政府的指導方針，但是台灣人民被同化了嗎?首先，他們的習慣、禮儀以及衣著毫無改變。其次，通婚無疑是有助於同化，而且證實往往比教育更具有效力，但也無大進展。在整個日本統治期間，沒有超過一

10.山崎睦雄，《國語問題的解決》，台北，1939（昭和14）年，頁53。

百對的通婚情事。尤有甚者,雖然在學校不教也不使用台灣語言,它還是台灣人民所熟悉的語言。日本人的確引進許多西方的事物,諸如良好的鐵路、電報、電纜、外國鞋、服裝等,但是這些近代的進步事物並沒有改變台灣人民的原來本質,就像日本人在明治維新之後,也沒有完全改變他們的本質而成為西方人的樣子。

第二節　日治時期台灣社會展現的公民特性

一、武裝抗日時期和知識份子引領政治社會運動時期,所展現的公民特性差異。歸結前述發現如下:

㈠日本治台初期,雖然有拿著「歸順良民」的旗幟,夾道歡迎「新政權」的台灣人,但是亦有高達數萬的台灣人,在日治初期的前十年為了擺脫異族統治,紛紛投入武裝抗日的行動。於此時,更有「台灣民主國」的成立。雖然沒有達成台灣脫離異族統治、獨立的目標,但是台灣人展現的抗日精神,可說是一種不屈服於異族統治的自主自治精神。

㈡在 1920 年代,台灣知識分子充分顯現反同化主義的意念和精神,領導台灣人為爭取屬於台灣人的自決自治,改採以非武裝的、以法理為依據的方式向日本統治者抗爭。

㈢警察的鎮壓使反殖民運動留在合法的範圍內,但一大部分的反對者漸漸轉移注意於得到更多的經濟、政治和社會利益的爭取上。

㈣ 1920（大正 8）年後領導台灣政治社會運動的台灣知識份子，若與中國人士往返太過頻繁，在日本統治者仇視中國認同的心願下，認為親近中國則是反殖民運動的一部份而加以鎮壓。而在當時，較積極拒絕日本帝國主義的台灣知識分子，通常受到較多的中國文化影響但是，這些人對中國的認同絕非全然是國家認同。

二、皇民化運動時期台灣人所展現的公民特性，歸結前述 發現如下：

㈠日本很有勇氣地宣稱台灣人和日本人一樣必須受教育。它的努力和成效遠超過歐洲其他殖民列強，而且嘗試實行極端的同化政策（即皇民化政策時），迫使台灣人民放棄他們自己的文化，並以「日本文化」代之。但是當這種政策愈被強調時，台灣人民的民族情緒愈是高漲。

㈡皇民化時期，因為學校內全面地配合皇民化政策以推動皇民化教育，因此，多數的學生都存有為天皇效命是極大殊榮的想法。尤其那些已自學校畢業的台灣人，因為受到學校教育相當成功地「鍊成皇國民」教化後，都存有為天皇效命和犧牲的念頭。因此，這些受過日本殖民教育的年輕人志願當兵之人數不少，對於響應各項皇民化措施的意願也較強。

㈢但是一般較年長或未受日本殖民教育的台灣人，對於皇民化運動的響應和配合程度，就沒有那麼積極。亦即，多數的台灣人表面上似乎響應皇民化政策，但是卻又不積極，可說「作秀」意味較濃厚。此現象，從日軍宣布投降後，幾乎多數的台灣家庭即捨棄日式的生活和風俗習慣，又恢復原先的風俗可看出皇民化運動對一般民眾之成效是有限的。

三、受日本殖民教育之知識份子呈現出的公民特性，歸結 前述發現如下：

㈠受過日本教育的台灣人同化程度很深。尤其是受到較高等日本教育的男性和女性均操一口流利的日語、熟悉日本文化、了解日本的社會背景，並且精通日本及台灣的法律和憲法，程度與統治他們的日本人一樣。同化政策對於那些處在教育金字塔頂端的台籍知識份子，似乎實行得最為成功。

㈡ 1920（大正 9）年後出現的台灣人自決自治運動也是日本教育下的產物。在體認了日本內地較自由的生活後，回台的學生發現，殖民地社會諸多的束縛令他們難以忍受；而從未離開殖民地的台灣人，則對於教科書中所描述的日本和殖民地實際狀況間的差異起反感。但即使有反感與不滿，受日本教育的台灣人卻沒有拒絕日本統治者所創造的殖民環境，也沒有拒絕異族的統治；因為他們雖然加入反日本殖民運動的組織，但是他們長期接受日本教育，不管喜歡與否，他們已經相當程度日本化了，即使反抗日本統治，台灣的知識分子仍然存有對日本制度和價值的認同。

㈢我們可以說至少受日本殖民教育者，透過府定的教科書，的確相當程度地養成台灣人一種「集體記憶」，也形成台灣人具有一體感的公民意識。

四、整體而言，台灣人所展現的公民特性，歸結前述發現 如下：

㈠同化一直是政府的指導方針，但是日本同化政策和皇民化政策所做的

努力，並沒有徹底改變台灣人民的本質，就像日本人雖歷經明治維新的近代化文明洗禮，但也沒有改變他們的本質而成為西方人的樣子。

(二)日治時期，台灣人對於日本殖民統治似乎懷著一種無可奈何的宿命感，而台灣的民間領導階層也無激烈抗日動機，此現象或許和統治初期，日本提供台灣人可選擇留或不留在台灣有關。雖然被統治事實出於無奈，但在歷經自主選擇後，就只有順服地認命。而受日本殖民教育的台灣新生世代對日本教育內容幾近照單全收的包容性，也著實是個有趣的現象。筆者認為這跟台灣是個島國，海島人民具有適應力強、包容性大的性格有關。另外，數百年來不斷歷經統治政權更迭的殖民剝削之殘酷事實，也讓這個島國人民習於苟且，認同於異民族的統治。

數千名就讀日本的高校、專校和大學，以及在殖民地就學、受日本教育之台籍知識分子均展現出下列特質：日語流利、熟悉日本文化、了解日本的社會背景，並且精通日本及台灣的法律和憲法，程度與統治他們的日本人一樣。這些受日本教育的知識份子，在生活方式和態度上，比鄉村部落窮困的台灣農民更親近日本統治者，因此同化程度很深，如台灣歷史教育學者王育德，在沒有忽略台灣人的獨特特徵的前提上，認為在台灣或日本接受高等教育而晉身於知識分子階級的數千名台灣人，和日本人幾乎無法分別。同化程度之深，聽說在太平洋戰爭期間，連中國、滿洲和南洋的人民都無法分辨出這些台灣人和日本人的不同。[11]

但同化不是受日本教育台灣知識分子唯一的標記，與其他殖民地相同的是，日本總督府發現，許多接受了日本教育的知識分子，反而變成反日本殖

---

11. 王育德，《台灣—苦悶的歷史》，台北，草根出版社，1999年，頁133～134。

民運動組織的領導者和參與者。如從 1920 年代一連串政治社會運動的興起，
均由受日本教育的台灣知識份子即發起並倡導即可驗證之。

　　不過即便接受日本教育的知識分子，變成反日本殖民運動的組織者，但
這並不代表日本同化教育或皇民化教育成效不佳。如林莊生回憶他小時候，
說：

　　　　小學三、四年級時，有一次無意中向母親吐露說：「我想爸爸
　　和他的朋友都不太愛國……」，母親聽了一震，問我：「這是什麼
　　意思？」我回答說：「我每天從學校回來，把皇軍在大陸上赫赫的
　　『戰果』向爸爸報告，他都無動於衷，只說：『嗯，嗯』好像沒聽
　　見似的，而且，我常常聽他說日本的壞話。」[12]

　　在當時，大部分的兒童對於學校所教的東西，可能都是信之不疑的。這
主要是由於兒童的心理發展，尚未完全成熟到足以形成自己的價值判斷，所
以很容易接受周遭成人所教導的道德規範。兒童每天接觸最多的就是父母與
老師。在學校裡，老師課堂上所講授的、課本上白紙黑字所寫的，以及學校
中各種儀式、典禮所灌輸的都是同一套說詞時，回家後父母對於同樣的觀點
在給予增強和認同效果，兒童當然很容易就接受這種說法。但若是放學後，
父母親的言論與學校教科書內容或老師言談相反，則會令學生感到困惑並無
所適從。

　　然而從另一個角度來看，教科書可以視為一種媒體。在日本統治下的台

---

12. 林莊生，前引書。

灣兒童，都讀一樣的教科書，這會使他們產生一種「集體記憶」。這種集體記憶使他們產生一種連帶感，進而增強認同，也就是一種相近的公民意識。這種集體記憶，對統治者而言是有好處的，可以利用被統治者所產生的連帶感進行集體動員。但是對台灣人來說，集體記憶的產生未嘗不是另一種「想像的共同體」基礎，對於台灣島內住民一體感的形成是有正面的意義和價值的。

第三節　日治時期公民教育成效及對戰後之影響

對很多受日本殖民教育的台灣人而言，四、五十年代是一種身心備受煎熬的年代，如台灣文藝家葉石濤先生在他的回憶錄中曾提到：

>……從青春初期的日文轉移到中文是一個艱辛的過程，從拋棄法西斯軍國主義的遺毒，到接受科學的社會主義是一個過程，從科學的社會主義到社會民主主義又是另外一個過程……。[13]

---

13. 葉石濤，前引書，1995年，頁9。

一、學校體系的公民教育成效對戰後之影響，歸結前述發現如下：

㈠日本教育使台灣人付出很大的代價，但也使台灣人擁有某些實際的資產來開展戰後的生活。如教師和醫師的訓練是發展中國家最迫切需要的，卻往往為殖民統治者所忽略，然而日本治台期間很重視這些人才的培育，因此奠定了台灣在教育和醫療水準上的基礎；又因為日治時期學校教育極為重視身體勞動的習慣，所以在戰後，台灣因為沿用日本教育體制之實行，因此仍重視身體勞動之訓練。

㈡發展中國家所需要的青年應是具有文字能力、熟悉基本算術、具備使用工具和機器的機械技能，以及擁有基本的科學和地理知識，並且對工作抱持理性的態度，能對工作做良好的適應與變通。日本引進近代教育在台灣實行，台灣的學校大多注重上述技能的養成和良好態度的塑造，這些日治時期培育出的人才，對於戰後台灣全力發展工業，提供了相當貢獻。

㈢戰後的教育體系多以日治時期所創建之基礎加以發展，雖然統治政權易位，但對教育的掌控方式卻有過之而無不及。例如相關公民教育課程，除了戰後初期將「修身」科改為「黨義」，之後雖然又更名為「修身」科，但是尊黨愛國的意識型態仍然昭然若揭。其後，更在中等學校開設有「三民主義」教科，各種國家考試更規定「三民主義」或「國父思想」為當然必考科目。其中大專聯考的「三民主義」和高普考的「國父思想」一科的總分占一百分，然而因為得分較易，實質上往往等於或者超越英文與數學科實際得分的總和。結果「政治正確」不僅成為任何一位想晉身社會精英階級必備的條

件，意識型態之重要性更超越專業能力和專業表現的重要性。

　　㈣日本治台大力推行日語普及教育，至 1940 年代初期全台熟諳日語者達半數以上。戰後國民政府為了鞏固政權，強行嚴禁日語及台灣母語，此一政策不僅讓講日語的風氣在台灣社會消弭得很快，學校內嚴禁講台灣方言的政策，也讓受黨化教育的世代不諳自己的本土語言。凡此種種措施，對於台灣本土文化的保留和傳承都造成了相當的損害。

二、社會教化運動對戰後台灣之影響，歸結前述發現如下：

　　㈠經過皇民化運動的努力，台灣人的「中國性」因此減低了不少，尤以受日本殖民教育的青少年日化程度很深。戰後的台灣可說是台灣人對「中國性」和「中國文化」重新認識與適應的一段歷程。

　　㈡台灣人面臨戰後日化的「低中國性」與新來的、集負面評價於一身的陳儀「中國性」政府格格不入、摩擦也很大，最後終於導致「二二八」的悲劇，也開啟了台灣人主體性再度被剝削和壓抑的歷史。

　　㈢尤其對於受日本殖民教育的台灣知識青年而言，這種「低中國性」與負面之「中國性」兩者經由接觸，則不斷產生衝突。像是不少台灣青年與接收官員接觸時，常有瞠目結舌、莫名其妙的深刻經驗。如當聽到陳儀高聲說：「我們不貪污、不揩油、不偷懶。」常令人不解其義。因二二八事件入獄的王振華不懂得什麼是揩油；對他而言，公務人員「不貪污、不揩油、不偷懶」本是天經地義的事，所以他當時覺得非常納悶[14]。對「揩油」這一概

---

14. 許雪姬，〈王振華訪問記〉，《口述歷史》，第三期，1992 年，頁 148。

念莫知所云、爭相走問的台灣人，比比皆是[15]。

㈣我們可以說戰後的台灣人面對的是一個原來是二加二等於四的世界，轉變為二加二不等於四的混亂局面。[16]這種情形或許可稱之為「文化差異」造成的現象。

㈤另外，日本統治者對於國語的推行因為採強制手段，所以一時之間台灣變成「雙語社會」。雖然日治五十年，台灣人對日語的應用，未擴及生活的內部。亦即，雖然日本當局希望藉日語同化殖民地人民，然而當時大多數本島人的日語程度僅僅具備「機能性識字能力」而已。即便如此，大多數僅具機能性識字能力的台灣人，確實也利用日語吸收了許多近代知識。相對地也促進台灣邁入近代化社會。這對戰後台灣整體發展奠定了現代化的良好基礎。

㈥日本人統治台灣期間，不論有意或無意，在政治、文化、教育、社會任何一方面，都有明顯的「差別待遇」與「歧視」現象。五十年間反感和憤恨的苦悶心情已經長期積壓在台灣人心中，也是刺激民族覺醒的要素。然而戰後原本以為民族意識和情感得以發揮和寄託，得到的卻是更大的失望和同樣的歧視，這種憤恨不平心情藉由各種藝術創作表達了出來，影響了台灣戰後的藝文創作傾向，並展現出較為「消沈」的性格和特色。

㈦台灣正式和現代化教育，是由日本人奠基。不過，日本政府在台灣教育措施，並不把台灣子弟的潛能發展列為第一要務，這種教育的偏態，也是殖民的意識和做法，不幸地都長期籠罩在台灣人心裡。即便到了戰後甚至到二十世紀結束時，仍然如此，這是身為台灣人的悲哀。

---

15. 李筱峰，〈二二八事件前的文化衝突〉，《史聯雜誌》，第十九號，1991年，頁113。
16. 吳濁流，前引書，1989年，頁172。

台灣公民教育與公民特性

㈧日本殖民政府和後繼的國民政府均對台灣的語言、歷史和文化採取歧視政策。日本統治者對台灣語言和歷史採取的歧視態度，不僅隱含強迫性，也造成台灣人的文化自卑感。其後在國民政府的「國語政策」下，台灣的本土語言受到比日治時期更嚴厲、更無情的摧殘。致使台灣年輕一輩能用母語流利交談的所剩無幾，甚且，出生於戰後，受到黨化和祖國化教育的新生代，尚以講母語感到羞恥。

㈨雖然台灣人曾採取武裝抗日和政治社會運動，表達對殖民統治不平等待遇的不滿，但是在日本人統治謀略和技術的有效運用下，直至 1930 年代後期，一般台灣民眾已經習慣處於低度的政治抗爭意識環境中，因此造成政治順從度有愈來愈高的傾向。這種於日治期間養成的政治順從度，對於戰後國民政府順利接收台灣提供了極大助益。

㈩日治時期教科書的內容雖然呈現強烈的意識型態，但其中也有不少近代性的知識。台灣兒童吸收了這些近代性的教育內容，也使得他們對近代文明、文化有所瞭解，而有潛能成為一個近代公民。此外，也存在著教學方法與教學理念的改進現象，而日本老師對教育之熱心及對學生的愛護，更是一般人普遍的印象。除此之外，日本在台灣設立近代式的教學體系，以及奠定初等教育的基礎，使得台灣一般人能具有基本的「學力」。這或許可以算是日治時期殖民地教育對帶給台灣人的正面意義和價值。

㈠台灣在日本統治期間，受到殖民政治、經濟體制的影響，逐漸變遷為異於中國傳統的社會型態。戰後的台灣更從過渡性殖民社會轉型為邁向現代化取向的社會。這種社會的主要特徵是高人口成長率、俗民社會逐漸崩潰、族長權威式家庭逐漸解體、都市化、社會階層漸趨平等化、近代民間團體勃興與專業化取向等。

㈡對於受過日本統治的台灣民眾而言，皇民化政策是一種「日本經驗」，

戰後初期則是一種「中國經驗」。部分經歷日本統治的台灣人，兩相比較下，對於「日本經驗」抱持著較美好的印象，也對日本較有好感。以致年輕一代，為人子女者對長輩這種心態說：「我爸爸的想法，看法跟我們不一樣，我們姊妹都說他是日本人。」年輕一代接受中國化教育，認同於中國。但是，戰前和戰後兩代的觀念的確產生了差距，如果我們不認為這代表上一代的台灣人已經皇民化了的證據，那麼或許楊肇嘉先生曾說過的下一段話足以道盡是什麼因素造成兩代間對日本觀感的歧異：「台灣人民唾棄日本、心懷祖國，並無異想異圖，那是確實的，並非因為我是一個台灣人而有偏袒之詞，但是，任何事都怕比較……。」[17]

日本殖民統治下，固然對台灣的語言歷史文化採取歧視政策，可是萬萬沒想到，日本人走後，號稱「祖國」的中國國民政府來到台灣之後，對台灣的語言文化歷史，所採取的歧視態度，比日本統治者有過之而無不及。台灣人「歡迎」了一個新的統治者後，又立刻被換上一套新的「國語」。在國民黨政權的「國語政策」下，台灣的本地語言再次受到比日本時代更嚴厲、更無情的摧殘。直到今天，戰後的新生代，能用自己本地母語流利交談的，已經不多了。可悲的是，許多本地子女，甚至以講自己的母語感到羞恥，這種對語言和歷史的歧視態度，不僅隱含強迫性，也隱含文化自卑感。

台灣人歷經日治初期的武裝抗日，以及二十餘年的政治社會運動，表達對殖民統治差別待遇的不滿。但是在日本統治者統治術的有效運用下，直至30年代後期，台灣人民的政治順從度愈來愈高。一般認為，台灣人已於日治期間養成的政治順從度，是造成戰後國民政府能順利接收台灣的主因。也就是說，戰後台灣民眾順從性地接受國民政權接管，應該和日本帝國所遺留下

---

17. 楊肇嘉，《楊肇嘉回憶錄》，台北，三民書局，1968年，頁364～365。

的社會控制體系（包括警察為代表的治安體制，與已被分化了的台灣地方派系的地方行政官僚），以及與一般台灣民眾已經習慣處於低度政治抗爭意識有關。[18]

　　十九世紀中葉以降，台灣社會由於宗族制度的發展、民間信仰的整合、商業經濟的繁榮及傳統文教制度的興盛，逐漸發展成為與中國完全相同的傳統社會。但是日治後，受到殖民政治、經濟體制的影響，台灣社會逐漸變遷。戰後台灣漸由傳統社會轉型為過渡性殖民社會，亦即是帶有同化意味的現代化取向社會，其主要特徵為高人口成長率、俗民社會逐漸崩潰、族長權威式家庭逐漸解體、都市化、社會階層漸趨平等化、近代民間團體勃興、專業化取向等特徵的現代社會。

18. 陳俐甫，《日治時期台灣政治運動之研究》，台北，稻鄉出版社，1996 年，頁 2～3。

第七章　結　論

本章針對研究課題的回應、本書貢獻之處、面臨困難與不足之處，以及未來待繼續加強的課題一一簡述如下。

第一節　對研究課題的回應

經過各章節之相關背景和主題之簡述，以及筆者歸納整理出各項發現要點後，擬就第一章緒論中所提出的研究課題做簡要回應如下：

㈠日本治台五十年間，隨著局勢之演變，其所採行的同化和殖民政策是不同的。每個時期的目標和重要教育政策為何？各時期的差異性又為何？

筆者將日本治台五十年分成三個時期。雖然這三個時期所採用的殖民統治政策和教育政策不同，但其殖民政策均將台灣人視為次等國民；而教育制度也一直存在著差別待遇的事實。唯其殖民目標始終一致，即在達成同化台灣人為日本臣民之目的。分別將此三期之殖民政策及教育政策臚列於下：

1. 1895～1919 年綏撫時期，其殖民政策以「漸進主義」和「無方針主義」為原則。而此時期的重大教育政策則為：「推行國語（日語）教育」；1896（明治 29）年頒發「教育敕令」和設立「國語傳習所」與「國語學校」；1897（明治 30）年頒發教育敕語；1898（明治 31）年「公學校規則之頒佈」，公學校成立；1905（明治 38）年設立蕃人公學校；1914（大正 3）年頒佈「蕃人公學校規則」。

2. 1919～1937 年文治時期，採行的殖民政策原則為「同化主義」和「內地延長主義」。展現在教育政策上的重要方針則為：1919（大正 8）年發佈「台灣教育令」、1922（大正 11）年發佈「修正台灣教育令」以及日台共學教育政策。

　　3. 1937～1945年皇民化時期，其殖民政策以「軍國民主義」為原則，以推行「皇民化運動」為主要方針。而此時期的教育政策則為：1937（昭和12）年廢止公學校漢文科，漢文書房全面禁止；1941（昭和16）年公佈「國民學校令」，廢除公學校及小學校之分軌學制；1943（昭和18）年義務教育制度的實施；1943年頒佈「廢止私塾令」，停辦所有書房；1943年將師範教育機關升格；1943年中等以上教育比照日本國內教育學制進行改革，並頒佈「中等學校令」，將中學校、高等女學校和實業學校化為一統。

　　㈡日本統治者期望透過教育制度和同化政策的控制，達到何種教育目標和殖民成效？

　　因應日本對台殖民統治各時期的目標呈現差異，因而其採行的殖民政策和教育政策亦配合而隨這變動。但是日本統治者期望達成的教育目標卻是明確的，即在「同化台灣人成為日本人」。在日治前期採綏撫政策（1895～1919年），日本統治者積極地善誘台灣人子弟入公學校就讀，期望養成有知識、有能力的殖民地人民，以提升殖民地人力所能發揮的最大經濟效益；並於殖民之初，即明白確立以普及日語為其教育的主要目標，旨在逐漸消弭台灣人的中國意識，達成同化台灣人為日本人之目標；在文治時期（1919～1937年），更積極地採行同化政策，但是表現在教育上的卻是明顯的差別待遇制度；進入戰爭時期（1937～1945年），為配合戰爭需要，學校和非學校體系全力支援「皇民化運動」的推行，以達成「鍊成皇國民」之目的，其最終目標在養成能效忠天皇，為天皇上戰場打仗的忠良皇民。

　　㈢日本統治者所欲形塑的殖民地兒童形象為何？

　　日本統治者殖民統治之初即宣示，其教育意圖在培養「尊皇室、愛本國、重人倫，養成本國精神」的臣民。除此外，強調良好生活習慣的養成、啟培兒童的良心、涵養兒童的德行、注重身體衛生保健、具有日本國民精

台灣公民教育與公民特性

神、涵養忠君愛國思想、養成尊王愛國的志氣,最後成為忠良的日本臣民。上述的特質被日本統治者視為良好的殖民地兒童所應該具備之特質,故學校各種措施和活動均配合此意圖以培養具備如是特質的殖民地兒童。

㈣日本統治者所欲形塑的殖民地兒童形象,和日本內地的教育官員所期望的日本兒童形象有何不同?

兩者最大差別在於,日本統治者希望「同化台灣人成為日本人」,但是這個「日本人」卻不是真正的「日本人」,其所欲培養的殖民地人民特質是:如同日本人般效忠天皇,但是卻不能跟殖民統治者要求權力的獲得和分享。如果日本人透過公民教育旨在養成日本公民,我們可以說,日本統治者在台灣實行的公民教育,旨在培養「臣民」,而非真正的「公民」。

㈤日本統治者如何透過學校體系及非學校體系,灌輸價值觀念給台灣人民?

首先確立普及日語政策,鼓勵台灣人將子弟送到日本人辦的公學校就讀。學校體系內各科再配合「修身」科以同化台灣人為目標,做為教學主要指引;在教科書中引用大量與日本皇室和英雄人物相關的教材,尤其因應戰爭需求,課文中相關愛國主義思想和鼓吹響應投入戰場為天皇效命的內容增多;並且透過在各儀式儀典上必宣讀教育敕語,以灌輸忠君愛國思想。另外,對於未入學之台灣成年人,更積極地於全台普設各項社會教化設施和組織,如「國語講習所」、「皇民奉公會」、「風俗改良會」、「青年團」等,透過這些組織和設施加強推廣日語和「國語家庭、」推展改姓名運動、實施志願兵制度和徵兵制度等措施以鍊成皇國民;並且為了怕中國意識將影響「同化」台灣人的成效,因此積極推動宗教信仰皇民化、風俗習慣皇民化(如放棄傳統服飾、改善住宅衛生設施、廢止陰曆新年、改用日式婚禮葬禮、廢除台灣特殊法律習慣等)以及文學戲劇皇民化等措施以灌輸其價值觀

念予台灣人。

㈥接受過長期日本教育的台灣人被培養出何種公民特性？

有趣的是，1920（大正 9）年後出現的台灣人自決自治運動也是日本教育下的產物。在 1920 年代，台灣知識分子充分顯現反同化主義的意念和精神，故積極領導台灣人為爭取屬於台灣人的自決自治權，改採以非武裝的和以法理為依據的方式，向日本統治者抗爭。尤其當日本統治者愈迫使台灣人民放棄他們自己的文化，並以「日本文化」取代之時，當地知識份子的民族情緒愈增高。但是到了皇民化時期，因為學校內全面地配合皇民化政策而推動皇民化教育，所以，多數的學生都存有為天皇效命是極大的殊榮。因此，受教育的年輕人志願當兵的人數不少，對於響應各項皇民化措施的意願也較強。整體而言，受日本教育的台灣人同化程度很深。尤其對於那些處在教育金字塔頂端的台籍知識份子，似乎實行得最為成功。

歸結來說，受日本教育的台灣人並沒有拒絕接受日本統治者所創造的殖民環境，也沒有拒絕接受異族的統治；他們雖然變成反日本殖民運動的組織者，但是因為長期接受日本教育，不管喜歡與否，這些台灣知識份子已經相當程度日本化了，即使反抗日本統治，台灣的知識分子仍然存在著對日本制度和價值的認同。我們可以說接受日本殖民教育者，透過府定的教科書，的確相當程度地讓台灣人形成一種「集體記憶」，也讓台灣人具有一體感的公民意識。

㈦台灣人面對各種政策和局勢變遷時，展現出何種公民特性？

日治初期的前十年，台灣人為了擺脫異族的統治，投入武裝抗日行動的人數相當可觀，表現出台灣人抵抗異族統治的勇氣和精神。但是武裝抗日行動受到警察嚴厲鎮壓而漸平息後，到了 1920 年代轉而訴求爭取台灣人應獲得更多的經濟、政治和社會利益上之權利為主。不管是透過激烈的武裝抗日

台灣公民教育與公民特性

行動或是自決自治運動，台灣人均展現出一種不屈服於異族統治的自主自治精神。雖然皇民化時期，部分台灣人（尤其知識份子）熱烈響應「皇民化運動」，然而有更多的台灣人僅僅止於採取「作秀」行為，敷衍日本統治者。我們可以說，日本統治者極力地推行各項政策，以期達成「同化台灣人為日本臣民」之目的。但是同化政策和皇民化政策所做的努力，並沒有徹底改變台灣人民的本質。但是同化政策仍然是相當成功的，這與台灣人具島國人民適應力強、包容性大的性格，亦有所關連。台灣人在歷經抗爭行動後，體認到難以成其抗爭目的時，漸漸地轉而呈現苟且和包容的順天認命態度，此實為一個有趣的現象。

(八)日本統治者的意圖和設計，在實際運作上遭遇到什麼困難？

可分成學校體系和非學校體系所各遭遇和困難簡述之。透過學校的教育，學童因為較無批判能力，所以對於教科書和老師所說的話「照單全收」，是必然的現象。當這些學童回到家中，面對父母親言談對話與課本內容有所出入時，則產生認同的矛盾和掙扎。還有明顯存在於學校內的差別待遇現象，也讓這些學生內心產生相當大的衝擊。筆者認為，這些曾受日本教育的知識份子雖難以擺脫學校內意識型態灌輸的影響，但是當體認和明察到日本統治者於學校內塑造的理想情境，顯然與諸多事情況不符時，對日本文化既存在著認同，卻又興起不滿和無奈的反抗意識。而發生在學校體系外，一般未受正規日本教育的成年人，對於社會教化運動的響應多半採取消極應對之態度和方式。

(九)日本殖民統治者的「錬成皇國民」預期目標和當時民間社會所展現的公民特性，兩者間的差距何在？

筆者認為下列兩項因素的存在，使得日本統治者的同化目標和台灣人所展現的公民特性間呈現「成效差距拉拔戰」。其一是對認同「中國文化」或

「日本文化」認知的差異所造成的影響;其二是對於良好「公民」定義之認知歧異所產生的影響。當日本統治者期待的是「塑造服從天皇的臣民」,而台灣人想追求的是展現台灣人的主體性,以追求「具有自決自治權利」為目的時,兩者間的衝突和抗爭勢必不斷。也使得日本統治者預期達成「鍊成皇國民」的教育目標與日治時期台灣社會的展現的民間意識和公民特性,兩者間出現和極大落差。

第二節 本書啟示與貢獻

一、本書啟示

　　1921(大正 10)年,台灣先賢蔣渭水先生在與林獻堂先生等人組成了台灣文化協會的成立大會時曾說:「台灣人現實有病了……,文化運動是對這病唯一的治療方法。」並曾多次強調教育的重要性。所以,我們今天在為台灣試圖尋找一個自主的立足點而努力時,必須跳出所有框住台灣的框架和圍籬,從教育及文化著手,徹底翻轉所有思維方式,積極改以重視台灣主體性為出發點的自主角度和自信胸懷來看中國、看亞洲、看全世界。

　　除了歸結出上述的相關發現外,提出數點足資吾人借鏡和深思的看法以呼應先賢蔣渭水和林獻堂先生的見解:

日治時期
台灣公民教育與公民特性

(一)應以台灣教育的台灣化和本土化為優先，並彰顯台灣教育的主體
性

　　長期以來，台灣主體性不是被忽略就是被打壓，如上述日本在台灣推行
的各級各類教育，所頒定的教育政策，雖然或多或少均賦予並協助台灣教育
邁向現代化的進步進展，但是也都具有濃厚的軍國主義和殖民地政策在內。
前者美其名為同化政策、皇民化政策或日本化政策，但其本質都是視教育為
政治的工具，欲透過學校教育徹底地改造台灣人的思想行為及生活方式，使
台灣人喪失自主意識，而變成日本帝國的忠良臣民。日本對台的教育政策，
無論是殖民地的壓制政策或軍國主義政策，對於台灣人民自尊心及自主性，
皆有極深的傷害。故應該鑑古知今，重新強調台灣教育的台灣化和本土化為
優先，並促使教育主體性之彰顯。

(二)落實本土教育，強調鄉土教育以培養愛鄉愛鄰里的本土情懷

　　日治時期之教育政策以養成效忠天皇之皇民為目標，縱使其亦重視鄉土
教育和社會教化，但多將其視為淡化中國文化意識之媒介和管道為首要動
機。日本統治者強調的社會教育和鄉土教育仍以錬成皇民為主要目標，致使
受過日式正規教育的台灣人長期來總懷有效忠天皇和君主的心態，而心儀的
文化不外乎崇敬日本文化或大中國文化，總是以一統的文化為主流或視之為
高尚文化的指標，而對鄉里的區域性特色則予以漠視或鄙視。如此的心態，
如何培養社區或鄉里子民養成愛鄉愛鄰里的本土情懷？又如何彰顯和發揚鄉
里的特殊文化和技藝？因此落實本土教育，強調鄉土教育便成為值得我們持
續強調的教育課題。

㈢秉持適性教育原則，實踐台灣教育機會均等理念

　　分析日治五十年日本所採行的殖民教育政策，明顯地對殖民地子女之教育施以歧視方式。先有隔離及分別設校措施，1922（大正11）年後雖進而採行日台共學仍制度，但台灣學生仍少有繼續升學管道。而少數得以升學的學生亦只能選讀農、醫，或師範學校，不可選讀文科、法科，尤其是政治類科。差別且歧視的教育政策遑論能提供促使教育機會均等實現的機會，因鑑於歷史的事實所產生的流弊，應秉持適性教育原則，力求台灣教育機會均等之落實。

㈣尊重多元文化和各種本土語言的和諧存在，以增益各種文化的永續發展

　　數百年來對台統治者，慣用各種政策強迫台灣人不可說台灣的語言，以及極盡所能地打壓台灣文化，目的無非在力求徹底貫徹同化政策。如日本治台展現在教育文化上，以「日本化」來替代「中國化」；而戰後國民黨政權接收台灣又以「中國化」替代「日本化」。因之，台灣各種文化及語言不僅未有受到尊重的機會，在政權更迭下層遭受各種「主流文化」之打壓和醜化，此現象導致台灣文化相較於「主流文化」不僅被塑造成貧瘠、不值得重視的文化。又由於，長久以來統治者的「用心良苦」早就造成台灣各族群對自己文化的漠視心態，業已使得台灣各種族群文化幾快銷聲匿跡。因此，如何避免獨尊某一種「主流文化」而抑制其他族群文化的永續和諧發展，實是我們該涵養給學生的氣質和態度。

二、本書貢獻

　　從研究史上說，本書至少在下列二點作出貢獻：

　　第一、拓展教育史研究的介面。本書從「公民教育」的概念出發，試圖透過分析學校體系以及非學校體系內與公民教育相關的政策和內容，以及可能影響公民特性形成的議題加以分析。當探討的對象和層面範圍擴大時，如要分析日治時期台灣人所展現的公民特性，須顧及並考量到各方面影響因素，再對這樣的時空背景作深入瞭解，才能更貼近地還原當時台灣人所呈現的公民意識，也才能歸結當時台灣人所展現的公民特性為何。

　　當然僅透過公民教育管道，有試圖將影響形塑台灣人特性的因素單純化並縮小化的不足。故眾所皆知，公民特性的養成不可能單靠學校內的某一科目，也不可能單靠學校教育就能完全形塑，它必定會受到家庭教育、學校教育和社會教育的影響，也必須靠學校內的所有科目、學校的文化氣氛、儀式、典禮和各項活動的支援。除此之外，放學後與畢業離開學校後所接觸的社會大眾和傳播媒體也都扮演著形塑個人人格特質的功能。因此本書除了分析學校教育，也把焦點放在與塑造公民特性各種相關的管道上，試著釐清日本殖民統治者的各種政策與措施，然後也試圖分析透過各種管道所達成的公民教育成效。

　　透過這樣的討論，不僅是針對台灣教育史的研究，同時也可以找到政治史、社會史和文學發展史研究的連接面。

　　第二、補足教育史研究的空白之處。尤其對於至今較少為人關注的當時民間生活概況和公民意識的表現此一議題，本書透過閱讀整理相關日治時期的傳記、回憶錄、著作，以及耆老口述歷史資料，試圖透過這些異於日本官

376

方所彙整公佈的統計數字加以真實的呈現當時台灣人的想法和真正感受。透過閱讀這些寓含充沛情感的作品，除了讓讀者更有深刻的感受外，對於官方所不可能保存或蒐集到的社會背景脈絡，透過懇切的字詞將當時台灣人的真實想法還原，並檢證官方數據資料的可信度，以及佐證隱含在數據下的是更深層的事實和意義。

　　其次，筆者在處理相關議題時都儘量先從日本內地的發展概況簡述，然後再進行日本內地和台灣本島的比較分析，亦關注於日本其他殖民地對於殖民教育相關政策的實施狀況，然後與台灣殖民教育作比較分析；另外對於此段歷史所實施的公民教育成效對戰後產生何種影響亦一併比較分析。所以本書除了重視同一時間不同地區和國家的發展外，也重視不同時期同一個地區的發展狀況，不僅重視歷史研究的縱向發展，也在乎橫向比較。透過對這些不同反應的分析，我們或能更正確地評估日本殖民統治對台灣人的影響。如此的努力除了有助於對台灣教育史的脈絡更加釐清外，也可以達到泛文化的研究成果。

第三節　未來課題

　　本書仍有許多未盡之處，尚值得進一步探究。臚列未來研究課題建議如下：

　　一、所謂公民教育的定義，在日治時期的界定是模糊的，當然也與一百年後，人類社會更趨向現代化、民主自由社會所界定的公民教育迥異。因此，筆者在界定「公民教育」一詞之字義意涵時，儘量採以寬鬆廣義的界定此做法導致所必須處理的相關議題就變得眾多，分析的焦點也會產生零散效

果。經閱讀及整理相關史料和文獻後，本文將「公民教育」界定為「道德教育」和「塑造少國民教育」之意涵。

　　然而因為史料蒐集的困難，對於道德教育及其成效本文涉獵較少，大多數篇幅傾向於闡述「塑造少國民教育」的過程、內容及其成效和影響；同樣的原因，使得本文在探討「公民特性」之議題時，亦偏重「具有國家觀念」之特質加以探討。相對地，對於日本統治者如何推展道德教育，並改善及養成台灣人具備良好德行規範之行為闡述較少。此導因於，相關道德教育方面的成效難以做客觀估測，所以官方記錄下來的資料較為闕如，此為本文在探討「道德教育」及檢視「公民特性」所遭遇的主要問題。另外關於日治時期對「公民教育」一詞的義涵界定，筆者亦認為尚有再做深入探究的必要。

　　二、本書著重於對法規與教科書的分析，關於學校文化的研究尚待後續努力。學校文化是指學校這個組織及其成員的行為模式，這不只指視覺可觀察到的層次，還包括影響行動的意識、價值觀、習慣及風俗等。一般說來，在學校文化下會產生三種次級文化，一是表現在校風、課程、校規、學校教育目標、時間分配、學校行事等方面，這是屬於制度上的次級文化；二是由教師的人格、教學所形成的教師次級文化；三是學生間相互作用產生的學生次級文化。

　　三者間的關連性探討，可針對當時的教育論述進行分析。同時，對日治時期公學校如何透過活動、儀式儀典進行公民教育，亦可以藉由當時代人的回憶錄、校長或教師訓辭，及對曾受過日治時期殖民教育經驗的人進行訪談來加以重建，還原當時教育的情境。

　　三、本書為探究日治時期當時民間社會所展現的生活型態、想法和公民意識，除參考文獻，另外僅閱讀這些耆老的著作、回憶錄、傳記和口述歷史資料，雖然提供了筆者還原和回顧歷史真相，但是未能針對本書議題之需

求，採以口述歷史方法訪問到更多耆老，將其經驗和感想化為文字記錄留存下來，實為可惜。

　　參考傳記、著作、回憶錄當然是筆者獲取資料可行之道，但是因為這些見證人中第二期（1919～1937 年文治時期）的著者特別少，第一期（1895～1919 年綏撫時期）最多，第三期（1937～1945 年皇民化時期）又次之。這三期的人都出生在日本統治下、受過日本教育，但為何產生的著作數量如此懸殊呢？概括地說，這跟他們所處的時代背景有很大關係。

　　第一期的人因生於改隸日本統治之後不久，受台灣傳統文化的影響相當深，所以還存有一點漢文底子。憑這一點文化遺產，他們戰後較易融合於中文之社會。第二、三期的人因出生較晚，大多沒有漢文基礎，故以日文、日語為思想與表達之工具。還有，他們從小即受斯巴達式的日本教育，處事待人各方面與中國式社會（重人情、紅包文化）格格不入，所以解嚴以前，他們可說是台灣社會失落的一代。這兩期當中第二期尤為可憐。因為他們所受的教育都在戰前，戰爭中又被迫上戰場，戰後匆匆忙忙地投入社會，再也沒有重返學校進修之機會。第三期的人較幸運一點，因為他們都在戰後完成了他們最高階段之學校教育，雖在戒嚴體制下思想與行動多受控制，但在整個世界新潮流之激盪下，他們內在的思想發展也更廣闊而有力了。

　　如今屬於第一、二期者年齡都已在八十歲以上，要他們自己動筆留下歷史的見證恐有困難，但他們是最能澄清台灣近代史中最迷惑時期的一代，其補救方法可採用口述歷史。期能繼續深耕，除了申請專案或針對部分史料缺乏的部分或議題予以補作口述歷史外，更多紛紛出爐的傳記、文學著作、回憶錄、口述歷史期刊和資料都待更廣泛地閱讀。這也是筆者想致力於後續研究的重點。

　　四、歷史研究的難題之一，即在於只能就有限的史料進行有限的推論，

379

本書亦遭遇這樣的困難。倘若筆者手邊得以掌握更多一手史料,推論將更具說服力,然而限於時間和能力之侷限,本書在引用一手史料及推論上尚差強人意,將續以此時期和議題於日後加以研究,引證更多一手資料,期能有所新發現或更深入的分析。另外對於官方資料與傳記、回憶錄內容出現相衝突和矛盾時,本書採以並呈方式處理資料間相互矛盾的問題,不過繼續考證史料和資料相矛盾也是值得再努力的地方。

深思與本書相關的未來課題,除了期許做為筆者後續研究外,並希望號召有志研究台灣教育史相關議題者共同努力,臚列相關本書的未來課題如下:

一、日本治台五十年在不同時期存在差異的政治氣氛、教育思潮以及統治台灣的需要,因此各時期的教育政策呈現不同的特色。使用各期教科書的兒童,長大後的想法或表現,是否深刻地受到公學校教育的影響呢?又產生了何種影響影響?筆者認為這也是一個有趣且待後續再進行分析的議題。

二、部份史料可透過口述歷史,加以檢證成效,如學校文化、儀式儀典、活動舉辦形式及影響。故可透過口述歷史方法補充史料不足的問題。

三、對日本其他殖民地進行比較分析,對象包含日本本土以及同在日本帝國統治下的其他諸殖民地,如朝鮮、滿洲、南洋以及中國的淪陷區等地,也就是「帝國規模」的研究是必要的。就日本諸殖民地公民教育實施狀況及影響做更深入分析,可藉泛文化比較研究之成效擴展視野。

四、就教育的範疇而言,日本政府在不同的時間、不同的地域有著怎樣不同的統治樣貌,這種統治是基於何種意圖,以及經由何種方式來達成,是幫助我們了解日本如何統治台灣的方法之一,也值得深入探究。

五、全面分析日本內地從明治維新至戰後的公民教育實施狀況和影響,也是一個有助釐清日本統治台灣如何實行公民教育策略的基礎背景。

六、本書礙於筆者時間之受限,書中未能針對「國史」與「地理」兩科

進行分析，實為可惜，後續可就「國史」與「地理」兩科進行深入探討。由於「修身」、「國史」、「地理」、「國語」四個教科在達成國民精神之涵養上扮演著重要角色，所以有必要再就「國史」和「地理」兩科進行分析。如此將更可釐清學校體系內公民教育實行的面貌。

七、相關於原住民公民教育實施現況的史料相當缺乏，因此本文並未針對原住民公民教育實施成效和原住民展現的公民特性部分於文中分析研究，尚待後續努力。

八、有關當時社會生活概況和公民意識的深入探討，有賴更多史料之發掘。而後續也可以從更多元層面還原當時民間生活的點滴和當時人的想法，如透過分析歌謠、戲劇等。讓人們更能從中認識台灣的歷史與文化。

九、文化協會在台灣知識份子所引領的政治社會運動中扮演著重要角色，將文化協會與新劇運動、新文學運動、電影放映團之關聯做更深入探討，將能更詳盡知道當時台灣知識份子的公民意識和為挑戰日本強權所做的努力。

十、《台灣民報》素有為台灣人喉舌之稱。唯本書限於篇幅僅摘錄數篇社論予以佐證分析，若能詳盡分析《台灣民報》所登載之社論及各篇報導，對於瞭解當時社會概況將助益甚多。

歷史是歷史家與歷史事實之間不斷交互作用的過程，
現在和過去之間永無終止的對話。

—20th英國歷史學家卡耳（Edward Carr）

參考書目

一、中日文參考書目

《台灣日日新報》，1925 年 1 月 14 日第 2 版。

《台灣民報》，社評〈團結組織的必要〉，第 94 號，1926 年 2 月 28 日。

《台灣時報》，＜徵兵特輯＞，1944 年 9 月號，台灣總督府情報部。

《台灣教育會雜誌》，〈內外彙報の學事諮問會〉，第 1 號，1901 年 7 月。

《台灣教育會雜誌》，第 11 號，1903、2 年。

《台灣教育會雜誌》，第 12 號，1903 年。

《台灣教育會雜誌》，第 28 號，1904 年。

《台灣教育會雜誌》，第 34 號，1905 年。

《台灣教育會雜誌》，第 3 號，1901 年。

《台灣教育會雜誌》，第 4 號，1901 年。

《台灣總督府國語學校校友會雜誌》，第 17 號，1905 年。

《台灣總督府第四十三統計書（1939 年）》，台北，1939 年。

《台灣警察沿革誌》第 3 卷，台灣總督府警務局，1939 年。

《民俗台灣》第 2 卷第 2 號，編輯後記，《皇民化政策與民俗台灣》，台北，
　　1941～1944 年。

《林獻堂日記》，1940 年 11 月 6 日；11 月 7 日；11 月 8 日；11 月 18 日；11
　　月 28 日；1941 年 2 月 2 日。

《後藤新平文書》第 8 部第 107 號，＜鳳山公學校現今狀況概要＞。

《國語學校校友會雜誌》，第 20 號，1906 年。

台灣公民教育與公民特性

《臨時台灣舊慣調查戶第一部調查第二回報告書》，第 4 冊。

ねずまをし著，程大學譯，<「皇民化」政策與「民俗台灣」>，《台灣文獻》33 卷 2 期，1981 年 2 月。

上沼八郎，《伊澤修二》，東京，吉川弘文館，1962 年。

土沼八郎一文，<台灣省通志搞整修辦法>，87、88 期，1993 年 7、8 月。

山住正己，《日本教育小史》，東京，岩波新書，1987 年。

山崎睦雄，《國語問題的解決》，台北，1939 年。

山邊健太郎，《現代史資料》，東京，みすず書房，1977 年。

山邊健太郎編，《「現代史資料（21）台灣（1）」解說》，東京，書房，1971 年。

川村竹治，《台灣的一年》，東京，時事研究會，1930 年。

中內敏夫，《軍國美談と教科書》，東京，岩波新書，1991 年。

中村哲，《文化政策としての皇民化問題》，台灣時報，1941 年。

中越榮二，《台灣の社會教育》，1993 年 10 月。

井出季和太，《台灣治績志》，台北，台灣日日新報社，1937 年。

方豪，〈台灣史研究的回顧與前瞻〉，《國立台灣大學三十週年校慶專刊》，台北，國立台灣大學，1976 年。

木村匡，〈台灣の普通教育〉，《台灣教育》第 28 卷第 4 期，1904 年 7 月。

王乃信、林至潔，《台灣總督府警察沿革誌》第 2 編，治台以後的治安狀況，中卷，台灣社會運動史，第四冊無政府主義運動民族革命運動農民運動，台北，創造出版社，1989 年。

王文玲，《日據時期台灣電影活動之研究》，國立台灣師範大學歷史研究所碩士論文，1994 年。

王育德，《台灣－苦悶ずる歷史》，東京，東京弘文堂，1970 年。

王育德，《台灣－苦悶的歷史》，台北，草根出版社，1999 年。

加藤春城，〈國語讀本卷一、卷二編纂要旨〉，《台灣教育》，第 419 號，
　　1937 年。

加藤春城，《台灣教科書の編纂について》，東京，1939 年。

古川哲史，《日本道德教育史》，有信堂，1972 年。

史明，《台灣人四百年史》，東京，音羽書房，1962 年。

台中州教育會，《「教育實際化」第七輯—學校經營》，上卷，1935 年。

台中州教育會，《台中州教育實際（二）—公學校の修身教育》，上卷，
　　1931 年。

台中州教育課，《台中州教育展望》，1935 年。

台南州，《社會教育要覽》，台南，台灣日日新報社台南支局，1936 年 12 月
　　20 日。

台南州，《社會教育概況》，1939 年。

台灣行政長官署，《台灣省教育概況》，1946 年。

台灣神職會，《國式葬祭指針》，1938 年。

台灣教育會，《台灣教育沿革誌》，台北，台灣教育會，1939 年。

台灣總督府，《公學校修身書，教師用，卷一》，台北，台灣總督府，1913
　　年。

台灣總督府，《公學校修身書卷五卷六編纂趣意書》，台北，台灣總督府，
　　1919 年。

台灣總督府，《台灣の社會教育》，台北，台灣總督府，1937～1942 年。

台灣總督府，《台灣事情》，台北，台灣總督府，1936 年。

台灣總督府，《台灣事情》，台北，台灣總督府，1942 年。

台灣總督府，《台灣統治概要》，台北，台灣總督府，1945 年。

台灣公民教育與公民特性

台灣總督府，《台灣總督府第三十（1925）統計書》，台北，台灣總督府，
　　1928 年。

台灣總督府，《詔勅、令旨、諭告、訓達類纂》，台北，台灣總督府，1985
　　～1940 年。

台灣總督府情報局，《時局下台灣の現在と其將來》，台北，台灣總督府，
　　1940 年。

台灣總督府警務局，《台灣總督府警察沿革誌》，第 4 卷，台北，台灣警察
　　協會，1933～1941 年。

台灣總督府警務局，《台灣警察法規（下）》，台北，台灣警察協會，1943
　　年。

弘谷多喜夫、廣川淑子、鈴木昭英，〈臺灣・朝鮮における第二次教育令に
　　おる教育體系の成立過程＞，《教育學研究》，第 39 卷 1 號，1972 年。

白井朝吉、江間長吉著，《皇民化運動》，台北，東台灣新報社台北支局，
　　1939 年。

矢內原忠雄著，周憲文譯，《日本帝國主義下之台灣》，台北，帕米爾書
　　店，1985 年。

吉野秀公，《台灣教育史》，台北，台灣日日新報社，1927 年。

朴慶植，《朝鮮三一獨立運動》第二章，東京，平凡社，1976 年。

江間常吉、白井朝吉合著，《皇民化運動》，台灣新報社，1939 年。

竹內清，《事變と台灣人》，台北，台灣新民報社，1943 年。

竹越與三郎，《台灣統治志》，東京，東京博文館，1905 年。

何義麟，《皇民化政策之研究—日據時代末期日本對台灣的教育政策與教化
　　運動》，台北，中國文化大學日文研究所，1986 年。

佐藤源治，《台灣教育の進展》，台北，台灣出版文化株式會社，1943 年。

吳文星，〈日據時代台灣書房之研究〉，《思與言》，第 16 卷第 3 期，1978
　　年。

吳文星，《日據時期台灣師範教育之研究》，國立台灣師範大學歷史研究所
　　碩士論文，1979 年。

吳文星，《日據時期台灣領導社會階層之研究》，國立台灣師範大學歷史研
　　究所博士論文，1986 年。

吳文星，《台灣教育史展示規劃研究》，國立台灣師範大學教育研究中心專
　　題研究成果報告，2000 年。

吳密察，〈從日本殖民地教育學制看台北帝國大學的設立〉，《台灣近代史
　　研究》，台北，稻鄉出版社，1991 年。

吳濁流，《吳濁流集》，台北，前衛出版社，1991 年。

吳濁流，《無花果》，台北，草根出版社，1995 年。

呂澤俊義，《憲法》，東京，有斐閣，1985 年。

尾崎秀樹，《舊殖民地文學の研究》，東京，勁草書房，1971 年。

李永熾，〈明治日本「家族國家」觀的形成〉，《日本近代史研究》，台
　　北，稻禾出版社，1992 年。

李園會，《日本統治下における台灣初等教育の研究》，瑞和堂，1981 年。

李筱峰，〈二二八事件前的文化衝突〉，《史聯雜誌》，第 19 號，1991 年。

李筱峰、劉峰松，《台灣歷史閱覽》，台北，自立晚報文化出版，1994 年 4 月。

村上重良，《國家神道と民眾宗教》，東京，吉川弘文館，1982 年。

杜正勝，〈中國史在台灣研究的未來〉，《歷史月刊》，第 92 期，1995 年。

汪知亭，《台灣教育史料新編》，台北，台灣商務印書館，1978 年。

周婉窈，《日治時代的台灣議會設置請願運動》，台北，自立報系文化出版
　　社，1989 年。

台灣公民教育與公民特性

宜蘭縣立文化中心,《宜蘭耆老談日治下的軍事教育》,宜蘭,宜蘭縣立文
　　化中心,1996 年。

東石郡葬祭改善會,《東石郡葬祭改善會則》,台南,1940 年。

東鄉實、左藤四郎,《台灣殖民發展史》,台北,晃文館,1916 年。

E.Patricia Tsurumi著,林正芳譯,《日治時期台灣教育史》,宜蘭,財團法人
　　仰山文教基金會,1999 年。

林玉体,《教育改造與政治革新》,台北,師大書苑,2000 年。

林呈祿,〈對台灣教育令的批評〉,《台灣青年》,第 4 卷第 1 號,1922 年。

林忠勝,《朱昭陽回憶錄》,台北,前衛出版社,1997 年。

林忠勝,《陳逸松回憶錄—太陽旗下風滿台》,台北,前衛出版社,1994 年。

林品桐,〈日據初期之「國語」(日語)教育政策及措施〉,《台灣文獻》,
　　第 50 卷,第 2 期,1999 年。

林柏維,《台灣的民族抗日運動團體—台灣文化協會之研究(1921～1927)》,
　　私立文化大學歷史研究所碩士論文,1984 年。

林茂生著,林詠梅譯,《日本統治下台灣的學校教育—其發展及有關文化之
　　歷史分析》,台北,新自然主義,2000 年。

林莊生,《一個海外台灣人的心思》,台北,望春風文化,1999 年。

武內貞義,《臺灣慣習》,台北,1915 年。

信濃教育會編,《伊澤修二選集》,東京,1958 年。

春山明哲,〈臺灣における皇民化政策〉,菅孝行編,《叢論日本天皇
　　制Ⅱ》,東京,拓植書房,1987 年。

皇民奉公會中央本部刊行,《皇民奉公運動》,皇民奉公會宣傳部,1942 年。

唐澤富太郎,《教科書の歷史》,東京,創文社,1980 年。

宮川次郎,《台灣の政治運動》,台北,台灣實業眄社,1931 年。

徐南號，〈日本統治時期對台灣教育之影響〉，《台灣教育史》，台北，師
　　大書苑，1996 年。

海老原治善，《現代日本教育政策史》，第 1 卷，東京，1965～1967 年。

海後宗臣・仲新，《教科書でみゐ近代日本の教育》，東京，東京書籍株式
　　會社，1986 年。

秘書類纂，台灣資料，秘書類纂刊行會，1936 年。

高山凡石，《道》，台北，皇民奉公會宣傳部，1943 年。

國民精神總動員台北支部，《本島婦人服裝の改善》，台北，1940 年。

國府種武，《台灣における國語教育の展開》，台北，第一教育社，1941 年。

張文環著，廖清秀譯，《滾地郎》，台北，鴻儒堂，1976 年。

張正昌，《林獻堂與台灣民族運動》，師大歷史，1980 年。

張炎憲，〈日據時代台灣政治社會運動史研究的回顧與展望〉，《思與言》，
　　第 23 卷第 11 期，1985 年。

張炎憲，〈台灣文化協會的成立與分裂〉，《中國海洋史發展論文集》，中
　　研院三民所，1984 年。

張炎憲，〈簡介日本對日據台灣史的研究概況〉，《思與言》，第 17 卷第 4
　　期，1979 年。

張國興，〈日本殖民統治時代台灣社會的變化〉，《台灣史論文精選 下》，
　　台北，玉山社，1996 年。

張國興，〈日本殖民統治時代台灣社會的變化〉，《台灣史論文精選》，1996
　　年。

張勝助，《日據時期台灣報界的抗日運動》，文化政治，1981 年。

莊永明，《台灣百人傳》(1)(2)(3)，台北，時報文化，2000 年。

許世楷，《日本統治下の台灣—抵抗と彈壓》，東京，東京大學出版社，

1972 年。

許佩賢，《塑造殖民地少國民—日據時期台灣公學校教科書之分析》，台
　　北，台灣大學歷史研究所碩士論文，1994 年。

許倬雲、李國祁主講，李惠華整理，〈近百年來中國的歷史學發展軌跡〉，
　　《歷史月刊》第 154 期，2000 年。

許雪姬，〈王振華訪問記〉，《口述歷史》，第 3 期，1992 年。

許極燉，《台灣近代發展史》，台北，前衛出版社，1996 年。

陳三郎，《日據時代台灣留學生之研究》，東海歷史，1981 年。

陳正醍，〈台灣の鄉土文學論戰（1977～1978）〉，《台灣近代史研究》，
　　第 3 號，1981 年。

陳俐甫，《日治時期台灣政治運動之研究》，台北，稻鄉出版社，1996 年。

陳紹馨，《台灣省通誌稿卷二人民志人口篇》，台灣省文獻委員會編，1964
　　年。

堀尾輝久，〈大正民本主義と教育〉，《天皇制國家と教育》，東京，青木
　　書店，1990 年。

彭明敏，《自由的滋味》，台北，前衛出版社，1989 年。

朝鮮總督府，《施政三十年史》，京城，1940 年。

游鑑明，《日據時期台灣的女子教育》，國立台灣師範大學歷史研究所碩士
　　論文，1987 年。

黃呈聰，〈對於台灣人兵役問題〉，《台灣民報》，第 2 卷第 15 期，東京，
　　1924 年。

黃秀政，〈台灣武裝抗日運動：研究與史料（1895～1915）〉，《思與言》，
　　第 23 卷第 1 期，1985 年。

黃昭堂，《台灣總督府》，東京，教育社，1981 年。

黃得時，〈從台北帝國大學到國立台灣大學現況〉，《台灣文獻》，第 26、
　　27 卷第 411 期合刊。

黃樹仁，《日據時期台灣知識份子的意識形態與角色之研究》，政大政治研
　　究所論文，1980 年。

楊肇嘉，《楊肇嘉回憶錄》，台北，三民書局，1968 年。

葉石濤，《一個台灣老朽作家的五〇年代》，台北，前衛出版，1995 年。

葉榮鐘，《台灣人物群像》，台北，帕米爾書店，1985 年。

葉榮鐘，《台灣民族運動史》，台北，自立晚報社，1971 年。

詹茜如，《日治時期台灣的鄉土教育運動》，國立台灣師範大學歷史研究所
　　碩士論文，1993 年。

慶谷隆夫，《台灣の民風作興運動》，台灣時報，1937 年 1 月號。

歐用生，〈日據時代台灣公學校課程之研究〉，《台南師專學報》，第 12
　　期，1979 年。

蔡培火，《台灣民族運動史》，台北，自立晚報叢書編輯委員會，1971 年。

蔡培火，《與日本國國民書》，台北，學術出版社，1974 年。

蔡禎雄，《日本統治下台灣における初等學校教科體の歷史的考察》，日本
　　筑波大學博士論文，1991 年。

蔡禎雄，《日據時代台灣初等學校體育發展史》，台北，師大書苑，1995 年。

駒込武，〈異民族支配の＜教義＞―台灣漢族の民間信仰と近代天皇制のあ
　　いだ―〉，《近代日本と殖民地 4》，1933 年。

賴和，《賴和集》，台北，前衛出版社，1990 年。

龍瑛琮，《文芸台灣と台灣文芸》，台灣近現代史研究會編，第 3 號，1982 年。

戴國輝，《台灣と台灣人》，東京，研究出版，1979 年。

濱田秀三編，《台灣演劇現狀》，台北，丹青書房，1943 年。

謝春木，《台灣人的要求》，台北，台灣新民報社，1931 年。

簡炯仁，《日據時期台灣知識份子的抗日運動─台灣民眾黨之研究》，台大
政治研究所論文，1977 年。

蘇瑞田，《日據時期台灣社會運動的資源動員─歷史學與社會學結合的嘗
試》，國立新竹師範學院社會科教育學系，1998 年。

鶴見佑輔，《後藤新平傳》，太平洋協會，1943 年。

鶴見佑輔，《後藤新平傳》，第 1 卷，東京，後藤新平傳記編纂會，1937～1938
年。

鶴見佑輔，《後藤新平傳》，第 2 卷，東京，後藤新平傳記編纂會，1937～1938
年。

鶴見俊輔著，李永熾譯，《日本精神史》，台北，學生書局，1984 年。

鶴見祐輔，〈後藤新平傳〉，《台灣統治篇（上）》，東京，太平洋協會出
版部，1943 年。

鷲巢敦哉，《台灣保甲皇民化讀本》，台北，台灣警察協會，1941 年。

鷲巢敦哉，《台灣保甲皇民化讀本》，台北，東都書籍株式會社，1941 年。

二、英文參書書目

Arnold T. H, *Education in Formosa, Department of Interior, Bureau of Education*,
Washington, 1908.

Barclay, George, *Colonial Development and Population in Taiwan*, Princeton, 1954.

Chen, Ching-chih, *The Police and the Hoko Systems in Taiwan under Japanese Admin-
istration (1895～1945)*. In Albert Craig, ed. Papers on Japan, 4. Cambridge,
Mass, Harvard East Asian Research Center,1967.

Chen, Ching-chih, *Japanese Socio-Political Control in Taiwan, 1895~1945*, Ph. D. Dissertation., Harvard University, 1973.

Chen, I-te , *Japanese Colonialism in Korea and Formosa*：*A Comparison of its Effects upon the Development of Nationalism*, Ph. D., Dissertation, University of Pennsylvania, 1968.

E. Patricia Tsurumi, *Japanese Colonial Education in Taiwan, 1895~1945*, Cambridge Mass, U.S.A. and London, England: Harvard University Press, 1977.

George Barclay, *Colonial Development and Population in Taiwan*, Princeton, 1954.

Hall, Ivan P. *Mori Arinori*. Cambridge, Mass., Harvard University Press, 1973.

Harry J. Lamely, *The 1895 Taiwan Republic*: *A Significant Episode in Modern Chinese History*, Journal of Asian Studies, 27.4: 739~762, August, 1968.

Lamely, Harry J., *The 1895 Taiwan War of Resistance*; *Local Chinese Efforts Against a Foreign Power*, in Leonard H. D. Gordon, ed., Taiwan: Studies in Chinese Local History, New York, 1970.

Michio, Nagai, *Higher Education in Japan*: *Its Take-off and Crash*, Tokyo, 1971.

Miller, T.W.T., ed., *Education in South-East Asia*, Sydney, 1968.

附錄一　日治時期年曆對照表

中　曆	日　曆	公　曆	中　曆	日　曆	公　曆
光緒　21	明治　28	西元　1895	民國　15	昭和　元年	西元　1926
22	29	1896	16	2	1927
23	30	1897	17	3	1928
24	31	1898	18	4	1929
25	32	1899	19	5	1930
26	33	1900	20	6	1931
27	34	1901	21	7	1932
28	35	1902	22	8	1933
29	36	1903	23	9	1934
30	37	1904	24	10	1935
31	38	1905	25	11	1936
32	39	1906	26	12	1937
33	40	1907	27	13	1938
34	41	1908	28	14	1939
宣統　元年	42	1909	29	15	1940
2	43	1910	30	16	1941
3	44	1911	31	17	1942
民國　元年	大正　元年	1912	32	18	1943
2	2	1913	33	19	1944
3	3	1914	34	20	1945
4	4	1915	35	21	1946
5	5	1916	36	22	1947
6	6	1917	37	23	1948
7	7	1918	38	24	1949
8	8	1919	39	25	1950
9	9	1920	40	26	1951
10	10	1921	41	27	1952
11	11	1922	42	28	1953
12	12	1923	43	29	1954
13	13	1924	44	30	1955
14	14	1925	45	31	1956

附錄二　師範學校教育相關法令大事年表暨日本治台統治關係者一覽表

西曆	日本年號	月	日	社會大事	師範學校教育相關事項	內閣就任	中央主管大臣就任	總督就任	總務長官就任	文教局長就任	備註
1892年	明治25年	8	8			第二次伊藤博文					
1895年	明治28年	4	17	馬關條約簽訂							
		5	8	馬關條約批准交換							
		5	10	樺山資紀出任第1任台灣總督				樺山資紀			
		5	21	「台灣總督府假條例」發佈	伊澤修二出任學務部長						
		5	25	唐景崧出任「台灣民主國」總統抵抗日軍上陸							
		6	7	日軍登陸基隆							
		6	14	日軍攻陷台北城							
		6	17	台灣總督府行「始政式典」					水野遵（民政局長）就任	伊澤修二（學務部長）就任	

年	月	日	法令／師範相關事項	有關師範事項	大臣就任	就任	就任
1895年 明治28年	6	18		學務部業務開始			
	6	30			首相（台灣事務局）		
	7	16		伊澤招募7名台灣人開始傳授國語			「國語」係日語
	10	17		第一批國語傳習生畢業並受聘為學務部雇員			
1896年 明治29年	3	31	敕令第88號公佈「台灣總督府條例」及「六三法」				
	3	31	敕令第91號公佈「台灣總督府地方官制」				
	3	31		敕令第94號「台灣總督府直轄諸學校官制」公佈	拓殖務省大臣島炳之助	水野遵（民政局長）	「國語」學校及「國語」傳習所開設
	4	1					

台灣公民教育與公民特性

西曆	日本年號	月	日	社會大事	師範學校教育關聯事項	內閣就任	中央主管大臣就任	總督就任	總務長官就任	文教局長就任	備註
1896年	明治29年	6	2	桂太郎出任第2任台灣總督				桂太郎			
		7	1		第一期講習員講習結束，分發至全島各地國語傳習所任教						
		9	18			第二次松方正義					
		9	25		府令第38號公佈「台灣總督府國語學校規則」						
		10	14	乃木希典出任第3任台灣總督				乃木希典			
1897年	明治30年	7	20						曾根靜夫（民政局長）		
		7	21		敕令第242號公佈「國語學校官制」					兒玉喜八（學務部長事務管理）	
		7	30							兒玉喜八（學務課長）	
		11	1								

1898年 明治31年	月/日	教育關事項	大臣就任	就任	就任	就任
1898年 明治31年	1　12		第三次 伊藤博文			
	2　8			內務省大臣（台灣事務局）芳川顯正		
	2　26	兒玉源太郎出任第4任台灣總督		兒玉源太郎		
	3　2	敕令第108號「台灣總督府地方官」制修正公佈			後藤新平（民政局長）	將台灣改成3縣3廳
	6　18					
	6　20		第一次 大隈重信			
	6　30			板垣退助		
	7　22			內務省大臣（台灣事務局廢止）板垣退助	後藤新平（民政官）	
	7　28	敕令第178號「台灣公學校令」公佈				10月1日開始實施

台灣公民教育與公民特性

西曆	日本年號	月	日	社會大事	師範學校教育相關事項	內閣就任	中央主管大臣就任	總督就任	總務長官就任	文教局長就任	備註
1898年	明治31年	11	8			山縣有朋	西鄉從道				
		12	8	總督向台北、台中、台南3縣知事接出設立師範學校的照會							
1899年	明治32年	2	20		總督府向日本內部大臣提出設立師範學校的稟申						
		3	31		敕令第97號「台灣總督府師範學校官制」公佈						
		4	13		府令第31號「台灣總督府師範學校規則」公佈						
1900年	明治33年	6	25							木村匡（學務課長）	
		8	10		府令第61號「台灣總督府國語學校畢業生服務規則」公佈						
		10	19			第四次伊藤博文	末松謙澄				

西元／年號	月	日	育關聯事項	就任	大臣就任	就任	就任	備註
1901年 明治34年	2	28					松岡弅（學務課長）	將台灣改成3縣4廳
	5	1	敕令第87號地方官制改正公佈					
	6	2		第一次桂太郎	內海忠勝			
1902年 明治35年	1	31	告示第31號 公佈將台北、台中兩師範學校廢止					
	3	20	府令第52號「台灣總督府國語學校規則」修正公佈					
	7	6					佐藤弘毅（學務課長）	
	7	6	府令第56號「台灣總督府國語學校及師範學校畢業生服務規則」公佈					
1903年 明治36年	7	15		兒玉源太郎				
	10	12		首相兼任桂太郎				

台灣公民教育與公民特性

西曆	日本年號	月	日	社會大事	師範學校教育關聯事項	內閣就任	中央主管大臣就任	總督就任	總務長官就任	文教局長就任	備註
1904年	明治37年	12	7							持地六三郎（學務課長）	
		2	20			芳川顯正					
		7	8		敕令第187號廢止師範學校官制						將學生併入國語學校
1905年	明治38年			日俄戰爭開戰							
		9	16				農商務相兼任清浦奎吾				
		12	23		府令第91號「國語學校規則」修正公佈						
1906年	明治39年	1	7			第一次西園寺公望					
		4	15	佐久間左馬大出任第5任台灣總督				佐久間左馬大			
		11	13						視辰巳（民政長官）		
1908年	明治41年	4	1	小學校義務教育制度開始實施							
		5	30						大島久滿次（民政長官）		

年	月	日	教育關聯事項	內閣	大臣就任	就任	就任	備註
1909年 明治42年	7	14		第二次桂太郎	平田東助			設學官編修官
	5	4	敕令第127號「台灣總督府官制」改正					
1910年 明治43年	5	7	府令第41號「國語學校規則」修正公佈					
1911年 明治44年	6	21				內田嘉吉		
	8	22		第二次西園寺公望	首相（拓殖局）			
	8	30						
	10	10	中國大陸辛亥革命發生					
	10	16	中華民國成立					
1912年 明治45年 大正元年	1	1						
	12	21		第三次桂太郎			隈本繁吉（學力課長）	
	2	20		第一次山本權衛兵				
1913年 大正2年	6	13			內務省大臣原敬			

403

台灣公民教育與公民特性

西曆	日本年號	月	日	社會大事	師範學校教育關聯事項	內閣就任	中央主管大臣就任	總督就任	總務長官就任	文教局長就任	備註
		12	4		宜蘭公學校長中田哲夫受命赴日本內地小學校視察						
1914年	大正3年			第一次世界大戰開始							
		4	16			第二次大隈重信	首相兼任大隈重信				
		4	18	林獻堂等組「台灣同化會」			大浦兼武				
1915年	大正4年	1	7								
		5	1	安東貞美出任第6任台灣總督				安東貞美			
		7	17	始政20週年紀念實施斷髮足儀式							
		7	30				首相兼任大隈重信				
		8	10				一木喜德郎				
		10	20					下村宏			
1916年	大正5年	10	9			寺內正毅	後藤新平				
1917年	大正6年	7	28				首相（拓殖局）				

附錄二　師範學校教育相關法令大事年表暨日本治台統治關係者一覽表

年	月	日	教育相關事項	大臣就任	就任	就任	
1918年大正7年	6	6	明石元二郎任第7任台灣總督、第一次世界大戰結束		明石元二郎		
	9	29		原敬			
1919年大正8年	1	4	敕令第1號「台灣教育令」公佈				
	2	1	教育令施行的有關事項總督之諭告及訓令公佈				台灣教育令定於4月1日起實施
	3	1	朝鮮半島為爭取獨立發生「萬歲事件」				
1919年大正8年	3	31	府令第23號「師範學校規則」改正公佈				
	3	31	府令第24號「師範學校內地人員養成規則」發佈				
	3	31	府令第25號「師範學校附屬公學校規則」發佈				

台灣公民教育與公民特性

西曆	日本年號	月	日	社會大事	師範學校教育相關聯事項	內閣就任	中央主管大臣就任	總督就任	總務長官就任	文教局長就任	備註
1919年	大正8年	3	31	府令第26號「師範學校附屬公學校規則」發佈							將原來的「國語學校」改稱「台北師範學校」
		4	1	敕令第65號「台灣總督府師範學校官制」公佈							
		4	22	敕令第145號台灣小學及公學校教員資格改正公佈							
		5	4	中國大陸發生「五四運動」							
		6	27	敕令第311號台灣總督府官制改正公佈（民政部、內務局、學務課、編修課）							
		6	29							鼓包美（學務課長）	
		10	31	田健治郎出任第8任台灣總督				田健治郎			
		11	17							片山秀太郎（學務課長）	

年	月日	育相關事項	大臣就任	就任	就任	備註
1920年 大正9年	12 27	第一次全島直轄學校校長會議召開				
	1 21	教科書調查委員會成立，調查委員會受命組成				
		勅令第218號 台灣總督地方官制改定（五州、二廳）				
	2 27			生駒高長（學務課長）		
	9 17					
		訓令第244號「教科書調查委員會規程」公佈				
	10 19	「法三號公佈」				
1921年 大正10年	1 1	台灣人所組成之「台灣文化協會」成立				
		律令第6號「台灣公學校令」廢止公佈				
	4 24			賀來佐賀太郎		
	7 11					

407

台灣公民教育與公民特性

西曆	日本年號	月	日	社會大事	師範學校教育關聯事項	內閣就任	中央主管大臣就任	總督就任	總務長官就任	文教局長就任	備註
1922年	大正11年	11	13			高橋是清					
1922年	大正11年	2	6		敕令第20號「台灣教育令」公佈						
1922年	大正11年	3	31		敕令第157號「台灣總督府諸學校官制」公佈						
		4	1		新教育令實施之相關論告發布，「台灣師範學校規則」發布						
		5	14	訓令第101號「史科編纂委員會規程」公佈							
		6	12			加藤友三郎	首相（拓殖事務局）				
		10	30		敕令第321號「視學官特別任用令」改正公佈						
1923年	大正12年	6	29		敕令第344號「台灣教員資格」公佈						
		7	11								

408

年	月	日	教育相關事項	大臣就任	總督就任	學務部長就任	師範校長就任	備註
	9	2		第二次山本權兵位				
	9	6	內田嘉吉出任第9任台灣總督		內田嘉吉			
	11	18	國民精神振作詔告公佈					
1924年大正13年			皇太子訪問台灣					
1925年大正14年	1	7		清浦奎吾				
	6	12		加藤高明				
	9	1	伊澤多喜男出任第10任台灣總督		伊澤多喜男男			
	9	22						
	12	20		首相（拓殖同）		後藤文夫		
	4	1	諸學校軍事教練實施					
1926年大正15年昭和元年	1	30		第一次若槻扎次郎				
	3	28	府令第30號「台灣總督府師範學校規則」修正公佈					

台灣公民教育與公民特性

西曆	日本年號	月	日	社會大事	師範學校教育相關聯事項	內閣就任	中央主管大臣就任	總督就任	總務長官就任	文教局長就任	備註
1926年	大正15年 昭和元年	4	19	敕令第70號「青年訓練所令」公佈							
		7	16	上山滿之進出任第11任台灣總督				上山滿之進			
		10	13							木下信	
1927年	昭和2年	4	20			田中義一					
1928年	昭和3年	4	21		敕令第69號「諸學校官制」改正公佈						
		6	16	川村竹治出任第12任台灣總督				川村竹治			
		6	26		教育相關詔書由總督發出諭告				河原田稼吉		
1929年	昭和4年	1	10		教育相關詔書由總督發出諭告						
		6	3	日本承認中華民國政府							
		6	10				拓務省大臣兼首相田中義一任				
1929年	昭和4年	7	2			濱口雄幸	濱口雄幸				

年	月	日	教育關聯事項	大臣就任	就任	就任	就任	備註
昭元4年	7	30	石塚英藏出任第13任台灣總督		石塚英藏			
	8	3				人見次郎		
	8	10					杉本良文	
昭元5年 1930年	9	9	文部大臣發出教化總動員令					
	1	2	新竹、嘉義改制為市					
	10	27	霧社事件發生					
昭元6年 1931年	1	16	太田政弘出任第14任台灣總督		太田政弘			
	1	17		第二次若槻礼次郎				
	4	14		原脩次郎				
	4	15				高橋守雄		
	9	10		首相兼任若槻礼次郎			大場鑑次郎	
	9	18	九一八事變	大養毅				
1931年	12	13						

411

日治時期

台灣公民教育與公民特性

西曆	日本年號	月	日	社會大事	師範學校教育關聯事項	內閣就任	中央主管大臣就任	總督就任	總務長官就任	文教局長就任	備註
		12	13				泰豐助				
1932年	昭和7年	1	13						平塚廣義		
		3	2	南弘出任第15任台灣總督				南弘			
		3	15							安武直夫	
		5	26			齋藤實	永井六柳太郎				
		5	27	中川出任第16任台灣總督				中川建藏			
1933年	昭和8年	3	1	日台人共婚法開始實施							
		3	11		敕令第24號師範學校教育年限延長教育公佈						
		3	25		府令第48號「台灣總督府師範學校規則」修正公佈						
1934年	昭和9年	10	25	敕令第45號「台灣教育令」改正公佈			兒玉秀雄				
1935年	昭和10年	4	1	律令第1號「台灣州制」改正公佈						深川繁治	

備註	人教局長就任	總務長官就任	大臣就任		教育關聯事項			年次
					第一次全島市街庄協議會舉行投票選舉	11	22	1936年 昭和11年
			永田秀次郎	廣田弘毅		3	9	
	島田昌勢	森岡二朗	小林躋造		小林躋造出任第17任台灣總督	9	2	
					新聞中之漢文欄取消	10	16	
			藏相兼任結城豐太郎	林銑十郎		2	2	1937年 昭和12年
						6		
			大谷尊由	第一次近衛文麿	盧溝橋事件發生、中、日全面戰爭開始	6	4	
					國民精神總動員本部設置	7	7	
					利益配當稅、通行稅、入場稅、物品稅加稅	9		1938年 昭和13年

西曆	日本年號	月	日	社會大事	師範學校教育關聯事項	內閣就任	中央主管大臣就任	總督就任	總務長官就任	文教局長就任	備註
1938年	昭和13年	6	25				首相兼任宇垣一成				
		9	30				首相兼任近衛文麿				
		10	29				八田嘉明				
1939年	昭和14年	1	5			平沼騏一郎	商工相兼任八田嘉明				
		4	7				小磯國昭				
		8	4		訓令第68號「小學校級公學校武道指導要目」公佈						
		8	30			阿部信行	小磯國昭				
1940年	昭和15年	2		改「姓名」運動展開							
		9	28				秋田清				
		11	13							梁井淳二	
		11	27	長谷川清18任台灣總督				長谷川清	齋藤樹		
1941年	昭和16年	3	26		敕令第255號「國民學校令」						

年代	月	日	教育相關事項	大臣就任	就任	就任
1941年 昭和16年	3	26	敕令第257號「台灣教育資格」改正公佈			
	3	29	府令第1號「國民學校令施行有關論告」公佈			
	3	30	府令第64號「師範學校規則」改正公佈			
	4	19	「皇民奉公會」成立開展「皇民奉公運動」			
	7	18		第三次近衛文麿 外相兼任 豐田貞次郎		
	10	18		東條英機 外相兼任 東鄉茂德		
	10	28	府令第210號「將中等以上學校修業年限短縮」			
1942年 昭和17年	1	3	訓令第1號「學徒奉公隊規程」公佈			

日治時期

台灣公民教育與公民特性

西曆	日本年號	月	日	社會大事	師範學校教育相關事項	內閣就任	中央主管大臣就任	總督就任	總務長官就任	文教局長就任	備註
1942年	昭和17年	4	1	志願兵制度開始實施							
		11	1				內務省大臣湯澤三千男				
1943年	昭和18年	3	9		敕令第114號「台灣教育令」改正公佈						
		3	18		府令第55號「台灣總督府師範學校規則」改正公佈						
		3	23		義務教育開始實施						
		4	20				安藤紀三郎				
1944年	昭和19年			「非常措置實施要點」公佈		小磯國昭					
				美軍大空襲			大達茂雄				
		7	22	安藤利吉出任第19任台灣總督				軍司令官兼任安藤利吉			
		12	30						成田一郎		
1945年	昭和20年	1	6								
		4	7			鈴木貫太郎	安倍源基				

西曆	日本年號	月	日	社會大事	師範學校教育相關事項	內閣就任	中央主管大臣就任	總督就任	總務長官就任	文教局長就任	備註
		5	22		日本政府公佈「戰時教育令」						
1945年	昭和20年	6	25		附令第100號「戰時教育令施行規則」公佈						
		8	15	日本政府無條件投降							

國家圖書館出版品預行編目資料

日治時期：台灣公民教育與公民特性 ／
　　王錦雀作． - -初版． - -臺北市：台灣古籍，
　　2005〔民94〕
　　　面；　　公分． - -（臺灣書房）

　　ISBN 986-7332-42-3（平裝）
　　1. 教育 － 臺灣 － 日據時期（1895－1945）
　520.9232　　　　　　　　　　　　　94019643

臺灣書房　　8U03

日治時期
——台灣公民教育與公民特性

主　編　國立編譯館
作　者　王錦雀

著作財產權人　國立編譯館
　　　　地　　址：臺北市大安區和平東路一段一七九號
　　　　電　　話：02 － 33225558
　　　　傳　　真：02 － 33225598
　　　　網　　址：http://www.nict.gov.tw
發行人　楊榮川
出版者　台灣古籍出版有限公司
　　　　行政院新聞局局版北市業字第四〇八號
　　　　地　　址：臺北市和平東路二段三三九號四樓
　　　　電　　話：02 － 27055066
　　　　傳　　真：02 － 27066100
　　　　郵政劃撥：18813891
　　　　網　　址：http://www.wunan.com.tw
　　　　電子郵件：tcp@wunan.com.tw
顧　問　財團法人資訊工業策進會科技法律中心

2005 年 11 月 初版一刷．定　價　新台幣 390 元整